MW01126337

¡ME VALE MADRES!

¡ME VALE MADRES!

Mantras mexicanos
para la liberación del espíritu

PREM DAYAL

Grijalbo

El papel utilizado para la impresión de este libro ha sido fabricado a partir de madera
procedente de bosques y plantaciones gestionadas con los más altos estándares ambientales,
garantizando una explotación de los recursos sostenible con el medio ambiente y beneficiosa para las personas.

¡Me vale madres!
Mantras mexicanos para la liberación del espíritu

Primera edición: octubre, 2011
Segunda edición: noviembre, 2015
Primera reimpresión: junio, 2016
Segunda reimpresión: noviembre, 2016
Tercera reimpresión: septiembre, 2017
Cuarta reimpresión: noviembre, 2017
Quinta reimpresión: febrero, 2018
Sexta reimpresión: noviembre, 2018
Séptima reimpresión: mayo, 2019
Octava reimpresión: octubre, 2019
Novena reimpresión: marzo, 2020
Décima reimpresión: enero, 2021
Undécima reimpresión: agosto, 2021
Décima segunda reimpresión: enero, 2022
Décima tercera reimpresión: agosto, 2022

D. R. © 2011, 2015, Prem Dayal

D. R. © 2022, derechos de edición mundiales en lengua castellana:
Penguin Random House Grupo Editorial, S. A. de C. V.
Blvd. Miguel de Cervantes Saavedra núm. 301, 1er piso,
colonia Granada, alcaldía Miguel Hidalgo, C. P. 11520,
Ciudad de México

penguinlibros.com

ISBN: 978-607-313-705-8

Impreso en México – *Printed in Mexico*

Índice

Primera Parte
LA ENFERMEDAD

LA CATÁBASIS (EL VIAJE HACIA EL EXTERIOR)

LA ANÁBASIS (EL VIAJE HACIA EL INTERIOR)

Segunda parte
LA MEDICINA

¡ME VALE MADRES! EL MANTRA DEL DESAPEGO

EPÍLOGO

INTRODUCCIÓN

La creatividad es un viaje a lo desconocido, es como salir de casa con entusiasmo y decisión sin tener la menor idea de hacia dónde vas. De hecho, aquel primero de noviembre de 2010 (por casualidad el octogésimo cumpleaños de mi mamá), sentado en una famosa pastelería de Cabo San Lucas, ni de chiste hubiera podido imaginar las consecuencias de abrir una página de Word y titularla: "Mantras mexicanos".

El problema más grande en el ámbito de la creatividad humana es que nos ponemos límites, y de hecho la idea de escribir un libro, según mi inconsciente, rebasaba mis capacidades; por el contrario, escribir un par de chistes estaba totalmente a mi alcance. Y esto resulta natural si alguien durante toda su niñez se escucha repetir: sé normal, sé normal, sé normal... Se sabe que las personas normales no escriben libros; para ser escritor, actor, director..., se necesita ser una persona especial. Y a pesar de que en toda mi vida los colores de la "normalidad" han sido casi completamente ausentes, desde muy dentro de mí una voz inaudible me decía: Está bien, puede ser que con un librito te la arregles... ¡¿pero un libro?!

Afortunadamente, cuando te atreves a infringir la cerca de la "normalidad", aun si es sólo para ganar un poquito más de espacio y contar un par de chistes, la brisa de la libertad es tan embriagante que las cadenas de la "normalidad" o de "ser extraordinario" desaparecen en la dichosa realización de ser simplemente "únicos"; y antes de darte cuenta te encuentras tan lejos en el horizonte que incluso empiezas a dudar que aquella antigua cerca alguna vez existiera.

Es así que escribí la primera versión de este libro, y a pesar de tener la sensación de que el viaje había salido bien, no podía imaginar que el destino iba a ser tan benévolo conmigo, que cientos de miles de personas iban a leer y apreciar lo que al principio tenían que ser sólo un par de chistes.

¡Y no sólo esto! De inmediato el libro suscitó el interés de un editor italiano. Esto me puso en frente a la paradoja de tener que traducir el libro a mi lengua madre, lo que me llevó a operar de forma inversa a lo que se hace generalmente, que en mi caso hubiera sido escribir en italiano y traducir al español.

Reportar lo que había escrito en mi idioma originario me abrió otra ventana sobre todo este asunto, y me permitió enriquecer mi narración con el imaginario que había sido típico de mi forma de ver y describir las cosas de la vida desde cuando era niño. Por lo tanto, el libro salió más rico que en la versión mexicana. ¡Oh no!, me dije, no puedo privar al público mexicano, justo en el cual me he inspirado, de la mejor versión del libro.

Además, con el tiempo me di cuenta de algo imperdonable: me había olvidado de mencionar la existencia de un cuarto mantra mexicano.

Enfrentando una fase tardía de la "educación" de mi segundo hijo, le hablaba de la importancia de la disciplina. Si la disciplina que te imponen los demás es una ofensa a tu dignidad, el no ser capaz de darse una disciplina por propia cuenta, por paradoja, es el síntoma de una falta de dignidad. Citándome a mí mismo: "la disciplina que te dan los demás te hace esclavo, la disciplina que te das por tu cuenta te hace libre". O para decirla como se dice en familia: ¡Saca los huevos, cabrón! Cuando decides hacer algo, lo haces y ya. ¡A Huevo!

Es allí que me fue revelada la existencia del importantísimo y fundamental Mantra del Poder: ¡A Huevo!

¡A Huevo! es el último regalo que el habla mexicana entrega a los "buscadores de la verdad". Es un mantra de combate capaz de cargar de poder todos los demás mantras. De nada sirve el mantra del desapego ¡Me Vale Madres!; corto se queda el mantra de la purificación ¡A La Chingada!; impotente se encuentra ¡No Es Mi Pedo!, el mantra de la desidentificación; e inalcanzable se vuelve la realización de la ley universal No Hay Pedo sin usar la efervescente energía del mantra ¡A Huevo! Este mantra es un grito de guerra, capaz de enderezarte la espina dorsal y darte el poder de pelear, día tras día, contra los patrones que nos alejan de nuestra inteligencia, contra los hábitos que narcotizan nuestra consciencia. ¡A Huevo! Su simple sonido es como una trompeta militar que te hace brincar de tu cama para recordarte que la vida está en tus manos, que eres libre, que la vida es lo que tú quieres que sea…

… Y aquí es mejor que pare, antes de empezar a escribir la tercera versión del mismo pinche libro.

Con amor,

Dayal

LA GÉNESIS

¿Cómo empezó todo este relajo? No tengo la menor idea. El buen viejo Sócrates decía: "Lo único que sé es que no sé nada". ¡Si no lo sabía Sócrates, imagínense qué puedo saber yo! Pero hay un chingo de gente que dice saber mucho, y que por lo tanto es mucho más inteligente que yo y que Sócrates (que al final, como compañero de pupitre, no es alguien de quien avergonzarse).

Últimamente aparece a cada rato gente muy poderosa o incluso superpoderosa: hay quien habla con los ángeles; hay quien habla con los muertos, con criaturas del bosque, con extraterrestres, duendes, animales... Y los más afortunados incluso hablan por larga distancia directamente con Dios.

Desafortunadamente, a menudo pasa que esta misma gente, que se encuentra a todo dar hablando con fantasmas, plantas, ovnis, ovinos, bovinos y cualquier tipo de bestias, tiene serias dificultades para comunicarse con sus propios hijos, su pareja o con el güey del *valet parking*.

Hay quien cree en antiguas mitologías y hasta te sabe dar la dirección y el código postal donde se encuentran el paraíso y el infierno, y quien incluso puede darte el número verde 01800 de atención al cliente del otro mundo, sin hablar de los más afortunados que llegan a tener el celular de san Pedro para intentar sobornos. Hay quien, con calendarios y cálculos astronómicos, te arregla todo el desorden cósmico, y quien conoce fórmulas milagrosas para resolver cualquier problema (si conocen a alguien capaz de hacer que el pelo vuelva a crecer, díganmelo, por favor: estoy dispuesto a

15

convertirme a cualquier religión). Hay quienes sostienen que vienen de otros planetas, y hasta mal te hacen sentir. Tú los encuentras y le preguntas con inocencia:

—Hola, ¿de dónde vienes?

—Vengo de la constelación de Andrómeda.

—¡Ah…! Mucho gusto…. ¿Y tú?

—Yo vengo del planeta Quirón.

—¿Quirón…? ¿Esquina con…?

—Esquina con Neptuno, justo atrás de Saturno, rumbo a Plutón: agarras el nodo lunar este, sales al ascendente escorpión y, cuando te encuentres frente a la seminova Siro 34, da la vuelta a la derechita y al numero π23 raíz de 84. Allí tienes tu casa.

Ahora, con tanta gente que viene de lugares tan especiales, ¿qué esperanza tienes en la vida si vienes… de Toluca, por ejemplo? Hay quien te revela el *Secreto;* hay quien te lo esconde; hay quien te lo revela, pero sólo si le presentas a tu hermana, y quien te persigue para decírtelo a cualquier costo incluso si tú no lo quieres saber, huyes o lo denuncias a la policía; hay *walk in* y hay *walk out*, que nunca se encuentran entre ellos. Hay muchos que se iluminan y, aún, más que se fulminan… ¡Y qué bueno!, porque con todos estos que se iluminan, la gente normal se siente un poco pendeja, pero mirando a los que se fulminan, se sienten mejor y van a festejar en una cantina con los amigos. Hay quien no habla por sí mismo si no escucha las voces de otras entidades o espíritus… y si hay unos de éstos que escriben libros y ganan admiradores, hay otros menos afortunados que terminan en el psiquiátrico. Al final están los "canalizadores": los que hablan por cuenta de otros que ya murieron o que están por nacer, o que no se sabe quién demonios son. Hay quien te "canaliza" a san Francisco, la Gran Madre, el Gran Hermano, Nostradamus, Nosferatu, Mary Poppins, el Pato Donald, santa Marta, Santa Cruda…

Siempre quise escribir un libro para poner en papel lo que me pasa por la cabeza y los argumentos con los cuales entretengo a mis amigos en talleres y conferencias, pero pónganse en mi lugar: ¿cómo puede escribir un libro que tenga un poco de credibilidad alguien como yo, que es ignorante como el pobre Sócrates, que nunca recibió un telefonazo no digo del arcángel Gabriel, sino tampoco de su secretaria; que nunca tuvo una visión ni de una miserable cucaracha dando un sermón; que no viene de Andrómeda ni de Quirón, sino de un pinche pueblito del sur de Italia; que ha estado mucho más cerca de la fulminación que de la iluminación; que no es un *walk up and down*… y que, además, ni sabe hablar correctamente el español?

Pero el otro día, caminando por la Condesa (¿no la conocen?: ¡está poca madre!), empecé a escuchar una voz que hablaba en mi cabeza: la primera cosa que pensé fue en ir inmediatamente a consultar a un psicólogo, aunque al oírla bien noté que esa voz me hablaba en mexicano… Mejor dicho, ¡en chilango!, y eso estaba raro, porque yo siempre he pensado en italiano.

"¡Esto es sensacional!", me dije. "¡Yo también soy un *channeler*, un canalizador! ¡También recibo mensajes de verdad del más allá! ¡Entonces no soy cualquier pendejo! ¡Soy un pendejo especial!"

Pero, ¿a quién estaba canalizando? ¿A Diógenes? ¿A Pitágoras? ¿A un profeta del Antiguo Testamento? ¿A un sabio del Mar Muerto? No, damas y caballeros: ¡¡¡estaba canalizando al famosísimo Pancho López…!!! "¿Y quién demonios es ése?", me preguntarán ustedes. Francamente ni yo sé bien quién es: lo descubriremos leyendo. Lo que sospecho es que la sabiduría la encuentras donde menos te la esperas.

Es hora de empezar a escribir.

Las enfermedades son muchas,
la salud es una sola.
OSHO

PRIMERA PARTE

LA ENFERMEDAD

Al principio era el caos

En el principio era el caos... ¿O era el verbo? ¿Todo empezó con una explosión magnética? ¿O con un hoyo negro? ¿Era el alfa o el omega? ¿Quién tocó el *Big Bang?* ¿O tocaron el yin yang...? ¡Madre de Dios, qué confusión! ¿O hay un Dios con un taller de barro que hace estatuitas, les escupe encima y las avienta al planeta? ¿O fue Con-Tiqui Viracocha, quien apareció de repente en el lago peruano Titicaca con los primeros humanos, esmerándose por crear el Sol, la Luna y las estrellas para iluminar el mundo? ¿O es el chino Pangu que, nacido del Huevo Cósmico (y no de la hueva cósmica, como sostiene erróneamente Pancho López), creó el cielo con la parte superior del cascarón del huevo, y con la inferior la Tierra? ¿O fue el dios babilonio Marduk (y no Mierduk, como dice Pancho López para fastidiar a los babilonios) quien dividió el cielo de la Tierra cortando en dos al monstruo marino Tiamat? ¿O la responsable de todo es la Trimurti, el alegre trío hindú de Brahma, Visnú y Shiva? ¿O son Caín y Abel? ¿O Rómulo y Remo? ¿O pertenecemos al mundo virtual de Matrix...? ¡Ya me siento mareado! ¿O fue a la sombra de las pirámides que el dios solar Atum, nacido del océano primordial Nun, creó con la saliva el vacío Shu y la humedad Tefnut, de donde surgieron la tierra Geb y el cielo Nut (¡puta, esto está complicado!), que a su vez crearon a Isis, Osiris, Neftis y Seth, cuatros simpáticos hermanos de los cuales nació incestuosamente toda la humanidad? ¿O fueron Tepeu y Kukulkán al encargar a Huracán, el corazón del cielo, que creara todo, intentando primero con el lodo, después con la madera y finalmente con el maíz? (¡¿Cómo chingados se le ocurrió intentar con el maíz?!) ¿O se trata de isótopos estables y biomarcadores moleculares que entraron en contacto con ácidos nucleicos, procariotas filogenéticos y biomoléculas ramificadas, que al mezclarlos todos juntos te hacen una sopa primordial que, con un poco de chile y limón, te sabe a eternidad?

Yo no sé cómo empezó todo este desmadre cósmico, pero sí sé cómo empezó mi desmadre personal, que es más o menos el mismo desmadre que ocurre a cuantos se ganan el boleto para subir a este planeta.

Lo cierto es que todos llegamos como expresión de la deslumbrante grandeza del misterio de la existencia. De hecho, mira a los niños de este mundo: todo lo que encuentras en sus ojos es pureza, honestidad, generosidad, confianza, inteligencia, valor, creatividad, sencillez… No hay un niño que no sea completamente noble. Los niños son gente muy bonita.

Después mira a los seres humanos adultos: un grupo de licenciados, profesionistas, señoras, comerciantes, políticos, administradores, policías y amas de casa que lidian con sus vidas, cargados con sus manías, ambiciones, miedos, mentiras, timideces, cálculos, hipocresías… Y te preguntarás: ¿dónde quedó toda esa gente tan bonita que llegó a este mundo? ¿Qué pasó con la humanidad? ¿Cómo sucedió todo este relajo?

Por milenios la humanidad se ha devanado los sesos para hacer luz sobre este enigma y encontrar una solución. A veces, a lo largo del tiempo, hubo unos pocos que se las arreglaron para transmitirnos mensajes que, para nosotros, mentes sencillas e ignorantes, son difíciles de entender. Pero como cada generación tiene su profeta, nosotros también somos bendecidos por la manifestación de este increíble oráculo viviente: Pancho López, que después de habernos ilustrado sobre las causas de tanto desmadre, nos indicará con implacable certeza la medicina suprema, el camino recto para liberar la entera humanidad de las dolorosas garras de la inconsciencia: los sagrados mantras mexicanos.

Del oro al plomo

Todos sabemos que, desde siempre, la humanidad ha sido forjada por padres, maestros y sacerdotes. Lo que, sin embargo, no todos saben es que padres, maestros y sacerdotes son refinados alquimistas que, en sus antiguos laboratorios, a los cuales han dado los nombres bonitos de familia, escuela, gobierno, iglesia o templo, transmiten de padre a hijo los secretos de su arte. Y gracias a milenios de experiencia logran realizar el sueño que miles de alquimistas tradicionales, entre polvos mágicos y alambiques coloridos, han perseguido desde siempre: encontrar la piedra filosofal capaz de transformar... ¿el plomo en oro? No, ellos se las arreglaron para lograr una alquimia al revés: transforman el oro en plomo.

Estos extraordinarios brujos son capaces de tomar a seres inocentes, confiados, puros, sanos, nobles, íntegros y relajados, para transformarlos en neuróticos, pervertidos, enfermos, sádicos, hipócritas, tímidos y llenos de culpa, ambición, celos, envidia, avidez y violencia. ¿No es extraordinario?

Ahora imaginemos que sea verdadera la historia, un poco infantil pero poética, de que un Dios con la barba blanca creó al hombre a su imagen y semejanza, y no al revés, como sostiene Feuerbach.

De hecho, me parece mucho más verosímil que, como dice el filósofo alemán, sea el hombre quien creó a Dios a su imagen y semejanza. Es más, si los burros fueran tan burros como para elaborar una religión, ¿ustedes piensan que aceptarían la idea de un Dios con forma humana? Seguramente creerían en un Dios en forma de burro. Claro, un burro rampante estilo Ferrari, con la melena toda blanca y la cola larga y peluda, flameante en el cielo azul, con una sonrisa irresistible y un rebuzno de tenor… ¡Pero siempre un pinche burro! Muy lejos de una forma humana. A lo mejor los burros habrían elegido la forma humana para representar al diablo, considerando todo lo que los humanos han hecho sufrir a los pobres burros.

Quedémonos nosotros con la bella imagen de este Dios artesano en su taller renacentista… Una especie de Miguel Ángel del barro. Señores, este Dios no es simplemente un artista: este Dios es el más grande artista de todos los tiempos. No es un simple Dios. ¡Éste es un señor Dios! Un artista que produce continuamente toda clase de cosas, ¡y no en serie!, sino al contrario: produce miles, millones, billones, architetramillones de piezas absolutamente únicas e irrepetibles.

Sé que la historia que nos contaron habla de que Dios creó el mundo en siete días, aunque francamente no lo creo posible. Pero ¿cómo? ¿Trabajó sólo siete días? ¡Y ni siete!, porque el último se lo tomó de vacaciones. Y después, ¿qué hizo desde ese entonces? ¿Nada más? ¡Vamos, esto no es posible! ¡Ni siquiera si fumara opio! Y la sospecha de que era un fumador de opio te viene cuando observas el desmadre que ha creado.

Puedo entender que uno, después de una semana de trabajo, se tome un par de días de descanso. Puedo entender que se tome una semana… un mes… Quiero exagerar: ¡un año sabático! Aunque no toda la eternidad. ¿Y qué hace desde ese entonces? ¿Mira televisión por cable? ¿Es un apasionado del futbol americano? ¿Juega *videogames*? Nunca se vio a alguien tan flojo. Se dice que los artistas son huevones, pero este Dios no es un huevón, ¡éste es el rey de los huevones!

No, no, no se preocupen: no sucedió todo en siete días. Pancho López, que sabe las cosas mientras se abanica por el calor con la sección deportiva del periódico, me asegura que el taller de Dios aún funciona a pleno régimen, y Dios continúa trabajando con el mismo entusiasmo que tenía incluso antes de que hiciera a Adán, a Eva, a la serpiente, al árbol y la manzana.

Imaginemos que un día nuestro amado Diosito se despierta de buenas y decide regalar al mundo una nueva obra de arte. Por lo tanto, toma un poco de barro y en su siempre verde entusiasmo, con toda la entrega, el amor y el genio del que es capaz, con sus manitas santas, crea un nuevo ser humano, le escupe encima con toda su pasión, y lo avienta a este planeta en forma de recién nacido.

¿Alguna vez te has dado cuenta de que tú, así como eres, eres un ser único e irrepetible, de que uno como tú jamás había aparecido desde la eternidad del pasado, y nunca se repetirá en la eternidad del futuro? Sí, sí, piénsalo un momento. Si un pinche artista no hace dos obras iguales, ¡imagínate a Dios, que es el padre de todos los artistas! Dios no hace las cosas en serie. ¡Dios no es la Volkswagen! Y lo siento por los poblanos, pero no vive en Puebla. La única cosa que Dios sabe de Puebla es lo de la batalla, por reminiscencia escolar.

Entonces un bonito día finalmente llega al mundo este bebé.

Cuando llega un recién nacido, la primera preocupación que te viene al mirarlo es: ¿quién es éste? ¡Dios quiera que no sea otro pendejo! Y la preocupación resulta comprensible porque basta con mirar alrededor para entender que el mundo no aguantaría a uno más. No obstante, si miras el asunto a profundidad, ésta es una preocupación por completo inútil, porque no hay niño que no nazca como expresión completa y brillante de la gloria del Dios que lo creó. No hay niño que no lleve dentro de sí todos los elementos que, sacados a la luz, a lo largo de su crecimiento, revelarán cuál es la nota singular e inigualable que Dios quiso agregar para enriquecer la sinfonía del universo. No hay niño que no sea "oro puro".

Si hay un chingo de pendejos, la responsabilidad no es de Diosito, sino de alguien más. Pero esto lo veremos al ratito.

Ahora, ¿qué cosa haría una sociedad donde los padres fueran simplemente padres, los maestros, maestros, y los sacerdotes, sacerdotes?

¿Qué postura tendría una sociedad evolucionada, humana, inteligente, que vive en el amor y la gratitud por la compasión de Dios, frente a este pedacito de oro puro llegado del más allá?

Probablemente diría: "¡Guau! Mira este nuevo que llegó. ¿Quién sabe quién es? ¡Madre de Dios, qué responsabilidad! ¿Qué cosa podemos hacer nosotros, que somos poderosos, expertos, inteligentes, intuitivos y sensibles a fin de crear las condiciones para que él revele todo su potencial? ¿Cómo podemos individualizar los instrumentos, el territorio y el ambiente apto para que este nuevo ser desarrolle sus talentos particulares, sus características únicas, su exclusiva e irrepetible forma de sentir, de amar y de expresar la gloria de la existencia? ¿Qué podemos hacer para permitir que todo el potencial contenido en este pequeño ser se manifieste en toda su gloria, sin interferir en lo absoluto con el proyecto del Dios que lo creó, honrando de este modo tal regalo que nos ha hecho el Gran Artista, manifestándole así nuestra completa gratitud?"

¡Esto sería fantástico! Y de hecho lo es, en el sentido de que sólo se encuentra en la fantasía. Desafortunadamente para los niños, gracias a nuestros "sabios" alquimistas todos estamos condenados a un destino bien diferente.

Cuando llega al mundo un niño inocente en su forma de oro puro, estos alquimistas, que se llaman padres, maestros y sacerdotes, vienen poseídos por el fuego de su misión y no resisten el impulso de cumplir su magia siniestra: "convertir el oro en plomo", sacrificando a la criatura inocente sobre el altar de la mentira y del abuso.

La alquimia "Patas Pa' Arriba"

¿Cómo se produce este milagro de la alquimia "Patas Pa' Arriba" o "Alquimia al Revés"? Es muy sencillo. Presten atención, porque ahora Pancho López, mientras infla la rueda de la bicicleta, nos revelará los antiguos secretos, para que tú también te vuelvas un pequeño alquimista (al revés) y empieces a practicar.

La primera y fundamental cosa por entender es que los niños no saben nada, y son completamente inocentes y confiados; por lo tanto, puedes aprovechar para hacerles creer cosas que ni un descerebrado creería. Cualquier pendejada que les digas, ellos se la creen, porque confían totalmente en ti. Por ejemplo, tú les cuentas que existe Santa Claus con los renos y el trineo volador, que si se portan bien les traen juguetes, y si se portan mal les traen carbón, y ellos se lo creen; porque no imaginan que uno sea tan hijo de la chingada para inventar ese tipo de historias. Los niños creen en todo. Con nosotros, por ejemplo, se divirtieron al hacernos creer que el paraíso está en el cielo y el infierno, bajo tierra; pero si a un niño se lo dices al revés, que el infierno está en el cielo y el paraíso, bajo tierra, él también creerá lo mismo. Prueba, es muy divertido.

La segunda cosa es entender que los niños no poseen ningún poder: no tienen fuerza física, no saben hablar bien, no tienen tarjeta de crédito, no tienen coche (cuando les va bien, les regalan una pinche bicicletita); son completamente dependientes, no tienen sentido de la orientación, no saben ir en Metro, no conocen la tabla de multiplicar, por lo que los puedes fregar con el cambio... y, sobre todo, no hay nadie que los defienda. Por eso puedes aprovecharte de ellos como quieras, forzándolos a hacer cuanto te dé la gana sin darles ni siquiera explicaciones. Y si no entienden por las buenas, siempre puedes intentar por las malas. Y esto es fantástico, porque te hace sentir muy poderoso. Aun si con tu jefe te dejas humillar como una oveja, al menos con los niños puedes sentirte como un león. ¡Prueba! Hace mucho bien a la autoestima.

Entendidos estos dos principios de base, lo restante es tan fácil como tomarse un vaso de agua. Sólo tienes que estar atento a un par de cositas.

Una vez que logras tener al niño en tu poder, necesitas estar muy atento para contestar de manera precisa a la pregunta que es la base del delicado proceso de alquimia al revés. La pregunta mágica es: este niño, ¿para qué me sirve? ¿En qué cosa quiero convertirlo? ¿En un mexicano? ¿En un alemán? ¿En un católico? ¿En un hindú? ¿En un judío? ¿En un comunista? ¿En un fascista? ¿En un baterista? ¿En un soldado? ¿En un contador? ¿En un doctor? ¿En un refrigerador? ¿En un elevador…? ¿Quiero que tenga afición para la filosofía o las matemáticas? ¿Para el budismo o la Iglesia luterana? ¿Para el Real Madrid, el Milán o el club de Mickey Mouse?

Una vez que contestas a esta pregunta fundamental, sólo debes encontrar la forma de doblegar su naturaleza a tus expectativas y empezar alegremente tu trabajo.

Prácticamente el trabajo del alquimista "Patas Pa' Arriba" es convertir obras de arte en Volkswagen. ¡Dios te envía a este mundo en forma de *Mona Lisa*, y ellos te transforman en un pinche Vocho! Si eres afortunado, te vuelves un Jetta, y si te va de pelos te conviertes en un Bora. Buen coche, pero nada que ver con la grandeza de la *Mona Lisa*.

No piensen que tengo nada contra la Volkswagen; al contrario, reconozco que los alemanes, aparte de unos problemillas que crearon a la humanidad en el siglo pasado, poseen la capacidad de enriquecer el mundo con cosas bellas y funcionales.

Pero no es una cuestión de coches. El objetivo de los alquimistas "Patas Pa' Arriba" consiste en convertir obras de arte en productos comerciales que uses según tus deseos.

Dios está desesperado. A lo largo de la eternidad, le han destruido su trabajo. Dios está en una crisis total y ya no puede más. ¡Dios va con el psicólogo! ¡Toma el Tafil!

¡¿Y cómo no entender su desesperación?! Es como si Miguel Ángel te pintara la *Mona Lisa* (que en realidad la pintó Leonardo, aunque para Pancho López no hace ninguna diferencia) y todo feliz te la enseñara, emocionado como un niño en la presentación de la escuela, y tú tomaras un plumón y le dijeras:

—¡Bravo! Pero espera un momentito… Aquí le metemos unos bellos bigotes como los del tío Alonso… Aquí le ponemos un ojo negro que se ve más interesante… Le quitamos un diente… Así se ve más chistosa… Y le cortamos también el pelo pa' que se vea más ordenada.

Esto es lo que al final terminamos por ser nosotros: Mona Lisas con bigotes, un ojo negro y sin un diente.

De la educación al adiestramiento

Nacimos naturales y espontáneos. Toda la existencia es natural y espontánea. De hecho es justo en la espontaneidad donde se manifiesta la energía creativa de Dios.

El sol espontáneamente se levanta por la mañana en el horizonte; el agua espontáneamente se evapora para formar las nubes; la abeja ve una flor y espontáneamente se le acerca para chupar el néctar; el león ve pasar a la gacela y espontáneamente le brinca y se la come; el perro ve pasar a la perra y espontáneamente le brinca encima y se la coge... ¡Todo es divino!

Y para nosotros es lo mismo: somos parte de esta grande y divina espontaneidad: cuando algo te alegra, la sonrisa de Dios se asoma en tus labios; cuando algo te duele, las lágrimas de Dios afloran en tus ojos; si algo te enfada, el rugido de Dios brota de tu garganta, y si algo te gusta, la canción de Dios recorre todas las células de tu cuerpo. Todo es espontáneo, único, irrepetible.

Sin embargo, la espontaneidad no le gusta a la sociedad, porque si tú eres espontáneo, ¿cómo hacen para controlarte? Para que la sociedad te controle necesitas ser predecible, no espontáneo. Este Diosito ya nos hizo a uno diferente del otro, y si además de esto te permitieran mantener intactos los rasgos divinos que se expresan a través de la espontaneidad, ¿cómo podrían alguna vez controlarte? Por eso los alquimistas "Patas Pa' Arriba" hacen cuanto pueden para destruir tu unicidad, tu individualidad y tus rasgos divinos, a modo de transformarte en un fenómeno de masa. A este proceso lo llaman educación.

Vista desde este ángulo, la educación parece más un anatema que una oportunidad, aunque en origen la palabra no era tan fea como parece ahora.

La palabra "educar" viene del latín *educere,* que significa llevar a la luz lo que está escondido dentro. O sea: un ser adulto que ayuda a un ser joven a descubrir quién es. ¡Fabuloso! A mí me encantaría ser educado. Me encantaría encontrar a alguien más experto, más maduro, más fuerte, más poderoso y más rico que yo, que me guiara para saber quién soy, que me ayudara a descubrir mis talentos, a realizarlos, y me apoyara para buscar y cumplir mi destino.

Educere, "educar": ¡qué bonita palabra! ¡Y qué bonito significado tenía originalmente!

No obstante, los famosos alquimistas "Patas Pa' Arriba", para convertir el oro en plomo, cambiaron un poquito el sentido de esta antigua y noble palabra latina, transformando la "educación" en el "manual de adiestramiento del pastor alemán".

Si lo piensan bien, más que educados nosotros somos adiestrados. Sé que parece un poco fuerte como afirmación, pero nuestro Pancho López (mientras saborea en la calle el quinto y delicioso taco de carnitas en el puesto de su amigo Ponchito, también conocido como el Tlacuache) nos ofrece una demostración inapelable del asunto.

Cualquiera con la experiencia de haber criado un animal doméstico o de granja sabe que existe un sistema infalible para educar a un animal: el método de castigo y recompensa. "Si haces pipí en la cajita, te doy una bella galletita, y si te cagas en la alfombra te doy una patada y te tiro por la ventana"; "si tiras de la carreta, te doy una zanahoria, y si no lo haces, la zanahoria te la meto donde tú sabes". Castigo y recompensa.

Ahora Pancho López, batallando con un palillo contra un pedacito de carne que se le quedó entre los dientes, nos pregunta:

—¿Y tú, cómo fuiste educado?

De la misma manera, obviamente: "Si me traes buenas calificaciones, te compro el iSmartphone 35 color oro, y si me las traes malas, te chutas el pinche celular color caca de tu abuela"; "Si te portas bien, te vas al paraíso, y si te portas mal, te vas al infierno". Castigo y recompensa.

Ahora, disculpen: si usamos el mismo método educativo para educar a animales y humanos, ¿por qué después nos maravillamos si nos salen humanos que se portan como animales?

La paradoja es que los animales, como padres, son, por mucho, mejores que los humanos; por ejemplo, no hay animal tan inhumano que considere a sus hijos como una inversión para su futuro. Hay gente que dice: "No sabes, nos sentíamos solos y decidimos hacer un hijo". Pero ¿cómo? ¿Te sientes solo y haces un hijo? ¡Mejor cómprate un perro! De esta forma el pobre niño nace ya con un anatema sobre la cabeza: servir de compañía a los viejitos. Prácticamente, aún le falta nacer y ya está jodido.

En el mundo animal, cuando cualquier especie se reproduce, los padres adaptan por completo su vida a las exigencias del cachorro hasta que éste se convierte en un individuo maduro e independiente. Este proceso nunca falla. De hecho, todos los animales se vuelven perfectamente maduros. No hay en el mundo un solo pinche perro, jirafa o jabalí que no alcance la suficiente madurez para enfrentar con dignidad su vida por lo que es, y aceptarla en todas sus facetas. No es que entre los jabalíes haya uno que diga: "No, este jabalí se quedó infantil, necesita ir al psicólogo".

Sin embargo, los padres de los seres humanos hacen exactamente lo opuesto que los del jabalí: mientras que los padres del jabalí adaptan sus vidas a las exigencias de los hijos, los humanos adaptan la vida de los hijos a las exigencias de los padres. Por eso no hay ser humano que madure como un jabalí… Además de que no hay jabalí que tenga al padre en rehabilitación en doble A y a la madre en terapia… Y esto, debemos admitirlo, es una ventaja para el jabalí.

La verdad es que nuestro modelo educativo no tiene como objetivo volvernos maduros e independientes, sino amoldarnos en función de las expectativas de la sociedad acerca de cada uno de nosotros. A nadie le importa quién eres; a nadie le importa qué cosa haya hecho Diosito. Por el contrario, el trabajo de los alquimistas "Patas Pa' Arriba" consiste en sofocar todo lo que haya en ti de natural, para sustituirlo con las ideas, los conceptos, la moral y los dogmas según las tradiciones de nuestros padres; tomar cuanto haya hecho nuestro amado Diosito, que evidentemente está completamente equivocado y no sabe lo que hace, pasárselo por el arco de triunfo y reemplazarlo con ideas arbitrarias dictadas por los deseos, las expectativas, los miedos y los prejuicios colectivos de la sociedad a la que perteneces... Obviamente cada padre está también en libertad de agregar un marco particular sobre sus propias criaturas: el así llamado "marco de familia".

Si quieres practicar con éxito el arte de la alquimia "Patas Pa' Arriba", necesitas tener un poco de paciencia y dedicación, porque al principio los niños tienden a resistirse. No te desanimes ante las primeras dificultades, porque si se oponen a tu arte alquímico, aún hay métodos comprobados para enseñar a los infantes cualquier tipo de barbaridad que te guste. Éstos son los reproches, la manipulación, la mentira, la seducción, la culpa, el miedo, el chantaje, las amenazas, el descuido, los golpes, la tortura, la reclusión... Siguiendo estos métodos tradicionales tú también podrás, como los adiestradores de perros, transformar a seres humanos libres y orgullosos en obedientes fenómenos de circo.

Y no te preocupes si temes que alguien critique tu obra, porque lo "lindo" de todo esto es que cuando eres niño, nadie te defiende.

Es como les pasó a las mujeres cuando eran tratadas como esclavas. Ellas tuvieron que esperar hasta el siglo pasado para lograr una paridad de derechos que constituyó el advenimiento de una auténtica primavera en la evolución humana. Y esto en el mundo occidental, porque en Oriente, desafortunadamente, es todavía pleno invierno. No te preocupes, porque para los niños esta primavera de la conciencia se encuentra todavía muy lejos de llegar. En todo el tercer mundo, por ejemplo, los niños son esclavos para todos los efectos. Y en el mundo occidental debimos esperar a un educador judío de nombre impronunciable, muerto en el campo de concentración de Treblinka, para tener una carta de los derechos de los niños: Janusz Korczak. A pesar de este mártir de la niñez, en mis tiempos aún se usaban en las escuelas castigos corporales y humillaciones. Ahora es impensable, al menos en el mundo "civilizado". Pero la práctica de golpear a los niños con cinturones, palos, chanclas, escobas, cables de electricidad, o cualquier objeto que te quede a la mano, es todavía muy, muy común entre las familias contemporáneas, en especial en las áreas en vías de desarrollo. De los participantes en mis talleres, 70% fue víctima de violencia en su niñez, algunos con una frecuencia diaria. Y no estoy hablando de familias especiales, sino absolutamente "normales"; gente religiosa y temerosa de Dios que te encuentras el domingo, toda elegante, chismeando en cualquier iglesia o templo de cualquier ciudad.

Aunque golpear a los niños sea una costumbre muy común, yo no me resigno ante el absurdo de que por parte de la sociedad no exista una posición firme contra semejante crimen. Piénsalo bien: ¡es absurdo! Si en la calle ves pasar a un güey, y de pronto te quitas el cinturón y lo agarras a cinturonazos, el güey te denunciará y tú irás a la cárcel, ¿correcto? Y si cuando sales de la cárcel vas a buscar al mismo güey y lo agarras a cinturonazos otra vez, te darán una condena mayor por reincidente, ¿cierto? Y si un par de veces a la semana esperas siempre a que el mismo piche güey baje de su casa para agarrarlo a cinturonazos, ¡¡¡te mandarán al manicomio!!! Ahora, dado que por estadística la costumbre de golpear los niños está presente entre 80% de las familias de todo el mundo, ¿se dan cuenta de que casi la totalidad de la población mundial pasó una niñez entre gente que debía estar en la cárcel o el manicomio? ¡¿Y luego nos sorprendemos de que la humanidad esté tan jodida?!

La paradoja es que los niños no sólo deben sufrir a esta banda de locos que se pelean, se mienten, se traicionan, se contradicen, se insultan y los torturan de varias formas, sino que también deben respetarlos. La pena: el infierno.

Oh sí, queridos amigos, ésta es una de las tantas astucias de los alquimistas al revés. Entre los mandamientos, de seguro has notado uno que parece inocuo y totalmente legítimo: "Honrarás a tu padre y a tu madre". Pero, disculpa, ¿qué clase de mandamiento es éste? Si tu padre es un bruto que te agarra a madrazos, y tu madre una cobarde que no te sabe defender, ¿por qué tendrías que honrarlos? Mejor llama a la policía.

¡Y no le eches la culpa a Dios por haber puesto un mandamiento tan absurdo! Él fue forzado, por su gran compasión hacia Moisés, a crear todos estos mandamientos. Y dado que Moisés tenía muy poco tiempo porque estaba en busca de algo que le habían prometido, Dios tuvo que inventar estos mandamientos presionado por las carreras. Y con prisa, ya se sabe, las cosas no salen bien. Las cosas no fueron como nos las contaron y por eso nuestro guía Pancho López (mientras intenta recordar dónde estacionó la bicicleta) nos contará "la verdadera historia de los mandamientos".

La verdadera historia de los mandamientos

La verdadera historia es que Dios, al principio, tenía un solo mandamiento, y éste no era para el pueblo judío, sino para los babilonios y los egipcios. Este único mandamiento era: "No desearás a la mujer del otro".

El asunto era que estos dos pueblos se la pasaban a toda madre, pero tenían un problema: cogían como conejos, sin respetar quién era de quién; nunca se sabía de quién eran los hijos y por eso, entre ellos, todos acostumbraban llamarse "hijo de puta". Esto causaba muchos conflictos y confusiones que a veces acababan en peleas, golpes, asesinatos y hasta guerras. Entonces un día Diosito, con su infinita compasión, se puso a caminar arriba y abajo por su veranda, devanándose los sesos para encontrar una solución a este problema: "¿Qué hago, qué hago? ¿Le corto el...?... No, no, no es una buena idea. ¿Le tapo la...? No, no, tampoco ésta es una buena idea". Luego del decimoquinto café, cuando las manos le empezaron a temblar, al fin tuvo una genial idea: "¡Haré un mandamiento! ¡No te cogerás a la esposa del vecino". Sin embargo, después sintió que era una forma demasiado cruda para enseñarla a los niños en el catequismo, y por lo tanto la cambió por una más elegante: "No desearás a la mujer del otro".

Así, todo emocionado, partió para entregar este nuevo regalo, imaginando, lleno de ilusión, el entusiasmo con el cual recibirían tan bella sorpresa.

Primero llegó a Egipto, justo mientras los egipcios hacían una de sus fiestototas para celebrar a Horus, el dios Sol. (Lo sé: ahora me vas a decir: "Pero ¿cómo que veneraban a otro dios?" Ya se los dije: no existían los otros mandamientos, y cada uno era libre de hacer lo que le daba la gana. No existía el mandamiento que dice: "Amarás a un solo Dios", aparte de que, según yo, tampoco es posible que este mandamiento lo haya inventado Diosito. ¿Cómo es posible imaginar la idea de un Dios que sufre de celos? No puedo creer que Dios sea tan inseguro de sí mismo para vengarse mandándote al infierno por la eternidad, sólo porque de vez en cuando te la pasas bien con Shiva, Halla o Manitú.)

Cuando los egipcios lo vieron llegar, caminando un poco desorientado en medio del relajo general, lo acogieron gritándole:

—¡Hola, Diosito! ¿Qué onda? Ven, siéntate con nosotros en este sofá y tómate una copa.

Diosito, que tras haber caminado en el desierto durante días tenía una sed de la chingada, agarró una copa y se la echó "de Hidalgo": los ojos se le salieron de sus órbitas, se le enchinaron todos los pelos del cuerpo y, tosiendo un flamazo, gargajeó:

—¡Putísima madre! ¿Qué es esto?

—Tequila Tutankamón —exclamó con orgullo el faraón—: resucita a las momias.

El pobre Diosito necesitó quedarse en el sofá un par de horas antes de recordar quién era y qué hacía allí. Cuando logró sostenerse otra vez más o menos en pie, y casi había recuperado el uso correcto de la palabra, tambaleándose, fue en busca del faraón, quien en el ínterin se había pasado a otro sofá para ocuparse precisamente de la esposa de un vecino.

Se acercó con timidez y, luego de muchos intentos, se las arregló para conquistar la atención del jadeante señor.

—Señor fa... faraón... Señor fa... faraón... Te... tengo un regalo pa... pa... para usted —le dijo en la forma más clara que el maldito tequila Tutankamón le permitió.

—¿Qué... tienes? —contestó el faraón sin parar lo que estaba haciendo.

—Un ma... mandamiento —le dijo con una sonrisa emocionada que daba ternura al verlo.

—¡Ah...! Un ma... mandamiento. Interesante... —jadeó el faraón, acomodándose mejor a la esposa del vecino—. Y... ¿de qué se trata?

Diosito tomó aire y de un aliento declaró:

—"No de... desearás a la mujer del otro."

De repente se hizo un gran silencio alrededor. El faraón se desencajó de la vecina y, subiéndose el cierre de sus pantalones dorados, empezó a sonreír con evidentes signos de empacho:

—Graaacias, amigo.... ¡Qué buen detalle! Te lo agradezco muuucho, perooo... —volteó alrededor en busca del apoyo de los demás—. La verdad es queee... es que no podemos aceptarlo... —gran suspiro de alivio general—. ¿Cómo te explico? Si no pudiéramos ir más con la mujer del otro... nos quitarías toda la diversión.

Todos empezaron a dar señales de asentimiento con la cabeza, y entonces el faraón agarró más ánimo y continuó:

—Compadre, ¿para qué complicarnos la vida con esta historia del mandamiento? Escucha a tu hermano, quítate de la cabeza esta idea rara que te vino y quédate aquí con nosotros. Aquí nos la pasamos a toda madre porque, dado que todos los hombres están ocupados en cogerse a las vecinas, todas sus esposas están disponibles todo el tiempo y no hay más que escoger. ¡Éste es el país más chingón del mundo!

En este punto Diosito levantó los ojos al cielo y, deseando que allá arriba hubiera alguien con quien hablar, se engulló otro Tutankamón y se tiró en el primer sofá.

Después de pasar unas horas sin conciencia, en un delirio alcohólico durante el cual tuvo una visión de la Virgen de Pompeya, que le hablaba en napolitano preguntándole qué es el Espíritu Santo, se despertó entre un chingo de gente que cogía como endemoniada para festejar el peligro que había pasado. Por lo tanto, sin que nadie le prestara la mínima atención, se levantó y, tratando de no pisar semejante enredo de cuerpos de todos los sexos que se revolcaban por todas partes como víboras delirantes, con santa paciencia se puso en marcha hacia aquella tierra que, entre los ríos Tigris y Éufrates, regala al planeta un pequeño paraíso. Durante todo el viaje el pobre Diosito fue atormentado por la misma pregunta: ¿dónde estaba la esposa del faraón?

Cuando llegó a Babilonia, las cosas se pusieron incluso peor que en Egipto. Todo el mundo estaba en medio de una fiesta tal que, en comparación, la de los egipcios parecía una fiesta de kínder. Hacía cuatro días que no paraban: todos estaban borrachos y medio encuerados; había basura por todas partes, y los que todavía podían hacerlo, bailaban con las notas desafinadas de los pocos músicos que todavía lograban mantenerse en equilibrio.

Cuando lo vieron llegar con sus chanclas, lleno de polvo, con el pelo revuelto y los ojos desorbitados que expresaban todo el vacío del desierto y la ferocidad del famoso Tutankamón, se pusieron a reír de tal modo que ni hablar podían. Señalándolo, se bamboleaban sosteniéndose uno con el otro; caían de rodillas, se revolvían en el piso y, deteniéndose la barriga, trataban de templar las sacudidas para sobrevivir a la carcajada.

A pesar de ser un tipo bastante seguro de sí mismo, y a pesar de que Babilonia y los babilonios los había creado Él, Diosito no pudo evitar sentirse un poquito fuera de lugar.

De todas formas los babilonios trataron de reprimir las risas, arriesgando infartos, derrames cerebrales y una incontinencia fulminante. Sólo después de muchos intentos, terminados míseramente, se las arreglaron para pronunciar unas palabras:

—Di... disculpe, Di... Diosito... —dijeron, tratando de no mirarse las caras uno al otro para no estallar en risas otra vez—. Estamos... Nos estamos... ¡Nos estamos dando una divertida...!

Intentando agarrar otra vez el entusiasmo y su eterno optimismo, Diosito se esforzó en mostrar la mejor de sus sonrisas y, con la entonación típica de quien está por dar una sorpresa, cantó:

—Adivinen qué les traje.

—¿Marihuana? —rebuznó un parrandero que asistía a la escena asomado por la ventana de un primer piso.

Fue imposible contener la risa. Todos explotaron otra vez, retorciéndose en los dolorosos espasmos de la carcajada, sin lograr parar durante otros 20 minutos, a pesar de los esfuerzos que hacían para calmarse, pellizcándose unos a otros y tratando de pensar en cosas tristes. Al final, un chaparrito con poco pelo, empapado en lágrimas y con la expresión de la cara deshecha por la risa, consiguió babear:

—¿Qué... qué... qué cosa nos trajiste?

Peleando con todas las dudas que crecían en Él desde el maldito momento en que tuvo la pésima idea de salir de viaje, Diosito tomó el valor para decir con timidez:

—Les traje un mandamiento.

¡Fue una explosión! Los babilonios perdieron cualquier esperanza de controlarse: reían babeando sin pudor alguno, se tiraban al piso convulsionando en el polvo, se agarraban a cachetadas uno contra el otro y azotaban la cabeza contra el suelo; uno se cagó en los calzones, un par de ellos le vomitaron encima y el parrandero del primer piso se tiró por la ventana.

El pobre Diosito tomó el camino de regreso a casa con la cola entre las patas, mientras sentía las carcajadas alejarse detrás de Él.

Para quitarse la desilusión, y también porque no tenía nada que hacer, decidió regresar paseando por el desierto, y mientras caminaba agarrando a patadas una lata de cerveza que alguien había tirado por allí, vio a lo lejos a alguien que caminaba. Era uno como Él, con las chanclas y la barba llenas de polvo, que miraba a todas partes como alguien que está buscando algo. De inmediato nació una simpatía. "Ésta me parece una buena persona", pensó. "Me parece que éste finalmente podría estar interesado en el pinche mandamiento." Y decidió acercarse.

—Hola, ¿qué tal? —Moisés se volteó, suspicaz, pero Dios no se desmoralizó y fue al grano—: ¿Quieres un mandamiento?

Moisés midió al desconocido de arriba abajo, hizo una larga pausa reflexiva y contestó de modo totalmente inesperado:

—¿Cuánto cuesta?

La respuesta tomó a Diosito por sorpresa. Eso no se lo esperaba. "¿No será de casualidad otro excéntrico como estos brutos egipcios y babilonios?", pensó. Y con toda su inocencia dijo:

—Nada… es gratis.

—Entonces dame 10 —cerró el trato Moisés, seguro de estar haciendo un buen negocio.

Tomado de contragolpe, Diosito no supo qué responder y, para no quedar mal con este simpático peregrino, debió inventarse los otros nueve mandamientos, mientras Moisés, golpeteando su bastón en tierra con impaciencia, lo acosaba:

—¡Rápido, rápido! Que estoy buscando una tierra. ¿Qué crees que toda la gente es como tú, sin nada que hacer en todo el día?

¡Fue por culpa de la maldita prisa que estos pinches mandamientos no le salieron muy bien!

Un Dios infernal

Entonces: honra al padre y a la madre.

La situación prácticamente es ésta: tomas a un niño inocente e indefenso y, para forzarlo a volverse como quieres, lo manipulas, lo ofendes, lo amenazas, le mientes, lo chantajeas, lo castigas, lo agarras a palazos… ¡y después también lo obligas a honrarte! ¡Esto es demasiado! Ni siquiera los nazis eran tan crueles. Ellos también torturaban a sus prisioneros, pero tenían el mínimo de humanidad para no pretender que, a pesar de todo, los honraran también.

Nos dan la idea acerca de un Dios infernal que no tiene piedad para sus hijos. Un Dios celoso, susceptibilísimo y despiadado, capaz de castigarte horrendamente por cualquier cosa. Por cualquier pendejada que hasta el tribunal más severo de este mundo te condenaría apenas a unos años de cárcel con libertad condicional, el "compasivo" tribunal de este Dios te condena al infierno por la eternidad, y no sólo si cometes un pecado, sino también si nada más piensas en cometerlo. Una especie de Tom Cruise en *Minority Report*.

Y espantan a los niños contándoles unas historias sobre el infierno que son de película de horror. De un Dios feroz y sin piedad, capaz de dejarte en manos de demonios pervertidos que te torturarán en forma atroz. ¡Y no por una noche, repito, sino por la eternidad! Un Dios con un corazón tan insensible como para dejar a sus hijos por la eternidad plantados de cabeza en el estiércol, con los pies en flamas o cubiertos de brea líquida e incandescente, o perseguidos para siempre por manadas de perros famélicos que los devoran, o sumergidos en el Flegetonte, el río de sangre hirviente, o sepultados en el hielo, u horrendamente mutilados por las espadas de los demonios, con la maldición de que las heridas sanan con rapidez para seguir como víctima del mismo suplicio por la eternidad.

Es obvio que los niños tienen más miedo a Dios que al diablo. Al final, el diablo es un pobre diablo que siempre te propone algo divertido, como comer chocolate, hacer travesuras, tocarse el pipín... Al contrario, este Dios no es divertido para nada: te manda a la tristísima iglesia, te hace rezar cantinelas sin sentido, y te mira siempre con una jeta que pareciera constipado desde la creación del mundo, siempre con el dedo apuntando hacia ti, controlándote continuamente... incluso cuando vas al baño.

—Vamos, pero ¿qué pinche idea de Dios es ésta? ¿Un Dios mirón que no tiene una mejor manera de ocupar su tiempo que espiar por el ojo de la cerradura para ver qué hacen los niños en el baño? ¿Qué es: un Dios pervertido? —nos grita Pancho López mientras derrite cuatro Alka-Seltzers en una botella de refresco para intentar digerir los taquitos del Tlacuache—. No, no, no, ¡¡¡nooo!!! ¡No se puede contar a los niños esta clase de pendejadas!

En efecto, presentar a Dios como un mezquino superpolicía, un juez sin piedad, significa privar por siempre a los humanos de la posibilidad de encontrar en sí mismos la grandeza, la gracia, la compasión y el amor de Dios. Porque, disculpa, ¿a quién le gustaría encontrarse con este gruñón despiadado y pervertido? ¡Vamos! Ni un masoquista profesional. No digo pasar una velada, sino ni siquiera tomarse un café con un tipo como éste. Al contrario, si lo ves sentado en Starbucks, te vas de inmediato a la Italian Coffee Company a tomarte tu café. ¿A quién le gustaría llevarse con un güey que mira en los ojos de las cerraduras y condena a sus hijos a las flamas eternas del infierno?

Presentar esta idea sobre Dios es el más grande crimen que se pueda cometer contra la humanidad, porque significa alejar por siempre a los humanos del sentimiento natural de una auténtica religiosidad.

¡Y pongámonos también en los zapatos del pobre Diosito, vamos! Este pobre diablo lleva milenios oyendo hablar de Él de esta forma, porque, al ser omnipresente, escucha todos los chismes de todo el mundo, incluso aquellos que se refieren a Él. ¿Cómo te sentirías si la gente hablara de ti como de la peor carroña del universo? A los infelices que han sacado estos chismes falsos, con el propósito de llenar de pesadillas las noches de los niños, se tendría que demandarlos con el Gran Tribunal del Juicio Universal (GTJU) y condenarlos al infierno que ellos mismos crearon para que se entretengan con Lucífero, Cerbero y Carón Demonio (para Pancho López el "Cabrón Demonio").

—¡Nos machacaron los huevos todo el tiempo diciéndonos que Dios es amor! Pero ¿dónde chingados vieron alguna vez este pinche amor? —nos dice Pancho López entre una serie de eructos que molestan a los vecinos, pero que restituyen a su rostro la expresión beata de quien se encuentra digiriendo—. Si Dios es amor, te mete al mundo y te ama y ya. No es que sólo te ame con la condición de que cumplas con todas sus mamadas. ¿Para qué te puso en el puto mundo entonces, para torturarte? —y abriendo el refrigerador del cuñado para ver qué hay para cenar, continúa—. ¿Cómo puedes pensar que exista un Dios tan hijo de la chingada para meterte al mundo como si te estuviera haciendo un regalo y decirte después: "Hijito mío, si renuncias al bellísimo cuerpo que te he dado, si renuncias a tu libertad, a la bellísima sensualidad que te he regalado, a esta fuerza irresistible que te atrae (por lo general) al otro sexo, si eres capaz de torturarte rezando a diario aburridísimos rosarios o mantras u otros tipos de oraciones, si eres siempre obediente, si renuncias a hacer las cosas siguiendo tu creatividad, y si haces o renuncias a mil y una cosas más, te voy a amar; de otra forma, vete a chingar a tu madre y amén"? Pero ¿qué historia es ésta? —concluye nuestro guía, sentado a la mesa de la cocina, revolviendo las cartas para echarse un bonito solitario—. Si el amor es a cambio de algo, entonces no es amor, sino negocio. ¿Qué clase de Dios es éste? ¿Un *businessman?*

¿Y cómo no estar de acuerdo con nuestro Pancho López sin justificar la pasión de su fina oratoria? Si lo piensas bien, todos nosotros escuchamos siempre hablar de amor, pero ¿dónde has encontrado el amor?

El amor es aceptación incondicional, confianza incondicional, paciencia incondicional. Digo: ¡incondicional! ¿Hallaste alguna vez algo así? Puede ser que hayas encontrado a alguien muy paciente, o muy, muy paciente, al punto de ser capaz de soportarte, pero no incondicionalmente paciente. Tal vez hayas encontrado a alguien por el cual te sentiste aceptado, pero ¿encontraste alguna vez a alguien que te aceptara tal como eres, sin ponerte ninguna condición de ningún tipo, prescindiendo del tamaño de las pendejadas que eres capaz de cometer en tu ignorancia humana? Si nunca has encontrado confianza, paciencia y aceptación incondicional, simplemente significa que nadie te ha amado de verdad. La única cosa que has hallado es algo mucho más cercano al negocio que al amor.

Desde el primer día de vida empezamos a aprender que todo tiene un precio, incluido el amor. No es gratis. El mensaje siempre es: "Yo te amo si tú…" Y los niños, para recibir este amor que necesitan como el aire que respiran, se rinden a hacer cualquier cosa para obtenerlo. Lo que se enseña a los niños no es amor, sino prostitución. "Si tú haces esto, yo te doy esto". Y a los niños no les gusta prostituirse. De niños todos teníamos una gran dignidad. Todos nacemos como amor puro y nos enseñan a convertirnos en prostitutas.

Un niño rebelde

De hecho, el problema que puedes encontrar si quieres dedicarte a jugar al pequeño alquimista "Patas Pa' Arriba", es que los niños son tremendamente rebeldes y tercos. La dificultad que hallan los alquimistas "Patas Pa' Arriba" es que ningún niño se somete a este régimen de prostitución sin pelear, porque poseen una gran dignidad. Si te acuerdas bien, antes de volverte adulto y de que tú también aprendieras este "noble" arte de la alquimia "Patas Pa' Arriba", no vendías tu dignidad por un plato de lentejas. Tenías huevos. Y éste es justamente el problema que puedes encontrar en la transformación alquímica del oro en plomo: los niños tienen huevos.

De hecho, un enanito de pocos kilos, al que con una patada puedes aventar por la ventana como al pinche perro que te cagó la alfombra, a cada rato tiene el valor de enfrentarse a pecho abierto contra una multitud de adultos poderosos y medio locos para defender sus derechos y su integridad.

Un niño enojado es probablemente uno de los espectáculos más fascinantes que te puedas imaginar. Mira a un niño enfadado: se te para enfrente como un gigante; no hay sombra de duda en sus ojos; todo su pequeño cuerpo vibra de energía; su joven musculatura está lista para la acción; no hay rasgos de vacilación en su determinación a enfrentarte y, sin ningún miedo, se te echa encima y te golpea, te patea, te grita, rompe todo. Y no por dinero. ¡No para construir un oleoducto en Afganistán, no, sino para defender su dignidad! Para defender su derecho de ser quien es y aprender las cosas con respeto a su individualidad, su naturaleza, sus tiempos y sus capacidades, considerando su edad.

¿No es fantástico? ¡Los niños deberían ser premiados cuando tienen el valor de defenderse de los abusos, de la ignorancia y de la inmadurez de los adultos!

Pero, ¡por favor, no lo hagas! ¡Sería un error fatal! Si quieres ser un exitoso alquimista "Patas Pa' Arriba", nunca hagas entender al niño que la rebeldía es un valor, porque así nunca te las arreglarás para transformarlo en una oveja. Nunca se volverá como tú. ¡Y mírate en el espejo! ¡Mira qué buen trabajo hicieron contigo! ¿Quieres interrumpir esta fantástica tradición de transformar el oro en plomo?

¡Cuidado! Las tradiciones son importantes. En nuestras tradiciones está nuestro pasado glorioso. ¿Quieres perder la herencia del pasado? ¿Quieres renunciar a los tesoros de la historia de la humanidad, como las mujeres tratadas como esclavas, la explotación de los niños, el mercado de los esclavos y todas esas bellísimas guerras que hicimos para defender a nuestro Dios de la paz, la gente torturada, los miles de humanos que mueren de hambre…? ¿Quieres renunciar al egoísmo ciego, a nuestros sangrientos himnos nacionales que te invitan a matar al vecino, a esos bellísimos espectáculos donde la gente corría, gritando aterrorizada antes de ser devorada por los leones, a los sacrificios humanos, al canibalismo, a los Santos Tribunales de la Santa Inquisición, donde para purificarte se turnaban para torturarte por días y noches arrancándote las uñas, deshebrándote el cuerpo, desollándote en el nombre del Dios católico del amor? ¿Quieres renunciar a todo esto? Si quieres salvar las tradiciones, necesitas mostrarte inflexible con el niño rebelde y nunca dejarlo creer que defenderse a sí mismo es algo noble. No importa que sea evidente para todos que le pides cosas que a un niño no se le pueden pedir, como la de no ser un niño, por ejemplo, o que entienda a los adultos, cuando los adultos deberían entender a los niños y no al revés. No importa que para enseñárselo lo amenaces, lo chantajees, lo castigues, lo recluyas, lo humilles, lo golpees… No importa. De lo contrario, ¿cómo harías para demostrar que la alquimia funcionó contigo y que la educación te transformó en un perfecto imbécil? No importa que estés haciendo una cosa absurda. No importa que uses métodos inhumanos hasta para los animales de circo. Lo importante es conseguir que el niño olvide lo que es, de modo que se vuelva lo que tú quieres que sea. De otra forma no hay manera de doblegar a un ser humano a la voluntad de alguien más. Nadie nace oveja, todos nacimos leones.

Ningún ser humano, que jamás haya sido humillado en su tierna edad, estaría tan loco para ir a la guerra a matar por ideas e intereses que no son suyos, a un pobre güey como el que está del otro lado de la trinchera, víctima del mismo engaño. Los alquimistas "Patas Pa' Arriba" saben bien que, a menos que enfermes la conciencia de los humanos desde temprana edad, la guerra y los abusos serían imposibles. Mirándose desde una trinchera hasta la otra, disfrazados de soldados, éstos se echarían a reír:

—¡No mames, güey! ¿Cómo te vestiste? ¡Te ves cagadísimo! —tirarían los fusiles y correrían uno hacia el otro para abrazarse, contarse chistes, reír, tomar vino y cantar canciones. Así son los seres humanos en su profunda esencia. Los humanos no son criminales. Para que se vuelvan criminales, es necesaria una "educación".

Para que los niños olviden por completo su esencia divina, necesitas operar muy pronto, envenenándoles la conciencia con ideas del todo ridículas, como la de pensar que mi tierra es mejor que la tuya, que mi país es mejor que el tuyo, que mi raza es mejor que la tuya, que mi Dios es mejor que el tuyo, como si se tratara de equipos de futbol. ¿Tienes idea, a lo largo de los siglos, de cuántos hombres, mujeres y niños han sido matados, torturados, violentados, descuartizados con la excusa de que "mi Dios es mejor que el tuyo"? Está claro para todos que, aparte de los pobres diablos que mueren en estas guerras, nadie cree que la verdadera razón de estas masacres sea una infantil defensa a capa y espada de su equipo religioso o político. Todos sabemos bien que las verdaderas razones de las guerras yacen en la tierra impía del egoísmo humano de unas pocas personas.

Las verdaderas razones que provocan estas guerras no pueden ser expuestas tal como son, porque resultan vergonzosas e inaceptables.

Por eso necesitan enmascararlas con palabras dulces como "patria", "Madre Tierra", "religión", "libertad", porque de otra forma nadie estaría dispuesto a ir hasta otra parte del mundo a matar gente que no le ha hecho nada. ¿Quién iría a la guerra si le revelaran las cosas tal como son, y poniendo las cartas en la mesa le dijeran: "¡A ver, mi chavo, ven! Tuve una idea chingona. Dado que me gustaría apropiarme de este pedazo de tierra, donde vive esta gente que no me ha hecho nada, pero que tiene riquezas naturales que me gustaría chingarme, tuve la idea genial de usarte a ti y a tus hijos como carne de cañón, para que vayan allí, maten a todos y conquisten esas tierras para mí, mientras yo me quedo en mi jardín a jugar con mis perros"?

Ante semejante argumentación, incluso la persona más educada y bien hablada no podría contenerse para mandarlo "derechiiito a chingar a su santísima madre". Sin embargo, el cotidiano y paciente trabajo de los alquimistas "Patas Pa' Arriba" puede operar milagros en el campo de la barbarie humana. Primero necesitas borrar todos los rasgos divinos; después debes embrutecer a las pobres víctimas, embutiéndolas con cualquier clase de estupideces y prejuicios, y cuando finalmente estén muertos desde el punto de vista de la conciencia, quedarán listos para la sociedad.

Así, a lo largo de los siglos, equipos de gente vestida de colores diferentes se han enfrentado con odio, defendiendo ideas que les inculcaron de manera arbitraria y traicionera. Nadie sabe nada y todos se masacran sin sentido.

Es como la historia de los dos hombres que se agarran a madrazos en la calle, mientras un niño en la banqueta grita entre lágrimas:

—¡Papá! ¡Papá!

Un policía que pasa por allí se precipita para separar a los hombres y ahorrar al niño aquel horrible espectáculo. Gracias a la autoridad que le confiere su uniforme, después de unos intentos se las arregla para separar a los dos rijosos e increparlos, agitando el dedo en el aire:

—¡Qué vergüenza! ¡Golpearse de esta forma enfrente de un niño! —y luego, dirigiéndose al niño—. Dime, chiquito, ¿quién de estos dos hombres es tu papá?

—No… no lo sé — contesta el niño, secándose los mocos—, por eso se están peleando.

Ésta es la situación de la humanidad: nadie sabe nada y todos continúan peleando sobre la nada. Dios no hace humanos tan dementes. Para obtener este resultado estupefaciente es necesaria la intervención del sistema "educativo". Es necesario un proceso de rehumanización.

Del niño divino al niño jodido

Cuando somos niños, obviamente no podemos ni imaginar la idea de que sería mejor ser alguien diferente al que somos. La naturaleza, de la cual formamos parte y es la expresión de Dios, siempre es lo que es y con eso basta. Por eso también somos capaces de hablar de perfección ante manifestaciones como los huracanes, los terremotos, las ratas, los ojos bizcos, mi pinche narizota, y el resto de las cosas que la mente lógica tiende a juzgar como fallas de Dios. La existencia es relajada porque cada cosa que la compone se acepta tal cual es y no intenta modificarse, en cuanto tiene confianza en Dios.

Pero esto no vale para los humanos. Los humanos son los únicos que constantemente intentan cambiarse por algo diferente de lo que son. Son los únicos que no tienen sin confianza en lo que Diosito ha hecho, convirtiéndose, de esta forma, en el único elemento discordante de este planeta.

El ser humano es una especie de enfermedad de la Tierra que, justo como un cáncer, trabaja contra el equilibrio general de la naturaleza. En lugar de vivir relajado, confiado y armónico como el resto de lo que vive bajo el sol, continuamente se esfuerza en cambiar las cosas. Y así se la pasa, maquillándose para lucir mejor en el mostrador del mercado de la vida, enseñando las cualidades que considera convenientes e inventándose las que no posee, fingiendo saber las cosas que no sabe y escondiendo todo lo que considera inapropiado de sí mismo, al grado de modificar su cuerpo para exhibir lo que se puede vender y ocultar lo que nadie compraría jamás.

Diosito siente mucha lástima por nosotros. Cualquier pinche perro callejero con pulgas, sarna y garrapatas posee más dignidad que cualquier ser humano. Al menos el perro es relajado en su ser "un pinche perro". Al contrario, nosotros vagamos en la incertidumbre, sometiéndonos a la humillación de adaptarnos a lo que los demás esperan de nosotros.

Sin embargo, todos nosotros, antes de la "sabia" intervención de los alquimistas "Patas Pa' Arriba", también éramos parte de esta cósmica armonía, donde el laurel está contento de ser un laurel y no puede imaginar ser un roble; la margarita, a pesar de ser torturada para saber si "me ama o no me ama", cosa que a ella le importa absolutamente madres, nunca piensa que le gustaría ser perfumada como una rosa; y la mariposa, curioseando con su vuelo tambaleante entre las cosas chiquitas, jamás aspira a los vastos horizontes del águila.

Nosotros también, cuando niños, estábamos relajados y orgullosos de ser quienes éramos, exactamente como el ciprés, la vaca, el tulipán y el pájaro carpintero. Por lo tanto, no podíamos ni concebir la idea de que para vivir necesitáramos convertirnos en alguien más, y los primeros años de vida nos la pasamos peleando para defender el derecho a ser simplemente quienes somos.

Para recordarlo, necesitas ir a un grupo de terapia sobre el asunto. Pero si la palabra "terapia" le duele a tu ego, intenta al menos imaginar cuán aterrorizante y desesperante puede resultar para un niño la idea de que, para recibir el amor, el respeto y la seguridad requeridos para crecer, no sólo tendrá que prostituirse, sino renunciar en todo a sí mismo y empezar a fingir que es alguien distinto a quien ya es. Lamentablemente, así estés consciente o no, esto es justo lo que nos ha pasado a cada uno de nosotros.

Todo cuanto haces y sientes parece estar equivocado: no debes hablar, o sólo debes hacerlo en la forma y los tiempos en que se te permite; no tiene que gustarte el tenis, sino el futbol americano; cuando estás tranquilo, te dicen que necesitas hacer algo, y cuando haces algo, te preguntan: "¿Por qué no estás un poquito tranquilo?" Y cuando hablas, te callan, y cuando estás callado, te preguntan: "¿Por qué no hablas?" Y cuando algo te duele y lloras, te dicen que no hay razón para llorar, y que si no paras te darán una buena razón; y si te enojas, te dicen que te ves feo o directamente te acomodan una bella madriza...

Al principio peleas para defender tu derecho a jugar con las muñecas en lugar de los soldaditos, así como a enojarte, llorar, reír o cantar cuando te dé la gana, pero al final terminas creyendo que eres tú el equivocado y empiezas a pensar: "¿Será posible que Diosito haya sido tan bueno para crear todo, y conmigo se equivocó desde la *A* hasta la *Z*? ¿Cómo es posible que Él, que es infalible, justo conmigo haya resultado un perfecto incompetente? ¿O simplemente quiere más a mi prima que a mí?

De este modo empiezas a odiar a Dios. Así empiezas a odiarte a ti mismo, refunfuñando entre dientes, en la soledad de tu desesperación: "Si este pinche Diosito no me hubiera hecho así, si yo fuera otro, todo sería perfecto. Mis papás estarían contentos y me amarían, mis maestros me estimarían y sería capaz de hacerme respetar ante los compañeros sin necesidad de mentir, esconderme ni abusar de los demás. ¡Si yo no fuera quien soy, la vida sería maravillosa!"

El estadounidense Arthur Janov, creador de la Primal, una intensa terapia que, al revolcarte como calcetín tiene como objetivo la exploración y sanación de las heridas de la niñez, indica un momento en la vida de todos los seres humanos que marca el comienzo de la neurosis. Con su refinada terminología científica, Pancho López llama con elegancia a este momento dramático en la vida de todos nosotros "ya se chingó el asunto". Este momento representa una rotura definitiva en la integridad del ser humano. Sucede más o menos entre los cuatro y los seis años, cuando tristemente nos damos cuenta de que así como somos no hay manera de obtener el cariño, el amor, el respeto ni el reconocimiento que necesitamos para vivir. Es un momento en que el niño se rinde, colapsa. Se da cuenta de que la única forma de sobrevivir consiste en renunciar a sí mismo y empezar a fingir que es alguien más, alguien aceptable para la sociedad o, como sea, alguien con una estrategia para sobrevivir a la situación en la cual se encuentra.

Este momento trágico en la vida del niño marca el inicio de la dualidad, de la esquizofrenia: tú eres alguien, pero actúas como si fueras otro. Dado que todas las veces en que tu verdadera naturaleza se manifiesta, todas las veces en que tú eres tú mismo y en que Diosito se manifiesta a través de ti, eres castigado, te rindes al hecho de que la única forma de estar a salvo es volverse este "alguien" que la sociedad espera que seas. Y te dedicas durante años a agarrar a patadas a tu verdadero ser para esconderlo en tu inconsciente, esforzándote por aprender más y fingir que eres alguien distinto, alguien que no eras tú. Por lo tanto, aprendes a esconder a tu ser natural con pudor y culpa, y cuantas veces Diosito alarga el cuello para asomarse en ti con su carita inocente, te precipitas a empujar su cabecita en la oscuridad de tu inconsciencia, mientras te dices a ti mismo: "Este Diosito podrá estar a toda madre, pero te crea un chingo de problemas. Este Dios es peligroso. Este pinche Diosito posee todo el encanto de una mala compañía". Claro que con Él te sientes bien, te diviertes, te relajas, juegas, creas, amas… pero nunca estás seguro, porque este Dios odia las reglas: es una especie de revolucionario anárquico que se sale siempre con la suya y nunca se sabe qué inventará.

Dios es un gran desmadre

El problema es que Dios siempre se manifiesta de manera inocente, nueva, impredecible, original, única. Dios es un gran desmadre. Dios no es alemán. Nunca se vio a alguien más desorganizado que Él. No es capaz de hacer dos cosas iguales. No hay un día igual al otro, no hay una planta igual a otra, y no puedes confiar en las estaciones porque cada año se presentan de una forma diferente. Todo cambia continuamente. ¡No existe un mínimo de organización! Cuando tiene que llover, hay sol, y cuando el sol tendría que resplandecer, hay neblina. Y cuando le da la gana, te manda el granizo que destruye cual metralla el trabajo de meses. Y de repente la tierra se pone a bailar con alegría derrumbando edificios y casas; el viento empieza a aullar, abatiendo con su canto siniestro cuanto encuentra en su camino, y los ríos, borrachos por tanto beber, se desbordan arrastrando lo que encuentran a su paso, produciendo unos desastres que ningún Dios organizado permitiría. Al final no puedes confiar en este Dios.

Dios es un puro creativo, y los puros creativos son un desmadre. Por eso a veces te vienen ganas de quitarle el control del gobierno del universo y ponerlo en manos de un administrador de empresas, alguien que haya estudiado para organizar las cosas. Pero, ¿puedes imaginar un mundo con un Dios que hable alemán, donde todo estuviera perfectamente organizado y donde todo fuera perfectamente predecible? ¡Sería una hueva tal, que te darían ganas de tirarte por la ventana!

Hay una historia sobre un campesino que se queja con Dios porque cada año debe batallar con la incertidumbre del clima.

—Diosito, ¡puta madre! ¡Tú serás Dios, pero, con todo respeto, de agricultura no entiendes ni madres! ¡Cada año es un gran relajo! Un año me mandas el calor demasiado temprano y al otro año no llueve bastante, y otro llueve cuando no debe llover, y al siguiente me mandas el hielo cuando ya están las flores y se quema todo. Diosito, ¡zapatero a tus zapatos! ¡Tú ocúpate de otras cosas y a mí déjame ocuparme de la agricultura! ¡Nómbrame ministro de agricultura y te enseñaré cómo se hace! Mi familia desde siempre ha cultivado la tierra y conozco a la perfección cómo arreglar las cosas para que el cultivo salga mejor del que te encuentras en Walmart.

Con una sospechosa sonrisa pícara, Diosito le dijo:

—Vale, por un año te nombro ministro de agricultura.

Todo contento, el campesino regresó a su trabajo, seguro de que demostraría al mundo entero que él era un Dios... Pero ¿qué digo? Mejor que Dios. Y por un año arregló las temporadas de una forma impecable: perfecta la cantidad de lluvia, perfecta la cantidad de sol, el viento sólo cuando servía para la polinización, la temperatura que subía gradualmente en función de la necesidad de las plantas. El campesino miraba sus cultivos crecer con enorme satisfacción, y con la cosecha llegó el momento de la verdad: jamás se habían visto plantas tan grandes y llenas de frutos.

Por lo tanto, un día, fumando un cigarro y ostentando toda su seguridad, telefoneó a Diosito y le dijo:

—Compadre, ven a ver la cosecha.

Diosito llegó en la pick up blanca que usaba para sus excursiones en el campo, levantando tras de sí una polvareda que se alcanzaba a ver desde otras galaxias. El volumen de su radio era tan alto que el universo entero podía escuchar una canción famosa en ese entonces, *Te miro desde arriba*, de un grupo de rock de querubines que, sin mucha fantasía, se llamaban Los Ángeles. Bajó con sus botas y sombrero blancos, se quitó los lentes de sol y miró la cosecha por un rato, bamboleando la cabeza. Después se

acercó lentamente al campesino y le puso una mano en la espalda:
—Bravo, muchacho, hiciste un buen trabajo, hijo. A la vista es perfecto, pero intenta comer lo que cosechaste. Prueba hacerte una tortilla con este maíz. Prueba hacerte un sope con frijolitos, nopales, chile guajillo y quesito. O prueba hacerte un licuadito de fresa, plátanos, leche de soya, granola, miel, unos pedacitos de chocolate y un chorrito vainilla... —emocionándose más y más, continuó— O una pasta con salsa de tomate cherry a la Gabriel, con alcachofas, alcaparras y aceitunas negras y verdes, todo revuelto con queso parmesano y un poco de pecorino, espolvoreado con pan molido fino, fino; después los pones en el horno por 20 minutos, y cuando lo sacas le agregas unas rebanaditas de jitomate y unas tiritas de queso oaxaca, y... ¿De qué cosa estábamos hablando?

—¿De qué cosa estábamos hablando? —contestó el campesino, un poco tomado por sorpresa—. Hablábamos de mi cosecha.

—¿Tu cosecha...? ¡Ah, sí, claro, tu cosecha! Hijo, tu cosecha salió bien, pero sabe a nada.

¡La gran sorpresa fue que todo lo que había cosechado y parecía tan perfecto, estaba tan fofo e insípido que ni Walmart se lo quiso comprar!

La vida no es organización. La vida es aventura. La vida es reto. La vida es creatividad. La vida es amor. Y ninguna de estas cosas se puede organizar.

Sin embargo, la sociedad quiere que tú seas organizado, coherente, educado, predecible… en otras palabras, de hueva. La sociedad no te permite permanecer creativo e impredecible como todo aquello que pertenece al reino de Dios; no te enseña a volverte poco a poco consciente de ti mismo para expresar tu unicidad en armonía con los demás. ¡A la sociedad le valen madres tú, Diosito, la armonía y los demás! La sociedad sólo pretende que funciones más y más como una máquina, y menos y menos como un ser humano. Y trabaja duro para sofocar en ti todo cuanto sea único y natural, para volverte un fenómeno de masa igual que a los demás: predecible y confiable como una máquina, pero no más humano. Y, como ya dije, usa herramientas muy eficientes para doblegarte a sus expectativas.

Por eso, todas las veces que Diosito se te presenta, tú, con la voz rota por la desesperación y el coraje de un amor imposible, esperando que nadie te escuche, le dices:

—¡¿Qué haces aquí otra vez?! Ya te dije que me dejes en paz. No me tientes de nuevo. Todas las veces que me dejo seducir por Ti, termino sintiendo miedo, culpa, y estoy mal durante semanas: tengo que mentir, fingir que todo va bien, me ruborizo... y después te extraño, te extraño a morir. No puedo dormir, te sueño y me desespero. Me desespero por no poderte tener. ¡Por favor, déjame en paz, Diosito! ¡Déjame en paz! ¡Resignémonos! ¡El nuestro es un amor imposible! ¡Por favor, vete y no me provoques más! Déjame aquí para vivir mi dolor y esperar la muerte.

Si ser religioso significa honrar lo que Dios ha creado, si ser religioso significa encarnar el caótico proyecto que Dios tenía para cada uno de nosotros, no puedo imaginar nada más lejano de la religión que lo que "normalmente" todas las sociedades hacen.

Dios es la naturaleza, y su manifestación es el flujo impredecible y ordenadamente caótico de ella. Y el ser humano es parte de este flujo.

¡Por eso los "pobres" alquimistas "Patas Pa' Arriba" necesitan hacer todo lo que hacen! Y se quejan sin descanso:

—¡Los seres humanos son tremendos! Se necesitan años de trabajo para domarlos. Nunca puedes estar tranquilo con ellos porque no están un momento quietos: ahora piensan una cosa y después piensan en otra, y luego se enamoran y no sirven para nada. Tienen intuiciones, confían en sí mismos... ¡Y son tremendamente creativos! No puedes confiar en ellos... ¡Se parecen justo al pinche Diosito! Para dominarlos, debes estar siempre alerta, porque a cada momento se salen con la suya: se inventan continuamente formas diferentes de vestirse, de comer, de relacionarse, de arreglarse el pelo. ¡Y son insoportablemente curiosos! Te cuestionan cualquier cosa. Quieren conocer, viajar, explorar, cambiar, probar. Y en un momento les gusta jugar (cosa que no sirve para nada), y en otro momento les gusta cantar (que tampoco sirve para nada) y después quieren tocar, reír, bailar… Y como si esto no bastara, ¡se sienten locos por el sexo!, que aparte de estar prohibido es sólo una pérdida de tiempo y de energía. ¡Estos humanos son un gran desmadre! ¡Tal como Diosito!

Entenderás así que no resulta tan fácil transformar estos torbellinos vivientes en robots sin el mínimo de iniciativa e independencia. Es obvio que estos "santos" alquimistas se enfrentan a realizar una tarea dificilísima. ¿Cómo podemos condenarlos si, para controlar estas balas perdidas, se ven obligados a usar métodos desleales y a veces brutales? Si te quedas hecho un pinche anárquico como Dios, ¿cómo hacen para controlarte? ¿Cómo te obligan a hacer lo que ellos quieren y a creer en lo que ellos creen?

Si te resistes a este proceso de adiestramiento, si eres un niño rebelde, ¡mucho has de sufrir! Pero si eres un niño bueno, bien portadito, limpiecito, educadito, obedientito como un monito amaestradito, allí sí conquistarás el respeto de la sociedad. Y si al crecer te la arreglas para mantener todo el tiempo ideas fijas, comportamientos fijos, los mismos principios y los mismos prejuicios a lo largo de la vida, si te la arreglas en reprimir cuanto sea natural en ti para transformarte en un robot de carne y hueso, realizando a la perfección el modelo que la sociedad diseñó para ti, de seguro el presidente de la nación te llamará para entregarte una bonita medalla de buen ciudadano ¡o incluso una condecoración! Y si eres muy, pero muy afortunado, cuando mueras hasta una mención te ganarás sobre una bellísima lápida en un hermoso jardín de la ciudad, olvidado entre un paso peatonal y el enlace de una circunvalación… ¡O hasta una estatua te pondrán! Una preciosa estatua con tu cara, donde los perros puedan ir a mear por los siglos de los siglos, amén. ¡Piensa qué bonito! "Eternamente meado por los perros… y cagado por los pájaros."

No importa si no viviste. No importa si te chingaste la vida. No importa si renunciaste al hoy por un mañana que jamás llegó. No importa si renunciaste a cuanto hace la vida digna de ser vivida. Lo importante es que tu nombre quede indeleble en la memoria de las futuras generaciones: Fulanito de Tal. Y si, al contrario, te olvidan después de un par de semanas, como nos pasa casi a todos... ¡Paciencia! Significa que no fuiste bastante bueno o que tuviste mala suerte.

Al final todos nosotros somos adiestrados para servir a un resultado que no es el nuestro, sino el de alguien más. Nadie te enseña a cumplir con tu destino. Todos te enseñan a cumplir con el destino que alguien más eligió para ti. Y en las diferentes épocas ese alguien más se ha llamado rey, conde, nación, cristianismo, islam, oligarquía, capital, patria, comunismo, democracia, Madre Tierra, padre, patrón...

La estructura social, creada para cumplir con el servicio de ordenar las relaciones entre los humanos, se ha vuelto el patrón, el tirano, el verdugo. Paradójicamente, ahora los humanos están al servicio de esa estructura que ellos mismos crearon y que, como un monstruo salido de control, brutaliza a sus hijos con sus mil tentáculos.

Se buscan esquizofrénicos

Entre todo este relajo, ¿qué esperanzas tiene el pobre niño de salvaguardar su propia unicidad, individualidad y verdad? Cero.

Y así, un bonito día, que de bonito no tiene nada, el niño se rinde a la idea de que así como es no logrará sobrevivir. Por lo tanto, empieza a fingir ser alguien más.

Por lo general, la sociedad saluda este fenómeno con júbilo y exclama:

—¡Yupi! ¡Está creciendo! Está aprendiendo las reglas del juego. ¡Finalmente se está convirtiendo en un hipócrita como todos nosotros! ¡Aleluya!"

Los alquimistas "Patas Pa' Arriba" pueden festejar al fin el primer éxito, porque ésta es la primera señal concreta de que su trabajo empezó a rendir frutos. Este primer síntoma de la separación de Dios merece ser festejado con una bonita primera comunión. Y así, si el pobre niño pasa indemne de las caricias morbosas de la parroquia, se acerca casi puro al famoso sacramento.

Con ligeras diferencias, ésta es la historia de todos nosotros, más allá del territorio donde naciste y del folclor religioso que tengas que chutarte.

Aparte de unos afortunados que a lo largo de los siglos aparecieron por aquí y por allá como manchas luminosas sobre el tapete gris de la mediocridad, constituyendo una esperanza para el género humano, los demás tuvieron simplemente que rendirse al garrote de los famosos alquimistas y renunciar a los rasgos básicos de la naturaleza, de la inteligencia y de la compasión de Dios con los cuales nacieron. Tuvimos que renunciar a nosotros mismos.

Este momento crucial, que Pancho López finamente ha llamado "ya se chingó el asunto", en el cual las resistencias del infante acaban rotas debido al poder de los padres, es el principio de un proceso de "jode y jode" (siempre en terminología lopeziana) que nunca acabará. La escuela, los amigos, la religión, el trabajo, el marido, la esposa, los hijos, los vecinos, los colegas y el resto de los protagonistas de la película de tu vida se encargarán de completar esta conjura contra ti y contra Dios hasta el último día.

Los padres hacen el trabajo sucio, y luego la sociedad se encarga de darte mantenimiento, recordándote a cada rato que, si quieres vivir en tu verdad, lo harás bajo tu propio riesgo. Te arriesgas a la soledad, al desamparo, a la excomunión, al destierro, a la marginación, a la pobreza… No importa que no creas en lo que haces y que todos sepamos que todos somos hipócritas; lo importante es matar tu individualidad y reducirte a un fenómeno de masa. Lo importante es no dejarte espacio alguno de autonomía espiritual e intelectual. Lo importante es ser fieles a las tradiciones y obedecer las leyes de los padres. ¡Obedecer!

Comiendo pasto por la eternidad

Nos presentan la obediencia como un gran valor y nadie se da cuenta de una sencillísima verdad: si todos hubiéramos sido totalmente obedientes a las tradiciones, la humanidad no habría evolucionado ni de un chícharo. Si todos, pero todos, hubiéramos repetido como buenos niños las enseñanzas de los padres, nosotros seguiríamos comiendo pasto como las vacas. ¡Ni una ensalada habría sido inventada! Ha sido sólo gracias a unos desobedientes, que por cualquier razón huyeron de los tentáculos infernales de este proceso de descerebración, que la humanidad ha evolucionado. Fue gracias a un grupito de atrevidos revolucionarios que se inventó la ensalada.

Una banda de unos pocos amigos, de seguro italianos, que se encontraban en la noche, a escondidas, en un sótano, fantaseando sobre cómo hacer más sabroso el pinche pasto del que estaban hasta la madre de comer desde la eternidad. Y así, una noche, uno de ellos, de repente, agitando en el aire un puño, vibrante de emoción, temblando por el atrevimiento de osar infringir las tradiciones seculares, se levantó y, con los ojos febriles de *raptus* creativo, eructó un deseo que tenía sofocado en la garganta desde hacía milenios:

—¡Pongámosle sal!

Se hizo un gran silencio. Todos sentían que eran testigos y protagonistas de algo extraordinario en la historia de la humanidad, de un salto histórico. Se miraron los unos a los otros incrédulos, titubeantes, hasta que de pronto otros también empezaron a temblar en un ataque de entusiasmo histérico:

—¡Sí! ¡Sí! ¡Síiiiii! ¡Pongámosle sal! ¡Pongámosle sal! ¡¡¡La saaaaaaaal!!!

Empezaron a abrazarse y a palmearse poderosamente las espaldas, se besaban... y mientras el entusiasmo estaba al máximo, de súbito otro de ellos, con una urgencia irrefrenable, silenció a todos y, cayendo de rodillas, como poseído por algo más grande que él, empezó a repetir en tono hipnótico:

—A... ceite... de... oli... va... A... ceite... de... oli... va...

Por un momento no se entendió bien lo que pasaba. Todos se quedaron confundidos. Sin embargo, el que parecía el menos vivaz de ellos, sorprendiendo a todos, se aventó sobre el amigo que continuaba de rodillas, babeando y con los ojos en el vacío: "A... ceite... de... oli... va... a... ceite... de... oli... va...", y abrazándolo y besándolo, empezó a gritar:

—¡Sí, sí, síii! ¡Aceite de oliva! ¡Aceite de oliva! ¡Aceite EXTRA VIRGEN de oliva!

No se entendió nada más. Nadie más sabía cómo expresar la emoción. Las palmadas eran insuficientes. Si imaginar algo virgen ya era difícil, imaginar algo extra virgen ¡era ciencia ficción! Empezaron a agarrarse a patadas los unos a los otros, a jalarse el pelo y a escupirse encima debido al entusiasmo... hasta que notaron que uno de ellos, un morenito llamado el Cueva, dada la increíble cantidad de pelos que tenía en todo el cuerpo, se había quedado aparte, llorando y sollozando.

—¿Qué pasó? ¿Qué pasó, Cueva? —le preguntaron preocupados y acariciándole los pelos.

Después de muchos desgarradores intentos de contener los sollozos, el morenito se las arregló para encontrar la fuerza para hablar y, finalmente, prorrumpió en un grito que más que una voz humana pareció el rebuzno de un burro al que le pellizcan un huevo:

—¡¡¡VINAGRE BALSÁMICO... DE MÓDENA!!!

En este punto no se entendió nada más. El entusiasmo había llegado a las estrellas: gritaban, lloraban, se agarraban a cabezazos unos contra otros, se recetaban tales madrazos en la cara que uno llegó a perder tres dientes y otro se desmayó, dándose él solito puñetazos en el estómago.

Cuando la emoción bajó de intensidad y recuperaron algo cercano a la cordura, con caras de borrachos se dieron cuenta del riesgo que corrían.

—Si nos descubren estamos jodidos —dijo, preocupado, el más anciano—. Hemos infringido la regla milenaria que imponen de "comer pasto crudo por los siglos de los siglos y amén". Esto necesita quedarse absolutamente un secreto entre nosotros y basta. No podemos arriesgarnos a que se enteren los padres guardianes de las tradiciones.

Y así hicieron un solemne juramento de sangre de no revelar a nadie su descubrimiento.

¡Jamás!

Sin embargo, como siempre pasa, nadie mantuvo el juramento.

Es típico de la naturaleza humana querer compartir con los demás lo que de bueno encuentras en tu camino. Y así, al cabo de unos días, en muchísimas familias ya se preparaba clandestinamente esta vinagreta primordial: era inevitable que tarde o temprano los aullidos de placer llegaran a oídos de los padres guardianes de las tradiciones.

No habían pasado siquiera unas semanas cuando la pequeña banda de italianos fue aprehendida y llevada tras los barrotes del tribunal de la moral pública. Los "malditos" herejes fueron acusados de querer destruir a la sociedad.

—¡Estos criminales tienen que ser detenidos de inmediato! —dijo el ministerio público, agitando en el aire su dedo huesudo—. ¡Es así como se destruyen las tradiciones! ¡A uno le permites preparar una ensalada y un día nos encontramos todos comiendo la pasta a la boloñesa! ¡Intolerable! ¡¡¡Intolerable!!! Nuestros antepasados comían pasto, nosotros comemos pasto y nuestros descendientes comerán pasto por los siglos de los siglos, amén. ¡A la hoguera! ¡A la hoguera!

Y así se organizó en la plaza pública una bellísima fiesta: los pobres italianos fueron puestos en la hoguera, y mientras sus cuerpos se achicharraban entre las flamas, el pueblo, como siempre ha hecho, aprovechaba para calentarse las manos, secar la ropa húmeda y asar malvaviscos… que existían desde antes del pasto crudo (¡imagínense lo antiguos que son!).

Sus recetas fueron quemadas; sus discípulos, perseguidos; sus nombres, borrados de los libros de historia, y sus cenizas, quemadas otra vez para estar seguros de que nada quedara. Pero era demasiado tarde: la evolución humana había dado otro paso adelante en el largo viaje hacia la cumbre de la conciencia humana. La humanidad había cambiado para siempre: ¡había nacido la ensalada!

La santa desobediencia

A los niños no se tendría que enseñarles a ser obedientes, como ovejas, sino desobedientes… desobedientes como Jesús. ¿Imaginan a alguien más desobediente que él? Si Jesús hubiera sido obediente, habría ido a la sinagoga con el papá y la mamá, porque, no sé si lo saben, Jesús era judío. Sé que esto a los cristianos no les gusta escucharlo, pero así es, está escrito hasta en la Wikipedia: "Jesús era judío", y si lo dice internet, de seguro tiene que ser "la verdad".

Jesús era judío: nació como judío, fue circuncidado como judío y educado como judío… De haber sido obediente y fiel a las tradiciones de familia, se habría quedado judío, nunca habría inventado la ensalada y nada de cristianismo habría sucedido jamás. Por fortuna, Jesús era desobediente y no tuvo miedo a los padres guardianes de las tradiciones.

¿Y tú piensas que los padres de Jesús estaban contentos con él? ¡Ni madres! ¡Imagínense a la pobre María!

—¡Chuchito, por favor, ven conmigo a la sinagoga! ¡No te vayas siempre de vago ni te juntes con esas compañías! ¿Qué va a decir la gente? ¡Vamos! Tú frecuentas a los peores: ladrones, borrachos, apostadores… ¡¡¡prostitutas!!! Por favor, Chuchito. Además, te lo suplico, ¡bájale con estos milagros! ¡¿Cómo se te ocurre en el matrimonio de mi prima transformar el agua en vino?! Al final de la fiesta todos estaban tan borrachos que de sólo verlos daban asco. Entiendo que eres joven y necesitas expresar tu creatividad, pero si quieres hacer un milagro, transforma el agua… en refresco… ¡en Mirinda! Y si te quieres desatar, transfórmalo en tepache, ¡pero no en vino! Por favor, Chuchito… ¡¡¡Vas a terminar mal!!!

Y de hecho terminó mal. La mamá tenía razón, como a menudo pasa. Sin embargo, esto no es lo relevante. Lo relevante es que, si Jesús hubiera sido obediente, el mundo se habría perdido a uno de los hombres más hermosos que han caminado sobre este planeta. Con su desobediencia ha sido fuente de inspiración para miles de millones de personas hasta hoy en día. ¡Después de dos mil años Jesús, con su desobediencia, continúa inspirando a los corazones de quienes son capaces de entender su verdadero mensaje!

Pero a ti te enseñan a ser cristiano, no a ser como Jesús. Si eres cristiano, eres respetable; si eres como Cristo, te ponen derechito en la hoguera, como a los pinches italianos de la ensalada.

Si los padres en serio amaran a sus hijos, no tendrían que humillar su inteligencia obligándolos a una obediencia ciega y castrante, sino al contrario: los estimularían, alentando su espíritu crítico. ¡Tendrían que enseñarlos a ser críticos incluso con ellos mismos! Los padres tendrían que conquistar la autoridad y el respeto con ejemplos de inteligencia, coherencia y madurez, en vez de a golpes de cinturón y mandamientos. Tendrían que aprender a ser tan relajados, amorosos, confiados, valientes, creativos, divertidos, pacientes y maduros que sus hijos les dirían espontáneamente:

—Papá, mamá, por favor, enséñenme a ser como ustedes.

Tu conducta tendría que ser tan noble que a tus hijos de manera natural les surjan las ganas de aprender de ti y de ser como tú. Pero si tú estás todo jodido en tu enredo de neurosis, miedos, manías e infantilismos, ¿qué autoridad tienes para decirles a tus hijos cómo vivir e imponerles tus modelos de conducta? ¿No eres tú mismo ya un ejemplo suficiente de fracaso?

En lugar de forzar a las nuevas generaciones a perpetuar los mismos errores, ¿no sería más honesto rogarles que nos perdonen, que nos olviden, y darles nuestra bendición para que intenten algo diferente? ¿No sería mejor invitarlos a inventar equivocaciones siempre nuevas mediante las cuales crezcan? En lugar de imponerles nuestras creencias, ¿no sería mejor invitarlos a arriesgarse a caminar por senderos desconocidos?

Pero esto, desde el punto de vista de la sociedad, resulta incómodo y peligroso. Porque si tú dejas a estos torbellinos de seres humanos en posesión de su propia integridad y autonomía, cada uno sería libre de vivir como le diera la gana, y ya no sería posible doblegar a nadie a tus expectativas. Seguirían su propia intuición y, al crear cada uno su propia forma de vivir, todos serían libres y felices. Y esto, para la sociedad, es insoportable. Por eso es tan indispensable la "santa" obra de los alquimistas "Patas Pa' Arriba".

¿Y de qué forma estos "santos brujos" se las arreglan para sofocar tu inteligencia y tu creatividad? Poniéndote en conflicto contigo mismo.

Una cuestión de huevos

Cuando pones a un ser humano en conflicto con su cuerpo, con su energía sexual y con su espontaneidad, también lo pones en conflicto con la naturaleza, lo pones en conflicto con el universo, lo pones en conflicto con Dios. En lugar de sentirse en su casa en este mundo, empieza a sentirse como un huésped en casa ajena, como alguien que debe pedir permiso para existir. Y en lugar de ser el rey, se convierte en pordiosero. O al contrario, puede desarrollar un mecanismo de defensa al revés, diciendo:

—Dado que yo no pertenezco a este mundo, mejor conquisto mucho poder de modo que nadie me pueda echar —y de esta forma genera mucho sufrimiento para los demás.

Cuando humillas a un ser humano en su tierna edad, sólo hay dos posibilidades: o creaste a un agachón sin dignidad o creaste a un criminal. O vives toda tu vida como un fantasma o vives como un usurpador. O vives como un siervo o eres un tirano. Y al final todos terminamos siendo siervos con unos y tiranos con otros.

Una cosa es segura: resulta muy difícil encontrar a alguien que esté relajado y en paz consigo mismo y con los demás. Si lo encuentras, es probable que te enamores.

En el momento que entras en conflicto contigo mismo, cortas la conexión con la existencia, pierdes el arraigo en ti mismo y te desconectas de tu raíz. Cuando esto pasa, te conviertes en un ser manipulable, porque ya no tienes más un centro: el universo no es más tu casa.

Los hindúes, en su milenaria sabiduría, dicen que cuando pierdes el contacto con tu verdadera naturaleza, significa que te "desconectaste del primer chakra". Con toda la deferencia por los hindúes, Pancho López prefiere usar una expresión más contundente, diciendo que cuando pierdes el respeto hacia ti mismo simplemente significa que "te cortaron los huevos".

La triste realidad es que todos somos criados para responder al proyecto de alguien más sobre nosotros. Nacimos libres, aunque no podemos vivir como tales. Y para forzarte a vivir en función de las expectativas de los demás, necesitan lavarte el cerebro, pervertir tu naturaleza, alejarte de Dios... tienen que "cortarte los huevos". Obviamente hablo de los "huevos espirituales", que en otras palabras significa perder el respeto a uno mismo.

Al final todos nos vendemos. Todos, en diferentes formas y medidas, nos prostituimos por migajas de amor, de reconocimiento, de dinero, de seguridad o de poder. Todos nacemos como toros orgullosos, llenos de energía, y todos acabamos transformados en pinches bueyes, resignados al destino miserable de quedarnos atados la vida entera al yugo de otros. No importa cuánto éxito tengas en tu vida: si no estás en paz contigo mismo, tu vida será igual de miserable.

—¡En realidad es aún peor! —precisa desde lejos Pancho López, persiguiendo muy divertido a las palomas negras que viven en la azotea del edificio de su prima.

Y de hecho así es, porque cuando eres pobre tu miseria tiene poco espacio para manifestarse, ya que vives en un ámbito restringido; pero si eres rico y posees una casa de mil metros cuadrados, tienes un chingo de espacio para sentirte miserable. Después te vas a tu casa en las playas del Pacífico para sentirte miserable allí también, y te sientes miserable manejando tu Ferrari o navegando hacia Antigua en tu barco de 32 metros.

Es fácil darse cuenta de que, mientras más cosas tienes, más espacio tiene tu miseria interior para manifestarse. Una vez que pierdes la conexión contigo mismo, los diablos del infierno bailan ya a tu alrededor. A veces se disfrazan de ángeles, pero rara vez tardan en mostrar su verdadera naturaleza.

Cuando no vives tu vida siguiendo tu auténtica naturaleza, el paraíso está en verdad perdido.

Ésta es justo la tarea de los alquimistas "Patas Pa' Arriba": humillar la vitalidad, el orgullo, la fuerza y la independencia de un toro, para atarlo a tu carro y que te lleve a donde tú quieras.

LA CATÁBASIS
(EL VIAJE HACIA EL EXTERIOR)

Muchas veces criticamos el mundo tal como es, sin ni siquiera darnos cuenta de que somos nosotros quienes lo creamos. Si educas a la humanidad de cierta forma, no hay por qué maravillarse por los resultados. "Quien siembra viento, cosecha tempestad", reza un viejo dicho popular... O simplemente cada quien tiene los hijos que se merece.

La historia de la humanidad es un continuo conflicto entre el hombre y Dios. Por un lado forjamos el mundo según los criterios del egoísmo, y por el otro nuestra naturaleza más íntima nos inspira los valores más elevados del espíritu humano.

Y por cuanto esta guerra sea cruenta e incesante, Pancho López (metiendo la tiza en el taco de billar con la misma lentitud con que una jubilada del Seguro Social se pone esmalte en las uñas) me asegura que está destinada a terminar con la victoria del bien sobre el mal.

Por lo tanto, amigos, ¡no se desanimen! Dejémonos guiar por nuestro vate (y no váter, como a veces se hace llamar Pancho López por un exceso de modestia) en esta "catábasis", en este viaje por los reflejos que nuestro modelo educativo produce en el mundo exterior.

Buda *vs.* Hitler

Cuando surge algo creativo y novedoso, tiene una fuerza mucho más grande que las mentiras de los alquimistas "Patas Pa' Arriba". Porque lo nuevo, la evolución, la creatividad, la rebelión contra las tradiciones son siempre, inequívocamente, la expresión de la energía creativa de Dios, contra la cual las acciones de los humanos son impotentes.

Como dije antes, Dios no se detuvo después de seis días de trabajo. Dios continúa creando y lo hace a través de los que son capaces de infringir las reglas e inventar algo nuevo. Dios se expresa en la visión de un Miguel Ángel, en la locura de un Nijinski, en el genio de un Dostoievski o, aún más, en la poesía de un Buda o de un Lao Tse, Lao Tzu, Lao Tzi... o como demonios quieran llamarlo.

Personajes como Napoleón, Hitler y Julio César pueden haber recibido honores en vida, haber conquistado el mundo durante unos años, entretenido a estudiantes e historiadores por unos siglos y ganado estatuas cagadas por los pájaros a lo largo de milenios, pero el silencio de un Buda, la poesía de un san Francisco, la carcajada de un Bodhidharma, la sonrisa de un Jesús, han conquistado el corazón de la humanidad por la eternidad.

Es increíble que el simple paso de estos pocos hombres en chanclas, sin ejército ni armas, haya influido en la conciencia de la humanidad durante milenios y continúe haciéndolo a pesar de sus discípulos. Esto es el verdadero milagro: que, por ejemplo, el mensaje de Jesús sobreviviera a la política del Vaticano, a la crueldad de la Santa Inquisición, a las Cruzadas, a las intrigas, a las perversiones y a la triste tendencia pedófila que llena las crónicas más morbosas de los noticieros. ¡Esto sí que es sorprendente! Si alguien tenía dudas, ésta es la demostración evidente de que en el Vaticano se hacen milagros.

Pero la sociedad no toma mucho en cuenta a estos maravillosos seres que de vez en cuando, a lo largo de los siglos, han honrado a este planeta paseando amablemente con sus discípulos.

La escuela, de hecho, la mayoría de las veces descuida completamente la historia de estos místicos que han enriquecido con gemas esplendorosas la conciencia y el corazón de la humanidad, a fin de concentrar la atención en enseñarte las historias de los más grandes criminales de la Tierra, y pretendiendo que los pobres niños, atrapados en sus pupitres con los ojos llenos de consternación, memoricen incluso su fecha de nacimiento, a cuánta gente mataron, cuándo se casaron y cuándo al fin murieron, dejando libre al mundo de su desastrosa presencia.

No importa si eres canadiense, chino o marroquí: necesitas saber de Alejandro Magno, de Hitler, de Napoleón, Mussolini, Julio César, Gengis Kan... Pero nadie te habla de Buda, Jesús, Moisés, Chuang Tzu, Mahoma, Bodhidharma ni Lao Tse. Claro, si eres de familia católica, te hablan de Jesús, pero están muy atentos a no contarte sobre Buda ni de Lao Tse por miedo a que cambies de equipo; si eres judío, te hablan de Moisés, pero nunca mencionan a Jesús ni a Bodhidharma, y si eres musulmán, te hablan de Alá, pero si mencionas a Moisés o a Chuang Tzu, te cortan la cabeza.

Los grandes criminales de la historia, que presentamos a nuestros niños como si fueran los protagonistas de nuestro patrimonio humano, en realidad son accidentes en la historia de la humanidad que tendrían que ser olvidados, en vez de estudiados. De ellos sólo deberían ocuparse sectores especializados de la facultad de criminología, para reconocerlos en la eventualidad de que se presenten otra vez bajo otro semblante, y neutralizarlos antes de que repitan sus desastres. Al contrario, todos los místicos, de cualquier parte del mundo que sean, tendrían que ser conocidos, estudiados, masticados y digeridos desde que somos niños hasta que se convirtieran en una parte integrante de nuestro ser. Porque ellos son los verdaderos protagonistas de nuestro pasado.

Lo que pasa es que convierten en verdaderos héroes de tu imaginación a estos criminales responsables de millones de muertos y de sufrimientos inauditos, mientras que los verdaderos autores de la historia de la humanidad, las piedras angulares del desarrollo de la conciencia humana, los personajes que en verdad han contribuido a desarrollar las cualidades que nos permiten ganar el título de "seres humanos", vienen descritos como figuras tan irreales, tan cargadas de anécdotas tan increíbles, que terminas sin saber siquiera si alguna vez existieron de verdad, y al final hasta te arriesgas a confundirlos con personajes de fantasía como Santa Claus, Pepe Grillo y el Hada Madrina.

Si a Jesús le haces transformar el agua en vino y caminar sobre el agua; si a Buda lo haces resucitar a los muertos y dices que los árboles florecían a su paso; si a Mahoma lo haces ascender al cielo con todo y su caballo; si a Mahavira le haces salir de las heridas leche en lugar de sangre... Está claro que empezaríamos a percibir a estos seres extraordinarios no como seres reales, sino como personajes de caricatura. ¡Y esto es una verdadera lástima! De esta forma nunca conocerás el verdadero mensaje que estos gigantes de la conciencia tienen para ti, limitándote a considerarlos una especie de antiguos fenómenos de circo como la mujer barbuda o el hombre cabezón.

Afortunadamente, a pesar del enfoque escolar y el infantilismo de las enseñanzas religiosas comunes, la humanidad ha sido influida mucho más por Buda que por Hitler, y mucho más por Jesús que por Hernán Cortés.

De hecho, contrariamente a lo que muchos sostienen, la humanidad mejora de generación en generación. Hasta hace sólo un par de siglos, había bandas de europeos que iban a África para encadenar a miles de negros, transportarlos al Nuevo Mundo y vender como esclavos a los que sobrevivían a la terrible travesía por el océano. Esto es impensable hoy en día. Las mujeres eran esclavas, los niños eran esclavos... Y sólo hace 70 años alemanes, franceses, italianos, ingleses, rusos y otros por allí se descuartizaron entre hermanos, empapando el suelo de Europa con la sangre de 60 millones de víctimas. Éstas son cosas por completo inadmisibles en la actualidad… o al menos lo espero.

Despacito, despacito, el mundo está mejorando. La presencia de estos rebeldes, de estos *outsiders,* de estos excéntricos, de estos místicos medio locos, ha ido arrancado despacito a la humanidad de su condición primitiva y bárbara, para despertarla a sus cualidades humanas y al final, a sus cualidades divinas. Lentamente, pero inexorablemente, Buda gana contra Hitler.

La diferencia entre los grandes criminales de la historia y los grandes maestros de todos los tiempos es que los primeros son reconocidos por sus contemporáneos, mientras que los místicos no sólo no son reconocidos: al contrario, siempre han sido combatidos, ofendidos, amenazados, y muchas veces terminado mal: la historia del pobre Jesús vale por todas.

Y esto sucede porque los grandes criminales forman parte de la sociedad. Han aceptado las reglas del egoísmo, del abuso y del atropello, sobre las cuales se fundan todas las sociedades del mundo. Al contrario, los místicos van siempre contra tendencia; son siempre críticos de la sociedad. Estos personajes que han sido capaces de tocar el corazón del mundo no eran gente mansa ni obediente. Al contrario, se trataba de grandes rebeldes que exponían las hipocresías que estaban ante los ojos de todos. Pancho López (jugando a las canijas con el sobrino, con espíritu batallador), asegura:

—¡Estos cabrones no tenían madre!

De hecho, estos raros seres han sido los más grandes revolucionarios de la historia. Jesús no era un buen cristiano. ¡Él ni siquiera escuchó jamás la palabra "cristiano"! Jesús era un judío; un judío rebelde, pero un judío. ¿Y acaso piensas que Buda era un devoto budista? ¡Ni madres! ¡Él ni siquiera escuchó jamás la palabra "budismo"! Él era hindú, un hindú rebelde, así como Mansur era un musulmán rebelde, Sócrates un griego rebelde, mientras que san

Francisco de puro churro no terminó en la hoguera, en brocheta con todo y pajaritos, como los ya famosos italianos de la ensalada. Ésta no era gente obediente, tradicional... en otras palabras, de huevа.

—¡Estos güeyes estaban a todísima madre! —continúa, enfervorizado, Pancho López, exultante por haber ganado la competencia—. ¡¡¡Estos güeyes tenían dos huevototes de no mames!!!

¡¿Y cómo no compartir su colorido entusiasmo?! Imagínense lo que significa ser deshonrado, difamado, burlado, perseguido por la sociedad y, a pesar de todo, mantenerse fiel a su propia verdad. Éstos son los seres humanos más grandes que la humanidad ha dado a luz. Y en vida han sido los más despreciados.

Einstein decía que todas las personas de genio sufren los ataques de las mentes mediocres, y dado que las mentes mediocres son un chingo, ya se sabe cómo acaba el asunto.

Las mentes mediocres no crean nada. Sólo repiten lo que ya existe. Siguen las reglas o fingen seguirlas, tratando de sacar el mayor provecho para ellos, y miran con sospecha a los que se atreven a crear algo nuevo y a cambiar las cosas.

Ya vimos que la obediencia es todo menos una virtud, porque no requiere inteligencia. Cualquier máquina es obediente. Lo que requiere inteligencia es la desobediencia. Para ser desobediente necesitas ser inteligente, mostrar las agallas de ir contras las reglas, de intentar algo nuevo por primera vez, de arriesgarte en lo desconocido... ¡Esto de seguro requiere inteligencia! Para seguir el camino de los padres, y de los padres de los padres, no se necesita inteligencia alguna: basta con ser buey u oveja. Sin embargo, para tantear una nueva vereda, asomarse a un nuevo valle o atravesar un nuevo río... se requiere mucho más: se necesitan huevos.

Mujeres con huevos

Dado que los huevos son un atributo típicamente masculino, Pancho López, al que las mujeres le gustan muchísimo, al punto de considerarse un ferviente feminista, no quiere arriesgar que el "gentil sexo" se sienta discriminado; es por esto que insiste en afirmar que cuando habla de "huevos", se refiere a los huevos espirituales. De hecho, aun cuando los hombres traten de esconderlo, todos sabemos que las mujeres tienen incluso más huevos que los hombres... muchos más. Observa a tu familia con atención y te darás cuenta: para sólo soportar a un hombre se requieren un chingo de huevos.

A menudo las mujeres, sólo por su instinto maternal y por compasión (y también por astucia política), te hacen creer que los pantalones los llevan los hombres, aunque todos sabemos que no es así.

Hay una bellísima historia de un rey que se sentía estupefacto al observar que en su reino no había casa en la cual la mujer no fuera la que mandaba y tomara las decisiones. ¡No sólo en su casa pasaba esto, sino en todas partes!

En lugar de sentirse aliviado por el hecho de que él no era el único pendejo que se dejaba manejar por la esposa, se empezó a preocupar porque, al estar así las cosas, él no sólo era el rey de un pueblo de maricones, sino que ¡era el REY de los maricones!

Algo se tenía que hacer. Así que un día mandó llamar a su secretario y le dijo:

—Carmelo —así se llamaba el secretario—, toma los dos caballos más bonitos de mi escudería, el blanco y el negro, y ve a todas las casas del reino hasta que encuentres una donde el hombre sea el que manda. Cuando lo encuentres, déjalo elegir cuál caballo prefiere, y regálaselo con mi bendición.

Carmelo titubeó mucho porque sabía que su esposa no le daría permiso de estar fuera tantas semanas. ¡Pero era el rey quien lo pedía! No había otra solución que huir de noche, mientras ella dormía. Y así ocurrió.

Durante meses visitó miles y miles de casas sin encontrar a una familia donde la mujer no fuera claramente la que llevaba los pantalones, y justo cuando se había resignado a volver al palacio del rey con la cola entre las patas y devolver los dos caballos al soberano... y aún más resignado a someterse a la ira de su esposa, en los confines del reino entró a una casita con un bello patio. Y allí vio a un hombre. Mejor dicho: ¡EL HOMBRE!

¡Era enorme! Con sus músculos bien marcados por todas partes, barba y pelo negros, ojos verdes y grandes que lanzaban relámpagos metálicos, y dientes blancos y fuertes capaces de abrirte una caja de cerveza sólo con los incisivos. Estaba sentado con su taparrabo en una enorme piedra de granito que él mismo había puesto en el centro del patio; con sus enormes manos se masajeaba con aceite de almendra los músculos de los brazos y de las piernas, que parecían esculpidos por Miguel Ángel en persona. Cuando vio llegar al pobre Carmelo, le dio la bienvenida con una especie de rugido:

—¿QUÉ?

La voz era aún más impresionante que el físico. Hasta la tierra tembló por las vibraciones de sus tonos bajos; tanto así, que Carmelo miró alrededor para ver si había un *subwoofer* que lo amplificaba.

El mensajero real contestó con timidez:

—Estoy buscando... una casa... donde el hombre sea el que manda.

—¡JA JA JA JA JA JA JA! —la carcajada retumbó en el patio, espantando a centenares de pájaros que volaron y dejaron huérfanos todos los árboles de la zona. Luego, dirigiendo el trueno de su voz hacia el interior de la casa, llamó—: ¡¡¡LUPITA!!! ¡¡¡VEN ACÁ!!!

De la casa salió una mujer que no tendría más de 30 años, flaca, flaca, flaca, con cabellos sutiles, sutiles, sutiles, de un color indefinible entre el rubio, el castaño y el ceniza, con la espalda encorvada y el paso incierto de quien no posee un buen equilibrio en las piernas.

Señalándola con aire irónico, con su voz de barítono, el gigante bombardeó:

—¿SEGÚN TÚ, QUIÉN CREES QUE MANDA AQUÍ?

Carmelo no daba crédito a sus ojos... y menos a sus orejas: ¡su viaje no había sido en vano! ¡Allí estaba él! ¡El ganador!

Por lo tanto, se felicitó, y mientras seguía buscando el *subwoofer* con el rabillo de los ojos, le explicó el motivo de su visita, presentándole los dos magníficos caballos:

—Aquí están los mejores pura sangre de la caballeriza real: el blanco y el negro. Elige el que quieras y será tuyo.

El hombre miró los dos caballos con ojos muy redondos. Se rascó la cabeza con aire dudoso. Después pasó a masajearse la barba del mentón... y al final, con evidente desconcierto, se volvió hacia la mujer y con un hilo de voz le preguntó:

—¿Cuál elijo?

—El blanco —contestó la mujer sin pensarlo ni un momento.

Y volteándose, sin dignarse a dirigir una mirada más a su esposo, a los caballos ni a Carmelo, regresó a sus quehaceres con el mismo paso tambaleante.

Ésta es la situación. Y cuando los hombres, dejándose ganar por el orgullo, toman las decisiones por su cuenta, la mayoría de las veces hay consecuencias desastrosas. No hay nada que hacer: las mujeres son más vivas, tienen un mayor sentido práctico… Son más rápidas.

En mis viajes siempre he notado que, si pides una información a una pareja, mientras el hombre todavía intenta comprender la pregunta, la mujer ya te contestó.

La suerte de las mujeres es que los alquimistas "Patas Pa' Arriba" se concentran por lo general más en los hombres que en ellas. Al final, para la sociedad, las mujeres son simplemente "pinches viejas" que necesitan adiestrarse para estar en casa y cuidar a los hijos sin generar problemas. Una especie de prostitutas-sirvientas-*baby-sitters* sin salario... y últimamente proveedoras sin derechos. También en el interior de las religiones las mujeres poseen un perfil de segundo plano: no puedes imaginar a una mujer papa ni a una mujer muecín ni a una rabina. Incluso, hace no mucho tiempo había quien pensaba que las mujeres carecían de alma.

Los alquimistas se concentran más en los hombres, ¡porque son ellos a los que la sociedad utilizará como soldados y trabajadores! ¡Los hombres son los verdaderos esclavos! Las mujeres simplemente son entrenadas como las esclavas de los esclavos y para producir nuevos esclavitos. Pero los hombres... ¡Los hombres! Ellos son las piezas importantísimas que aquellos con poder mueven con cinismo por el tablero del nefasto juego del egoísmo humano.

Una fábrica de esclavos

El egoísmo humano necesita esclavos. Esto es inevitable. Si quieres tener más de lo que necesitas, inevitablemente deberás chingarte a alguien más. El problema es que nadie está dispuesto a dejarse chingar sin protestar. Por eso tienen que enseñarnos a volvernos "ovejas del rebaño de nuestro Señor". ¿Pero quién es este "Señor"? ¿Y a quién le gusta ser la pinche oveja de un rebaño?

Es justo porque nadie quiere volverse una oveja, que la sociedad requiere inventarse algo para entrar en posesión de ti. De otra forma llevarías la vida que te gusta, sin tener presentes las expectativas de los demás. La sociedad no puede permitir esto, porque tú le sirves. La sociedad no te ama: la sociedad te usa.

Al final, si lo piensas bien, todo nuestro proceso "educativo", desde la familia hasta la parroquia y la universidad, es una conjura para prepararte y hacer de ti lo que se esperaba. Si dudas de esta afirmación, intenta hacer una abstracción y a ver qué sale.

Imaginemos que llegamos a un continente desconocido, donde hay gente inocente, ignorante y sin poder (justo como los niños). Imaginemos ser tan cabrones que queremos aprovecharnos de ellos de modo que, mientras ellos trabajan partiéndose el lomo en nuestro lugar, nosotros pasamos el tiempo jugando al golf y haciendo cuentas de lo que ganaremos este año, esperando el momento de llenar los barcos con las riquezas producidas por ellos y regresar a nuestras casas para construir los lujosos mausoleos donde tirarán nuestros huesos cuando el mundo se libere de nuestra presencia. Para simplificar, imaginemos que queremos hacerlos nuestros esclavos.

¿Qué harías para lograrlo? ¿Les enseñarías a tener confianza en sí mismos? ¿Los alentarías a buscar una experiencia autónoma e individual de la verdad? ¿A descubrir que pueden ser independientes y que no te necesitan? ¿Que ellos tienen una dignidad y pueden pelear por sus derechos? ¿Les hablarías de un Dios buena onda que los acepta tal como son? ¿Les enseñarías a defender su dignidad contra los abusos de los demás?

Es evidente que, si usaras estos métodos educativos, nunca estarías en condiciones de tener esclavos ni serías capaz de aprovecharte de los demás para volverte rico y poderoso. Si quieres dominar a los demás, necesitas aprender de los alquimistas "Patas Pa' Arriba". Necesitas meterles todo tipo de miedos, decirles que hay un Dios hijo de la chingada que no muestra piedad por las debilidades humanas, hacerles creer que no poseen ningún poder, que sin ti están perdidos. Debes espantarlos, aislarlos y crear culpa, mucha culpa. Así, cuando tú no estés presente para controlarlos, ellos se controlarán solitos, porque la culpa les quitará la integridad, la fuerza y el respeto a sí mismos.

Si quieres obtener estos "fantásticos" resultados, necesitas operar de inmediato, cuando aún son inocentes e indefensos. Tienes que inocularles este sentimiento de culpa cuando aún no cuentan con los recursos para entender qué está pasando. Así podrás controlarlos incluso cuando hayas muerto. Lo sé, sé que es gacho, inmoral, inhumano y criminal, pero de otra forma, ¿cómo harías para constreñir a seres libres, llenos de energía y creatividad, en la angosta y humillante cerca de un rebaño?

El carnero de Dios

Jesús hablaba de un "rebaño", pero ¿puedes imaginar a alguien más fuera del rebaño que él? Milagrosamente, él se salvó de la obra de los alquimistas al revés (a veces ocurre) y salió de su rebaño de nacimiento. Como ya vimos al consultar Wikipedia, Jesús pertenecía al rebaño de los judíos. Y el rebaño de los judíos es un rebaño en espera: cree que un día llegará el mesías, un salvador, un guía... y disculpa si necesito reportar las barbaridades que Pancho López me sugiere mientras hace unas ligeras flexiones con las piernas para mantenerse en forma, pero la imagen de un rebaño a la espera de un guía te da de inmediato la idea de que, tarde o temprano, llegará a guiarlo, como mínimo, un carnero, es decir, un animal un poco más cabrón que una cabra, que un borrego o que una pinche oveja.

En este contexto, Jesús tuvo el valor, tuvo la integridad... tuvo los "huevos" de levantarse del rebaño y erguirse en su verdad contra las ideas convencionales de su tiempo y de su país, para ofrecer con descaro a los rayos del sol su belleza, su inocencia y su infinito amor.

Su simple presencia era una provocación para los judíos. Podemos entender la reacción de los pobres políticos y religiosos de aquel tiempo, que vieron amenazado todo el paciente trabajo de sus famosos alquimistas "Patas Pa' Arriba" judíos, en el cual se había invertido tanto tiempo... ¡Y sobre todo dinero!

Entonces, un bonito día, este jovenazo de pelo rubio, con el corazón apasionado y desprovisto de cualquier sentido de prudencia, se fue al rebaño de los judíos que pastoreaba pacíficamente entre la Tora y el Antiguo Testamento, y les dijo:

—Tengo una buena noticia para ustedes. Llegó el que estaban esperando. ¿Y adivinen quién es...? ¡Soy yo! —dijo, abriendo los brazos con una bella sonrisa—. ¡Yo soy el único Cabrón de Dios!

Los judíos levantaron sus morros y, antes de seguir rumiando sus textos sagrados, con los ojos mansos típicos de los rebaños, lo miraron con la misma sorpresa con la cual miras a un borracho bajo el sol a las 10 de la mañana. Necesitaron un poquito de tiempo para entender que estaban en un pedo.

Para decir una cosa como ésta frente a una multitud de judíos, que tienen todo el sentido del humor para unas cosas aunque les falta por completo para otras, necesitas en verdad tener unos huevos octagonales... o estar auténticamente loco... o verdaderamente borracho. Proclamarse como el que estaban esperando desde la noche de los tiempos es como decir: "No desperdicien más tiempo esperando: ¡ya llegué! Toda su cultura y tradición basadas en la espera, pueden tirarlas al escusado, y amén". ¡Por supuesto que lo mataron! ¿Cómo pretenderíamos que estos pobres judíos aceptaran como salvador a esta especie de *hippie* que se la pasaba con borrachos y prostitutas, y que incluso daba la impresión de fumar marihuana? ¿Cómo pretenderíamos que de un día para otro tiraran a la basura las bonitas copias del Antiguo Testamento, frescas de la imprenta, con una hermosa cubierta en piel de borrego de Dios? Ningún editor, en especial judío, habría aceptado tirar a la basura siglos de trabajo y renunciar a las ganancias prometidas por el éxito editorial. ¡Vamos! Tantas bellas copias con la foto de Dios en el acto de regalar al pobre Moisés las tablas con los diez mandamientos, mientras que, con su divino sentido del humor, le hace creer que pertenece al pueblo elegido...

Ahora disculpen y permítanme decir que aquí Dios se manchó. Para la burla hay un límite. ¡No se vale aprovecharse de la ingenuidad de las personas y reírse a sus espaldas! Los judíos tienen fama de ser gente astuta, pero a veces... ¡Vamos! ¿Cómo se puede creer que Dios tenga preferencias? Ya es indecoroso saber de un padre normalmente neurótico con preferencias entre un hijo y otro. ¿Qué decir de Dios? ¡Lo siento, pero Diosito exageró! Puedo entender que, estando solo durante tanto tiempo, cuando vio a Moisés con el bastón en la mano no resistiera la tentación de divertirse un poco gastándole una broma, ¡pero dejarlo creer esta barbaridad a lo largo de todos estos siglos me parece una crueldad! Además, ¡las consecuencias de esta burla "inocente" son muy pesadas! Si en una familia hay un hijo favorito, resulta inevitable que al final el pobre les caiga mal a todos los hermanos. ¿Y de quién es la culpa? ¿Del hijo? ¡No! Obviamente es del padre.

—Diosito me cae bien en todo —concluye Pancho López, pasando a unos ligeros estiramientos del dorso—, pero en esto se pasó. Esta pendejada del pueblo elegido ha hecho sentir a los pobres judíos siempre aislados de los demás. Si, al contrario, en lugar de sacar esta mamada Diosito le hubiera dicho a Moisés: "Tú eres un pinche güey como todos los demás", los judíos se habrían podido relajar finalmente, casarse con quien les diera la gana y vivir en armonía con los demás, andando de parranda con quien quisieran.

¡¿Cómo no quedarse pasmados ante una lógica tan contundente?!

Una venganza servida fría

Esta historia de Jesús, Caifás y Poncio Pilatos ha dejado un rastro muy doloroso. Cuando es asesinado uno de esos poquísimos y deliciosos seres humanos que realizan el pleno potencial de las cualidades divinas que todos poseemos, el universo vierte lágrimas de sangre tan pesadas que dejan en el inconsciente humano huellas profundas de pesar y resentimiento, difíciles de cancelar.

Algunos como Pancho López hasta sostienen la fantasiosa teoría de que el mundo católico, después de dos mil años, todavía no ha perdido la ocasión de vengarse de los judíos por la muerte de su maestro. ¿Cómo? Con la concesión del Estado de Israel. Un pedazo de tierra infestado de musulmanes, donde los judíos son condenados a vivir constantemente en guerra, rodeados por todas partes de enemigos que los odian. Una venganza servida fría, con la sonrisa en los labios, el 15 de mayo del 1948.

Los judíos estaban todos emocionados, como niños bajo el árbol de Navidad el 6 de enero, esperando a los reyes magos, diciendo "gracias, gracias", con lágrimas en los ojos, mientras el mundo cristiano se daba codazos, carcajeándose a sus espaldas:

—¿También quieren tomar la Franja de Gaza? Adelante, sírvanse a gusto. ¿Un pedacito de Egipto? ¿Y por qué no? ¿Empujar más allá la frontera con Siria? ¡Por favor, como si estuvieran en su casa!

Y ellos, ingenuos, cayeron en la trampa. Ahora todo el mundo está pagando las consecuencias de una guerra que parece que nunca terminará, y que ha causado un inmenso sufrimiento de un lado y del otro.

Estos judíos son gente sencilla, nostálgica... ¡También con este asunto de querer regresar a su pedacito de desierto después de tanto tiempo! Su tierra prometida... Al final uno se pregunta: ¿quién se las prometió? Y ¿qué clase de promesa es ésta? ¡Si quieres prometerle algo a alguien, prométele algo bonito! No le prometas un pedazo de desierto, habitado además por gente que te cae mal. ¡Más que una promesa, parece un anatema!

Pero ellos tenían precisamente una fijación con este pedazo de desierto. Se habían emperrado.

—¿Quieren un pedazo de tierra fértil con ríos por todas partes...?

—¡No!

—¿Una montaña fresca con vista al mar, aislada... donde puedan hacer todas las fiestas que quieran sin molestar a los vecinos...?

—¡Noo, no!

—¿Una tierra en los trópicos con buena fruta, palmeras y playas de poca madre?

—¡Noo, no... no!

—¡Está bien! Entonces ¡chútense esta bella promesa!

No sé si esta teoría será plausible, si Pancho López se metió algo o si son voces que corren en la cantina que frecuenta, pero vengarse así después de tanto tiempo me parece muy gacho. ¡No es justo que todos se burlen de ellos! ¡Antes Dios y ahora el mundo cristiano! ¡Basta! ¡Alguien necesita defenderlos! ¡No se vale que todos se aprovechen de ellos!

Además es fácil juzgarlos por esta historia de Jesús, pero prueba ponerte un poco en sus zapatos. Si los judíos son un pueblo tradicional hoy día, cuando las tradiciones se han vuelto más y más cartulinas para los turistas, imagínate en el tiempo de Jesús. Es verdad que crucificar no se vale, pero ponte en su lugar: con este joven que hacía fiestas por todas partes con gente equívoca, que transformaba el agua en vino, que se jactaba de ser el único hijo de Dios y llamaba a todos sus "ovejas". ¡¿Al pueblo elegido por Dios?! ¡Noo, no puedes decirle esto al pueblo elegido por Dios, vamos! ¡Hasta la ingenuidad tiene un límite! ¿A quién le gustaría ser llamado oveja? Incluso en una sesión chamánica para descubrir a tu animal de poder, todos esperamos que aparezca un tigre, un león, un águila, un lobo, un venado blanco de cuernos enormes... ¡No una pinche oveja! ¿Qué haces con una oveja? Basta escuchar la voz de la oveja para entender que el pobre animal no posee ningún poder. ¡Vamos, no se puede llamar oveja al pueblo elegido de Dios! Aquí fue Jesús el que se pasó.

Teorías, hipótesis... No importa si son verdaderas o no. De cualquier forma, exponen la enfermedad sustancial humana de dejar que ideas, creencias y odios viejos de milenios atrás determinen las elecciones y condicionen la vida de personas potencialmente inteligentes.

Hay una bellísima película de un director judío originario de Bucarest, Radu Mihăileanu, *Va, vis et deviens (Camina sin mí* en español), que muestra con rara inteligencia lo absurdo de las creencias y el dolor que provocan sin razón. La película cuenta la historia de la Operación Moisés, sobre la repatriación, en 1984, de los falasha, una multitud de judíos etíopes de piel negra refugiados en Sudán para huir de la guerra. Una marcha marcada por la hambruna y la sed, donde miles encontraron una muerte horrible con tal de llegar a la famosa tierra prometida y, una vez allí, sufrir humillantes interrogatorios para que las autoridades intuyeran si estos prófugos eran de verdad hermanos judíos o simplemente unos "pinches negros infiltrados". La historia es tan absurda y triste que a veces se vuelve cómica. El cuadro final de la película es un grito de dolor cósmico que, levantándose, desgarra el cielo, llevando consigo la pregunta que relampaguea, siniestra, en los ojos aterrorizados de todas las víctimas de la locura humana: ¡¿Por quéeeee?!

Las tradiciones son sólo bonitas como fenómenos folclóricos, pero como fenómenos espirituales resultan fatales. Y las creencias son aún más peligrosas que las tradiciones más peligrosas.

Alguien se está riendo

Nacimos libres y sin ideas, capaces de ver el mundo por lo que es, sin estar pervertidos por ideas preconcebidas o, aún peor, por creencias. Los viejos conocimientos sólo tendrían que servir, si acaso, como un trampolín de despegue para volar hacia los horizontes más desconocidos y lejanos de la conciencia, no como cadenas que humillan tu libertad de ser humano. Porque encerrar a un ser humano en un sistema de creencias es como encerrar un águila en una jaula, a la espera de que sus alas, hechas para cerner en los siempre verdes e infinitos panoramas del misterio de la vida, se atrofien y reduzcan su majestuosidad desde reina de las alturas hasta la humillante dimensión de pollo de corral.

Las creencias son muy peligrosas. Las creencias le impiden desarrollarse a tu inteligencia. Cuando crees en algo que no conoces, tu inteligencia termina de funcionar al sentarse en lo que creen los demás; tu conciencia se atrofia y tú, como el águila en la jaula, te conviertes en un animal de patio.

Cuando no sabes algo, la mejor cosa que puedes hacer es tratar de conocerlo, en vez de buscar a alguien que te diga en qué cosa creer. Si no sabes algo, búscalo: si lo encuentras, no hay necesidad de creerlo, y si no lo encuentras, continúa buscándolo. Ésta es la forma para mantener viva tu inteligencia: no la de creer en algo que acostumbras escuchar repetir por parte de gente que parece víctima de una fea enfermedad.

Creer es para los ciegos. Sólo los que no ven la luz se deben contentar con creer en ella. Para los que tienen vista, la luz la ven con sus propios ojos; la cuestión de *creer* está fuera de discusión.

El verdadero mensaje religioso tendría que ser: ¡ve en busca de la verdad! ¡Utiliza cuantos instrumentos encuentres para que se adaptan a tus características! ¡Viaja, equivócate, duda, corrige, cae, levántate... pero no lo hagas hasta que la hayas encontrado y mirado con tus propios ojos, hasta que tu oro brille otra vez directamente iluminado por la deslumbrante luz de Dios!

Al contrario, lo que suelen decirte los "grandiosos" alquimistas "Patas Pa' Arriba" es:

—¡No tires tu tiempo en buscar la *verdad!* ¡Yo te digo cuál es esa *verdad!* Vive como un ciego. Limítate a utilizar tu cerebro para aprender, recordar y obedecer lo que yo te diga, y si alguien te propone algo diferente a lo escrito en nuestros textos sagrados, evítalo, denúncialo, enciérralo, quémalo.

Las creencias y los prejuicios son muy peligrosos porque hay muchos textos sagrados que dicen cosas diferentes. Y por cada texto hay interpretaciones diferentes, y diferentes interpretaciones de las interpretaciones diferentes, e interpretaciones de las diferentes interpretaciones que son diferentes de las interpretaciones diferentes de las diferentes interpretaciones... ¡Un desmadre!

A pesar de la ridiculez de todo el asunto, cada uno se jacta de tener la interpretación correcta, y hasta se muestra dispuesto a matar o a dejarse matar para defenderla. De esta forma es inevitable empezar a pelear. Y la gente, de hecho, se ha peleado y continúa peleándose por chorradas que ni un descerebrado habría tomado en serio.

Lo sé, sé que podrías sentirte ofendido y tirar el libro en el escusado. Lo sé, sé que otros en el escusado quisieran tirarme a mí y a Pancho López. Sé que continuar provocando con las creencias es peligroso. Sé que me haré de muchos enemigos y arriesgaré mi reputación y la integridad física. Lo sé, sé que mi madre me está rogando que no continúe con esta mamada sobre Pancho López, y que en cambio me busque un buen trabajo en el gobierno... Disculpa: si estás auténticamente interesado en la búsqueda de la verdad, y algo en lo cual has creído hasta ahora de repente te parece ridículo, debes tener el valor de tirarlo a la basura. Si tienes un auténtico amor a la verdad, necesitas tener los huevos de quitar de en medio cualquier cosa que reconozcas como un obstáculo en tu búsqueda, aun si se trata de ideas veneradas durante siglos. Si no, ¿qué clase de buscador eres?

Si, al contrario, la verdad te vale madres, y lo único que te importa es salvaguardar el honor de tus tradiciones y creencias, denuncia, destierra, recluye, destruye, mata a aquellos que las pongan en duda y después esconde la cabeza bajo la arena e intenta olvidar… si puedes.

Los hindúes tienen siete mil divinidades: el dios elefante, el dios chango, el dios rojo, el dios azul… Cualquiera puede entender con facilidad que estas creencias sean maravillosas como elementos de folclor; que sean ridículas como parte de una fe sincera, y que sean fatales cuando un grupo de hindúes armados con palos asalta un arrabal de musulmanes, matando a palazos a hombres, mujeres y niños. Todo el mundo occidental está de acuerdo en considerar este tipo de creencias como algo primitivo e infantil… aparte de peligroso.

Hay una secta (que para variar Pancho López no recuerda cómo se llama) la cual cree que, cuando te sientas en el escusado, debes hacer ruido golpeando dos piedras, una contra la otra, para espantar a los famélicos fantasmas que, atraídos por tus ruidos fisiológicos, llegarían a devorar tus heces.

Para nosotros, occidentales, este tipo de creencia nos hace doblar de la risa. Pero, ¿no te das cuenta de que nuestras religiones no están tan lejos de ridiculeces de la misma calaña?

Dejemos de lado el rollo del paraíso, infierno, ángeles y demonios, y detengámonos un momento en dos dogmas de la religión católica, que es la que conozco un poco mejor, dado que fui criado como católico en un país católico…

Yo era un niño tan noble, como son todos los niños, que no podía imaginar que toda esta gente que gozaba de mi confianza incondicional no tuviera la menor idea de lo que me hablaba. Por eso era un católico apasionado. Mi sueño era convertirme en monaguillo y después en franciscano (los *hippies* siempre me gustaron).

El problema era que me sentía indigno del nombre de los mártires cristianos que destacaban en las vivaces impresiones pegadas en las paredes de mi catolicísima escuela siciliana: esos santos y esas santas capaces de no renegar de su fe ni siquiera entre las torturas más atroces. Sentía que yo no estaba a la altura de estos héroes del cristianismo, capaces de dejarse matar a pedradas, dejarse desollar vivos, de salmodiar con los ojos al cielo mientras las flamas los devoraban. O estos otros que se dejaban adentellar por los leones en el Coliseo, enfrente de las divertidas familias romanas que comían palomitas con sus niños, mientras en sus labios ensangrentados las dulces palabras de Dios permanecían como una eterna sonrisa.

Siempre supe que no habría tenido el valor de defender el nombre de Dios como hicieron mis predecesores. Estaba tan aterrorizado por los cuentos sobre los suplicios de los mártires cristianos que me sentía seguro de que en su lugar me habría bastado que me dijeran:

—Si no renuncias a tu Dios, hay chance de que un día te torturemos —para que yo estuviera dispuesto a renegar del Padre, del Hijo, del Espíritu Santo y de todos los ángeles del paraíso para convertirme a cualquier religión, aun si tenía que venerar a Batman siete veces al día. ¡Era un cobarde!

Fue así que empecé a odiarme a mí mismo, a odiar a los que mataron a Jesús, a odiar al Coliseo, a los leones, a los romanos, a las palomitas y a todo lo demás. Empecé a odiar.

¡Gracias a Dios encontré a Pancho López que, entre un cigarro y el otro, me ha revelado los secretos de los mantras mexicanos, pues de otra forma quién sabe qué habría sido de mí!

Pero regresemos a nuestras creencias.

Después de haber reído a espaldas de los hindúes por sus siete mil dioses, analicemos dos de los principales dogmas católicos y veamos si hay alguien que en cualquier otra parte del mundo se ponga a reír.

El primero que me atrevo a tratar es la virginidad de la Virgen. Incluso Pancho López, frente a este dogma (mirando una mosca peleando con sus alas mojadas en un charco de refresco, sobre la mesa de plástico de un puesto de tacos) se encuentra sin palabras.

Pero discúlpenme, déjenme entender: esta historia sobre la Virgen, ¿es una metáfora o la tomaron a la letra? Porque como metáfora suena muy bonita, aunque si la interpretan a la letra me parece una historia bien triste. En especial para san José.

¿A quién le habría gustado estar en los zapatos del pobre san José, en su taller de carpintero, siempre con el serrucho en las manos, sin nunca aprovechar sus derechos nupciales? Sí, mi querido lector, porque si María se quedó virgen, él se quedó igual, ¡pero al menos la esposa se volvió famosa! Al contrario, él paso a la historia como el pendejo del cuento. Si la ves en perspectiva, la historia de san José para nada es bonita. ¿A quién le gustaría rogar a la esposa por años y años para, si le iba bien, recibir apenas unos castos besitos en la frente? ¡Claro que se la pasaba el día en su taller, siempre con el serrucho en las manos para descargar la energía acumulada! Sin hablar de que era la burla de todos los amigos.

Y un día, mientras estaba todo tranquilo en su taller, todo sucio de aserrín, serruchando en solitario, llega la esposa y le dice con candidez:

—Pepito, te tengo una buenísima noticia.

—¡No me digas! Finalmente vamos a cog...

—Nooo, Pepito, pero ¡¿cómo se te ocurre?! Una noticia mejor.

—¿Mejor que cog...?

—Sí, Pepito, mucho mejor: ¡adivina!

—¿Mejor que coger? No... no puedo imaginar nada mejor que cog...

—Estoy embarazada.

—¿Qué cosaaa? —gritó san José, cortándose un dedo con el serrucho debido a la sorpresa.

—Sí, Pepito, ¡estoy embarazada! —repitió la Virgen, iluminada de felicidad.

—¿Y quién te embarazó?

—El Espíritu Santo.

—¡¿El Espíritu Santooooo?! Quién es ese hijo de la ching...

—¡Pepito!

—Dime quién es que le voy a partir su mad...

—¡Pepito, no seas blasfemo!

—¡¿Cómo que no sea blasfemo?! ¡¿Este cabrón te embaraza y yo no debo blasfemar?! Pero si lo quiero matar a este hijo de su ching…

—¡Calma, Pepe! ¡Calma…! No puedes matarlo —intentó tranquilizarlo María con la más inspirada de las expresiones—. Porque… porque… el Espíritu Santo es… ¿cómo te lo explico? El Espíritu Santo es una parte de Dios.

—¿Una pa… parte de… de Dios? —tartamudeó José con la mirada extraviada de un niño que se entera demasiado pronto sobre cómo nacen los niños—. ¿Y… y qué parte es? ¿La pa… parte… con la que te… te… embarazó?

—¡Pero qué te inventas, tontuelo! —terminó la Virgen, ya distraída, mirando con dulzura el perfil de su panza en el espejo—. Y no digas estas extravagancias o terminarás en el infierno igual que Dayal, Pancho López y toda su banda.

Si hay alguien que quiere creer en esta historia, lo respeto por completo, como también respeto a los hindúes que creen en el dios rata: cada uno las creencias que se merece. Sin embargo, de una cosa puedes estar seguro: hay alguien en cualquier parte del planeta que se ríe del uno y del otro.

El otro dogma que me hace enloquecer es la ascensión al cielo de Jesús. Hay siempre tres preguntas que me vienen desde que tomé el camino de la herejía.

Primero: ¿dónde está el paraíso? Considerando que Jesús ascendió, probablemente esté arriba, en el cielo. Y tarde o temprano los astrónomos, con los instrumentos que tienen hoy en día, descubrirán dónde está.

La segunda es: ¿ascendió con todo y los zapatos y sus ropas, o lo hizo desnudo? Si la respuesta es que ascendió vestido y con zapatos, me gustaría saber de qué marca son, porque necesita ser ropa hecha para durar eternamente. Además, si aceptamos la idea de que Jesús ascendió vestido, también necesitamos aceptar la posibilidad de que, como dicen los musulmanes, Mahoma ascendió al cielo con todo y caballo.

Y la tercera pregunta: si ascendió desnudo, ¿no le dará pena ser el único en el paraíso que da vueltas en pelotas? ¿O están todos desnudos como en un club nudista?

Yo no sé nada de todo esto y Pancho López, ni hablar; pero de una cosa estamos seguros: alguien se está riendo.

Abuelitas rostizadas

En otros tiempos, por bromear así sobre estos asuntos me habrían puesto en la hoguera. ¡Simplemente por unos chistes!

Esta gente, estos religiosos, estos moralistas, carecen del mínimo sentido del humor, y a lo largo de los siglos lo han demostrado ampliamente, revelándose como gente muy malvada.

No han pasado muchas generaciones desde que torturaban a las mujeres para hacerlas confesar que se habían acostado con el diablo. ¡Sí, con el diablo!, no con el vecino. Parece broma, pero por desgracia no lo es. En los mismos salones, en las mismas oficinas del Vaticano, donde ahora elegantísimos prelados manejan las conciencias y el dinero de los fieles, hace sólo unos cientos de años esos prelados, vistiendo las mismas batas, daban el consenso a la Santa Inquisición para perseguir con métodos infernales estos crímenes tan "comunes" como acostarse con el diablo. ¿No te los contaron en el catequismo? ¿No? ¡Qué raro! ¿Sólo te enseñaron el avemaría y a no tocarte el pipín? ¡Qué lástima! Porque la historia es una perla rara de la demencia y de la maldad humanas… Y además es una historia que tiene como protagonistas a millones de nuestras abuelitas.

Imagínate qué traviesillas serían nuestras abuelitas que se la pasaban a toda madre con el diablo en persona, ¡hasta llegar a acostarse con él!

Los inquisidores, que eran expertos en genitales, afirmaban con certidumbre que el señor Satanás no sólo estaba bien dotado, sino que también tenía un doble pene para doble penetración, como los que se encuentran en las *sex shops* de Ámsterdam. Y dado que nuestras abuelitas no sólo eran bien traviesas, sino también mentirosas, se negaban a confesar una cosa tan evidente y común como acostarse con el diablo. Por lo tanto, grupos de religiosos, todos hombres, con su santa paciencia, debían reunirse con la mujer en turno en subterráneos equipados con instrumentos de tortura que hacían parecer a Freddy Krueger una caricatura de Walt Disney, para convencerla de que hiciera una confesión "espontánea". Y estos pobres emisarios de Dios estaban obligados a trabajar duro, días y noches, torturando a tan tercas mujeres que, "fingiendo" lágrimas y sollozos, se atrevían a decir que esa cosa del diablo era una mamada cósmica. Al final, estos "santos" hombres de la Iglesia se las arreglaban, de una forma u otra, para regresar a esas berrinchudas a la razón y hacerlas confesar la "verdad".

Entonces al fin se organizaba en el pueblo una bellísima fogata, como en los bellos tiempos de los italianos de la ensalada, donde, cantando laudes al señor, se festejaba una vez más la derrota del mal y el triunfo del Dios del amor y la compasión.

Sólo me pregunto si alguna vez existió un papa que públicamente se disculpara con el mundo, en nombre de la Iglesia católica, por estos crímenes perpetrados contra nuestros ancestros, y si los pontífices que estuvieron sentados en el trono papal durante esos siglos, responsables directos de tales crímenes, han sido borrados del elenco de representantes de Dios en la Tierra, o si continúan presentes en las representaciones marmóreas de san Pedro.

El poste de la luz no crece...

Dejando atrás estas tristes historias del pasado, dejamos que Pancho López (mientras envuelve en un papelito algo parecido a tabaco) nos guíe en el análisis de las consecuencias de todo este desmadre.

Como vimos, hay un momento dramático en la vida de cada uno de nosotros: el instante en el cual nos rendimos a la idea de que, persistiendo en ser lo que simplemente y naturalmente somos, no tendremos la posibilidad de recibir lo que necesitamos para vivir: cosas sencillas como cariño, seguridad, respeto, atención...

Este momento dramático, que Pancho López, con su lenguaje académico, llama elegantemente "ya se chingó el asunto", es en sustancia el comienzo de la esquizofrenia humana. Es el momento en que, en lugar de ser uno, te vuelves dos: lo que eres para ti mismo y lo que eres para los demás.

En realidad nos volvemos más de dos, porque a los demás no les enseñamos siempre la misma cara. Al contrario, aprendemos a construir diferentes máscaras y diferentes personalidades, según las distintas personas y situaciones con las cuales debamos lidiar. Por ejemplo, con tu jefe muestras una cara y con la muchacha otra; a tu esposa le ofreces una cara y con tu amante tienes otra; con tu marido tienes una cara y con el vecino otra... Pero regresemos a "ya se chingó el asunto".

¿Por qué Pancho López llama a este momento con una expresión tan colorida? La razón es que se trata del instante más dramático en la vida espiritual de todos los seres humanos. Es cuando entra en la mente del niño la conciencia de que puede fingir ser lo que no es para manipular al mundo a su conveniencia. Es el momento en el cual se pierde la inocencia y, con ésta, la conexión con Dios. En otros términos, cuando todo esto ocurre, "ya se chingó el asunto".

Ésta es la verdadera caída, la verdadera expulsión del jardín del Edén. Es la madre de todas las políticas y de todas las guerras. Una vez que te abres a la posibilidad de esconder lo que eres en verdad para aparentar algo que no eres, empiezas a caminar en un sendero que a lo largo de la vida te llevará más y más lejos de ti mismo.

Las consecuencias de este acontecimiento resultan desastrosas en muchos aspectos, pero analizaré el aspecto que más me interesa, que es el espiritual... Sí, porque incluso si te suena raro, éste es un relato acerca de la espiritualidad. De todas formas yo intento atemperar la exuberancia lingüística del maestro López para inducirlo a un lenguaje más consonante con el argumento, aunque sin resultado. Se lo dije muchas veces:

—Si nos expresamos con tantas "groserías", la gente no nos tomará en serio.

Pero nada: él habla así.

Entonces, a nivel espiritual, el aspecto más desastroso de esta situación es que cuando renuncias a ti mismo y empiezas a fingir ser alguien que no eres, dejas de crecer, y el natural proceso de transformación de la conciencia se detiene. ¿Por qué? Porque sólo lo que está vivo y es verdadero se transforma y crece, mientras que lo falso, como tu personalidad, no tiene ninguna posibilidad de transformarse. Puedes cambiarla, refinarla, pero no transformarla.

Ahora, la situación es que una vez que "ya se chingó el asunto", te enfrentas a ser dos entidades: una verdadera y una falsa. La verdadera, o sea tu verdadero ser, tu ser natural, te crea siempre problemas porque, al no encajar con lo que la sociedad espera de ti, siempre termina criticada y castigada; la falsa, o sea tu personalidad, te permite ganar el respeto, la seguridad y la simpatía requeridos para vivir (aun si a veces logras construir una máscara que no le gusta a la sociedad, pero con la cual has aprendido a procurarte lo que te sirve para ganar dinero y poder).

Obviamente, entre la cara que te hace ganar respeto, dinero y seguridad, y la que te hace ganar desprecio, crítica y condena, ¿cuál eliges?

Después de tantos intentos de vivir con respeto hacia ti mismo, con el paso del tiempo, cada vez terminas eligiendo más y más la parte falsa, porque con la verdadera lo único que ganas son problemas, mientras que con la otra obtienes lo que necesitas.

Por eso, como vimos, todas las veces que tu verdadero ser se manifiesta, lo escondes en las tinieblas de tu inconsciente, esforzándote constantemente en estabilizarte en lo que no eres, refinando día tras día la creación de un ser inexistente, que es pura ficción, y dedicándote por completo a la creación de tu personalidad: esta máscara que te protege contra los ataques del mundo exterior. Y así te pasas la vida limando, corrigiendo y embelleciendo esta imagen de ti que nada tiene que ver contigo y te lleva gradualmente a estar más y más identificado con tu parte falsa, y menos y menos con tu parte verdadera... hasta olvidarte por completo de quién eras.

A nivel espiritual, el gravísimo problema que conlleva esta situación es que, estando así las cosas, tu proceso de crecimiento se encuentra bloqueado por completo, porque sólo aquello verdadero crece y evoluciona. Lo falso no puede crecer, porque no está vivo. Lo de crear algo vivo, con una vida propia que por lo tanto evoluciona, es una prerrogativa de Dios. Todo lo que crea el ser humano, aparte de su función biológica y sus experimentos a la Frankenstein, carecen de vitalidad propia. En otros términos, el ser humano es capaz de crear cosas muertas, no cosas vivas. Sólo Dios crea seres vivientes que, por su propia naturaleza, son bendecidos por el proceso evolutivo natural; lo que genera el hombre está muerto y no puede crecer... De seguro se puede mejorar, pero no tiene posibilidades de transformación. ¿Has visto alguna vez crecer un poste de la luz? ¿Has visto evolucionar una silla? ¿Has visto transformarse tu lavadora? A lo mejor la viste envejecer. Sólo lo que está vivo y es verdadero crece. Tu ser natural puede crecer porque es verdadero, pero el personaje que aprendiste a interpretar no puede hacerlo porque es falso y no está vivo: lo creaste tú, como creaste el poste de la luz, el teléfono y el refrigerador.

El problema es que, dado que inviertes toda tu energía en tratar de volverte el personaje que te gustaría ser, y ninguna en descubrir quién eres, tu proceso de crecimiento espiritual se encuentra totalmente bloqueado.

Tratemos de entender con calma, aprovechando las largas horas que Pancho López pasa sentado en la cafetería sin saber qué hacer.

Hay una ley de la naturaleza que dice que todo lo vivo está sujeto al proceso evolutivo del planeta. Todo lo relajado y rendido a la voluntad de Dios evoluciona de manera natural: los árboles evolucionan, los animales evolucionan… Todo el planeta evoluciona… Y obviamente tú también tendrías que evolucionar. A menos que… A menos que, peleando contra el relajado curso natural de las cosas, y resistiendo al misterioso e impredecible flujo de la existencia, intentes convertirte en una lavadora.

…¡Y no eres una lavadora!

¿A cuántas personas conoces que estén beatamente rendidas al misterioso e impredecible curso de la vida? ¿Cuántas veces te has sentido en un estado de total y relajada aceptación de las cosas tal como son, incluso si no corresponden a como según tú deberían ser? ¿Cuántas veces has aceptado, sin berrinches, la voluntad de Dios?

No es necesario que contestes, porque son preguntas retóricas… o casi. Nosotros, humanos, aparte de casos rarísimos, estamos siempre quejándonos con Dios porque la vida no es como nos gustaría. Y al igual que niños berrinchudos, golpeamos con los pies el piso porque nuestro esposo, esposa, hijos, padres, parientes, colegas y el mundo entero no son como quisiéramos que fueran. ¡Hasta del clima nos quejamos! Para nosotros sólo existen dos categorías: "el pinche calor" y "el puto frío". ¡Ni siquiera el clima somos capaces de aceptar como es!

Estos continuos conflictos son hijos malcriados del conflicto originario: el conflicto contigo mismo, que empieza justo cuando "ya se chingó el asunto".

Desde este momento en adelante, nadie de nosotros se deja llevar más por la corriente del impetuoso río de la voluntad de Dios. Todos perdemos la confianza y aprendemos a manipular las cosas. Y dado que todos confundimos el río de la voluntad de Dios con el río de la voluntad del diablo (porque todo lo espontáneo y natural nos lo presentan como pecado), aprendemos a construirnos un yo artificial, al cual sacrificamos religiosamente nuestra vida.

De este modo, inviertes tu energía vital en construir tu personalidad, que, por no pertenecer a Dios, no está viva, y por lo tanto tampoco se transforma. Y todas las veces que se manifiesta tu verdadero ser, o sea, lo que Dios ha creado, tú lo reprimes con vergüenza y culpa. Tu ser se manifiesta espontáneo, esplendoroso, como expresión única de Dios, mientras tú te esfuerzas en ser católico, judío, hindú o musulmán.

Es como decir que Dios te hizo humano y que tú te esfuerzas en convertirte en una lavadora. ¡Es obvio que el pobre Diosito no sabe qué hacer contigo! Le pides puras cosas que no están en su terreno. Le pides dinero, le pides poder, le pides que tus hijos hagan lo que tú quieres, le pides un ojo particular contigo y que los demás se chinguen… Y Dios no puede contentarte, porque el único regalo que tenía para ti ya te lo dio cuando naciste, haciéndote perfecto en tu unicidad y dándote cuanto necesitabas para vivir de manera sencilla, relajada y dichosa, enfrentando la vida por lo que es, como una persona madura. ¡No es su culpa si tú haces de todo para convertirte en una lavadora! La única cosa que podemos rogar con humildad a Dios es que nos ayude a encontrar de nuevo lo que un día estuvo presente y se perdió. La única cosa que podemos pedirle es la gracia de regresar al jardín del Edén.

Pero nosotros no entendemos nada de esto, y la única cosa que sabemos hacer es ofenderlo continuamente, quejándonos de que la lavadora no funciona. ¡Y la lavadora la construimos nosotros, no Él!

¡Resulta dramáticamente ridículo que constantemente haya millones de personas, en cada rincón del mundo, de rodillas, con los ojos al cielo, rogando a su Dios que les arregle la lavadora! Y el pobre Diosito sabe hacer tantas cosas, pero de lavadoras no entiende ni madres.

¡Él hizo un trabajo tan bonito contigo! Le puso tanto amor en hacer de ti una obra de arte que al verte transformado en una lavadora, con un zumbido defectuoso, a veces incluso le entran ganas de llorar. Por lo tanto, en su infinita compasión, hace lo que puede: se pone su overol azul de mecánico, todo limpiecito, con su pecherita, y viene a tu casa para intentar arreglarte la lavadora. Y después de un rato lo encuentras sentado en el piso de la lavandería, todo sucio, con grasa hasta las orejas, el desarmador al revés, mirando una tuerca con la misma perplejidad con que un salvaje del Amazonas miraría por primera vez un celular que timbra. ¡Una inocencia, que te entran ganas de comértelo a besos! Entonces le ofreces un café para consolarlo por su incompetencia y lo mandas de regreso al paraíso, con su trajecito de mecánico, todo sucio. Y mientras lo miras irse a su casa, con su cabecita balanceándose, la espalda un poco encorvada y la cola entre las patas, te das cuenta de que te mueres de amor por Él. Luego cierras la puerta y te quedas solo, con la pinche lavadora descompuesta.

A pesar de los mil fracasos de Diosito y de los mil cafés que le ofreciste, continúas impertérrito, pidiéndole que te arregle la lavadora, hasta perder la paciencia y pensar que este Dios es un verdadero incapaz o sólo una ilusión en la cual debes fingir creer, como lo hacen los demás. Por lo tanto, aun si continúas rezando a ese Dios de fantasía, ya sabes que si esta pinche lavadora no la arreglas tú, por tu cuenta, nada pasará. Entonces te esfuerzas en mejorar: le das una mano de pintura, le cambias la manopla del lavado en frío, le pegas un adhesivo para cubrir una mancha de herrumbre, le pones encima un florero para que se vea más bonita… Te cortas el pelo, aprendes inglés, te inscribes al gimnasio, te compras una falda nueva, una nueva corbata, te pones las chichis de plástico… Después te miras al espejo y, tristemente, te das cuenta de que, por más esfuerzos que hiciste, te quedaste como la misma pinche lavadora de siempre. Una lavadora con chichis.

Necesitamos entender que mejorar no es transformarse. Las cosas mejoran; los seres se transforman. "Mejorar" significa simplemente que el ser humano toma algo que él mismo ha hecho y lo hace un poquito mejor de lo que era. Podemos mejorar un coche, podemos mejorar el aparato del aire acondicionado, podemos mejorar el procesador de la computadora, pero es obvio que un coche o una computadora no se transforman.

Al contrario, es fácil entender que un pino marítimo, una rosa, un águila o un venado no mejoran, sino que se transforman, evolucionan.

Lo que hace Dios no mejora, sino que se transforma. Lo que hacen los humanos puede mejorar, pero no transformarse. Si estás de acuerdo con este argumento, no te será difícil intuir que una rata cualquiera, a pesar de carecer de conciencia, en las debidas proporciones, tiene mucha mayor posibilidad de transformarse y vivir en la gloria de Dios respecto a un religioso perfectamente ortodoxo que sacrifica su naturaleza para encarnar el ideal ficticio que le impone su "moral". Porque la rata la ha creado Dios, mientras que las religiones son un producto de los humanos. Si también los religiosos más ortodoxos evolucionan al menos un poco, es sólo porque ninguno de ellos sigue a la letra los preceptos, sino que sólo fingen seguirlos. Por paradójico que suene, sus "pecados" los salvan de la perdición definitiva. De esta forma, la inteligencia de Dios se puede deslizar entre las fallas de su moral, para llevar al menos una chispa de vida en la tierra estéril de la ortodoxia.

Si te inmolas a la causa de tu personalidad, de tu educación, de tus tradiciones, que en conjunto son cosas creadas por el hombre, es obvio que no existe transformación posible.

Sólo si nos rendimos a la voluntad de Dios, si nos reconectamos con nuestro ser natural, si nos volvemos otra vez una parte armónica y relajada de esta existencia, nos convertiremos en seres humanos más conscientes, más amorosos, más creativos… más divinos.

El preciosísimo mensaje que Pancho López nos comunica, mientras camina sin prisa sobre el muelle de quién sabe qué ciudad, es una invitación a no hacer nada para convertirnos en algo innatural; al contrario, a ser exactamente lo que somos y a hacer lo que nos sale natural… para descubrir cuál es el legado que Dios envió al mundo a través de nosotros: ser más como un pino marítimo y menos como un aire acondicionado.

Pero nosotros, comunes mortales, ¿cómo hacemos para quitarnos de encima esta personalidad, este falso yo, y regresar a ser otra vez parte de Dios? ¿Para volvernos otra vez pacíficos, silenciosos, sabios, naturales… eternos como un roble, un clavel, una ardilla o un oso polar? Teóricamente no es difícil, porque ser quien eres tendría que resultar la cosa más natural del mundo. No necesitamos esforzarnos, porque ya somos quienes somos. Es justo el esfuerzo lo que nos impide relajarnos en los brazos de Dios. Sólo cuando dejemos de hacer cualquier esfuerzo, permitiendo que las cosas vayan así como van, podremos al fin entrar otra vez, sin ni siquiera darnos cuenta, en el tan extrañado jardín del Edén.

La mala noticia es que, para que esto ocurra, necesitas estar dispuesto a confiar en este desmadroso que es Dios.

Si no tomas el riesgo de soltar todos tus conceptos acerca de lo que es bueno y lo que es malo, de renunciar a la presunción de que tu Dios es más chingón que el Dios de los demás, de olvidar las opiniones acerca de ti mismo y de los demás, de abandonar todas las ideas, los prejuicios y las tradiciones que constituyen tu seguridad... no tienes esperanza de evolucionar como ser humano ni de encontrar a Dios.

La inocencia es necesaria. Precisamente, como dijo Jesús, que fue malentendido por dos milenios: "A menos que seas inocente como un niño, no podrás entrar en el reino de los cielos". Cuidado, no dijo: "A menos que seas católico o cristiano". Ser católico o cristiano nada tiene que ver con la inocencia. Ser inocente significa ser inocente y basta; significa no tener algunas ideas preconcebidas, ser abierto para ver la realidad tal como es, como si la vieras por primera vez, como un niño que mira el mundo con los ojos de Dios. ¿Cómo puedes ser inocente si eres católico, cristiano, judío o musulmán? ¿Cómo le haces para ser inocente si ya elegiste el ángulo desde el cual interpretar la realidad? Sin duda podemos decir que ser católico, judío, musulmán o hindú es un obstáculo infranqueable que te impide encontrar a Dios.

La confianza es necesaria. O aceptas el riesgo de dejar a Diosito hacer lo que quiere contigo, o no habrá forma de gozar el privilegio de ser un ser humano. No habrá forma de conocer la gloria de Dios.

El ser humano es un buen proyecto

Alguien dijo: "El ser humano es un buen proyecto". El pinche Pancho López no se acuerda si fue Bertrand Russell, George Bernard Shaw... o alguien más, aun si me asegura que lo más probable es que sea un nombre del tipo de Bernardo o un Bertrando. Yo le dije:

—¡Puta madre!, busca en tu infinita librería. Si no, ¿qué papel hacemos con los lectores?

¡Pero a él le da hueva! Y al final no distingue entre Bertrand Russell, Tomás de Aquino o Schopenhauer, porque ni tiene la menor idea de quiénes son.

"El ser humano es un buen proyecto." ¿Qué significa? Que el ser humano es una posibilidad, no un hecho. Ésta es la gloria y la condena de nacer humano. Si naces perro, eres un perro y haces tu vida de perro en santa paz; si naces eucalipto, haces la vida del eucalipto; si naces golondrina, haces la vida de la golondrina, y si tienes la mala suerte de nacer gallina, haces la pinche vida de una pinche gallina.

Pero cuando naces humano, en realidad puedes elegir si vivir como un ser humano o como un perro (una elección muy común), o como un pollo (también una elección muy común). Si te limitas a comer, coger, dormir y esperar la muerte, podemos decir que tu vida no es muy diferente de la de cualquier otro animal. Y si a esto le quitas también coger, como le gustaría a casi todas las religiones del mundo, tu vida se volvería muy similar a la de la alcachofa.

Nacer humano implica una responsabilidad, porque no eres esclavo de tu programa biológico como los bueyes, las jirafas o las cucarachas, que desde la noche de los tiempos están condenados a repetir la misma y aburrida existencia de sus progenitores. Como ser humano no estás forzado a seguir las tradiciones de familia igual que un burro, un hipopótamo o una cabra montés, porque tienes el don de la conciencia: eres libre... y, por lo tanto, responsable de tu vida.

La libertad y la responsabilidad van siempre juntas. Cuando eres esclavo no tienes la libertad de elegir qué hacer. Entonces el problema de la responsabilidad ni siquiera se presenta. Por eso la gente se deleita tanto en el victimismo, porque ser víctima de algo te quita la libertad y te hace sentir esclavo; por otro lado, esta privación de la libertad te permite liberarte del peso de tomar la responsabilidad de tu vida.

Sin embargo, el ser humano no nace víctima. El ser humano nace libre porque tiene la conciencia y la capacidad de elegir qué hacer con su vida. Aun cuando los alquimistas "Patas Pa' Arriba" usen toda la experiencia de siglos para encontrar formas siempre más eficaces para apendejarte, la conciencia se queda allí, como una brasa dormida: basta el ligero soplo de un maestro para devolverle su flama orgullosa, vital, curiosa y hambrienta de aventura.

Por eso Platón... o Schiller... o Copérnico... o quien sea, dijo que "el ser humano es un buen proyecto".

El ser humano es un proyecto que no se realiza cuando naces; al contrario, se realiza cuando aceptas las travesuras que Dios te propone para expandir tu conciencia y realizar todo tu potencial.

Nacer humano significa cambiar las cosas, probar cosas nuevas, tomar el riesgo de equivocarse. Nacer humano significa atreverse a tantear, con pasos temblorosos, los territorios inciertos del amor, de la poesía... de la religión. Sí, de la religión. Obviamente Pancho no se refiere a ninguno de estos clubes de "ultras" religiosos que se han aprovechado de una humanidad ignorante, sino a un sentido de religiosidad sin etiquetas. Ese sentimiento que te lleva a romper en definitiva los límites de tu mente racional, para hablar con algo que no ves, que no huele, que no puedes tocar y que ni siquiera sabes si existe. La religión es esta sensación de sentirse tan frágil y vulnerable, tan chiquito y perdido en la infinidad del universo, que paradójicamente te hace sentir fuerte, absoluto y sin dudas.

Todo cuanto existe es parte de Dios... Mejor dicho: es Dios. Los árboles, las montañas, los océanos, los animales forman parte de Dios, sin que ellos lo sepan. Los únicos que pueden volverse conscientes de esto son los humanos.

Los humanos son la conciencia del universo. Por eso Oscar Wilde... o Mao Tse-tung... o el Hombre Araña, dijo que "el ser humano es un buen proyecto". Porque a menos que descubra quién es, el ser humano se convierte simplemente en un proyecto abortado.

Sin embargo, para descubrir quién eres se necesita una extraordinaria confianza en Dios. Una extraordinaria confianza en tu propia naturaleza.

Para mala fortuna, nadie confía en Dios. Todos te dicen que necesitas confiar, pero todas las veces que Él se manifiesta de manera natural dentro de ti, te espantas porque estás traumado desde tu niñez; todas las veces que te perdías jugando a ser Tarzán, lanzándote en calzoncillos desde el librero hasta el sofá, o que te distraías en clase mirando a ese niño, o esa niña que te gustaba tanto, o que eras espontáneo, o que no tenías ganas de hacer lo que los demás te hacían, o que te tocabas el pipín (por mencionar un nuevo ejemplo), eras atropellado con un reproche, o un castigo, o un juicio, o una burla, o un madrazo (según el estilo familiar y el contexto cultural). Todas estas cosas, que tarde o temprano trabajarás en terapia, haciendo feliz a tu terapeuta y ayudándolo a comprar su casita en la famosa costa del Pacífico.

Todas las veces en que Diosito se aparece a través de tu instinto, de tu intuición o de tu espontaneidad, rompiendo las reglas que la educación o la tradición o las supersticiones religiosas imponen, las consecuencias resultan tan fatales que empiezas a pensar: "Este pinche Diosito es un tipo peligroso. Todas las veces que se presenta me mete en problemas. Claro, con él me la paso a toda madre, me divierto, creo, amo, juego, me relajo... Tiene todo el encanto de las malas compañías. Nunca estás a salvo con él. Este pillo de Diosito es una especie de anárquico que odia las reglas y se sale siempre con la suya. Mejor evitarlo". Y así, para huir de Dios, te refugias en la parroquia.

Para proceder en el camino de la liberación total (que Pancho López nos indica mientras se pasea con las manos en los bolsillos, silbando alegremente una tonada del tiempo de su abuelo) es fundamental recuperar la confianza en tu naturaleza: es fundamental recuperar la confianza en Dios.

Tenemos que darnos cuenta de que, a pesar de que nuestro pasado ha sido sólo una fea pesadilla animada por seres afligidos por una personalidad ignorante, infantil y muchas veces mediocre... exactamente como nosotros, nadie nos impide renunciar a nuestros modelos de referencia y empezar un proceso de transformación. ¡No hay razón para cargar esos modelos psicológicos y de comportamiento por toda la vida! Podemos soltarlos ahora mismo: sólo es necesaria un poco de conciencia.

Nacer humano es una responsabilidad. El ser humano puede crear o destruir. En su manifestación más baja e inconsciente, el ser humano usa su energía vital para destruir. Es lo que sucede desde siempre. La única diferencia es que ahora el ser humano es tan poderoso que los desastres que provoca se notan. Antes, durante milenios, los hombres se han agarrado a madrazos, usando palos, espadas, fusiles, cañones... Lo peor que podía pasar era que unos miles o unos cientos de miles quedaran tendidos como cadáveres en los campos de batalla, sirviendo como fertilizantes para los campesinos. Ahora el ser humano tiene el poder de destruir por completo la vida del planeta. Antes se podía ensuciar un río, un lago; ahora estamos envenenando el océano. Antes podíamos hacer un poco de humo; ahora estamos envenenando la atmósfera.

La misma energía, el ser humano puede usarla creativamente. Depende de su nivel de conciencia. Si vive dormido en sus tradiciones, siguiendo como niño bueno las huellas de los padres, y cargándose el dolor y la frustración de estar desperdiciando su vida, el planeta no tiene ninguna esperanza. Si despierta su conciencia y es capaz de recuperar los horizontes sin límites de su ser, este mundo se puede convertir en un paraíso.

"El ser humano es un buen proyecto", como dijo Lionel Messi... u Octavio Paz... o Beyoncé... un proyecto que requiere compromiso. Compromiso con uno mismo; compromiso con Dios.

El ser humano tiene dos posibilidades: despertar y darse cuenta de que nunca salió del jardín del Edén, o creer que fue corrido de allí y continuar soñando con vivir en el infierno. Es una cuestión de elección.

Esta libertad-condena del ser humano encuentra su origen en la historia de Eva y la serpiente. Antes de este encuentro, antes de esta historia arquetípica de seducción, los humanos eran beatos e inconscientes, tal como los animales y las plantas. Haber comido del árbol del conocimiento, del bien y del mal, los llevó a abrirse a esta promesa que la serpiente hizo a Eva cuando le dijo:

—Comiendo de este árbol te volverás como Dios.

Y la serpiente tenía completamente la razón: a través del fruto del conocimiento, los humanos tuvieron acceso a descubrir su naturaleza divina. Lo que la pinche serpiente no le dijo es que no bastaba con comer este fruto para volverse libre y consciente como Dios, sino que se necesitaba también una tremenda entrega, una absoluta responsabilidad y un gran valor para alcanzar esta cumbre. Comer del árbol del conocimiento llevó solamente una posibilidad: a "un buen proyecto".

La pobre serpiente

Esta historia del jardín del Edén se puede interpretar de muchas formas. La más común y pinche, al menos desde el punto de vista de Pancho López, es la de un Dios tan cabrón que no ha perdonado a sus hijos por una desobediencia mínima, y que por eso los sacó de casa por la eternidad. Aparte de esta historia sobre ogros crueles, existen otras interpretaciones: la que Pancho López me transmite mientras está sentado en los jardines públicos sin hacer nada, y mira la famosa historia como una metáfora acerca de la pérdida de la inocencia a causa del conocimiento.

Diosito había prohibido comer del árbol del conocimiento. La primera cosa que podríamos decirle a Diosito es: ¡Pero eres bien tontuelo! ¡Si no quieres que se acerquen a este árbol, no se los indiques! Entre los millones de árboles que hay, nunca lo encontrarán. ¡Está claro que, si se los indicas, y además se los prohíbes, crearás en ellos una curiosidad irresistible!

Es evidente que Diosito posee muchas cualidades, pero de psicología humana no entiende ni madres: es ingenuo.

Y así le dijo a Adán y Eva:

—Chicos, pueden comer de todos los árboles, menos de éste.

El problema no era tanto Adán, que era algo pendejón, sino Eva.

A pesar de que nació de una costilla de Adán, Eva era tan viva que nadie la aguantaba. Estaba siempre alrededor de ese maldito árbol, y un día su destino fue que encontrara a la famosa serpiente colgando del famoso árbol.

—Hola, ¿qué tal? —empezó la serpiente, con sus lentes de sol y su inconfundible aire de matón de esquina.

Eva hablaba hasta con las piedras, y probablemente por eso Adán estaba trastornado. Diosito le había dicho muy claro: No hables con desconocidos, y sobre todo no aceptes dulcecitos. ¡Pero Eva era una pinga...!

—¡Hola! ¿Qué haces en este árbol? Mi papá me dijo que éste es un árbol prohibido. Por eso no me puedo acercar. A decir verdad, me acerco de vez en cuando... Un par de veces a la semana... Si tengo que ser sincera, sincera, sincera: un par de veces al día. A mi hermano Adán, que la verdad no termino de entender si es precisamente mi hermano u otra cosa, porque tampoco conocemos a nuestra madre... Si mi papá es papá soltero... No, no en el sentido de que la esposa huyó con un africano, sino en el sentido de que propiamente nunca se casó... Si mi papá es contrario al matrimonio y le gusta hacer todo por su cuenta, también los hijos... La verdad me habría gustado tener una madre... También para saber cómo me veré cuando sea viejita. Mi hermano... o lo que sea, sabe que de grande se volverá como mi papá: él también tendrá la barba blanca y finalmente tendrá unos vestidos para taparse... Que es también mejor, porque esa cosita que le queda colgando no se ve estética para nada. Yo, al contrario, no sé si me quedaré en cueros toda la vida. Francamente, al menos me habría gustado una tanga. Una tanga fucsia con unos brillantitos en forma de corazoncito en la parte de atrás, como los de Victoria's Secret... ¿O un tanga naranja con el dibujo de una mariposa al frente? ¿Tú qué opinas...? ¿O de una flor? ¡Una margarita! No, no... una margarita no... ¡Ah, ya sé! ¡Claro! ¡Cómo no se me ocurrió antes! ¿Sabes qué cosa? ¡Una violeta! ¡Una violeta, violeta, con todos los puntitos amarillos y unas estrellitas en el centro! ¿O mejor un hibiscus rojo con lunarcitos blancos...? ¿Qué te parece mejor a ti, una violeta o un hibiscus?

La pobre serpiente fue agarrada completamente en curva: atropellada por la formidable labia de Eva, se veía menos segura de sí misma, y a pesar de sus gafas de sol, había empezado a mostrar la misma expresión trastornada de Adán. Además, no se esperaba que la interpelaran sobre un asunto de moda. Por lo tanto, tuvo que reordenar sus ideas con rapidez para entender qué estaba pasando y seguir el guion del Antiguo Testamento, que se había aprendido de memoria con increíbles esfuerzos.

Esta vacilación le resultó fatal, porque mientras tomaba aliento para contestar, Eva atacó de nuevo:

—¡¡¡Un cactus!!! —exclamó, brincando de entusiasmo—. Por cierto, ¡una tanga con un cactus jamás se han visto! Estas mari-positas, pajaritos y florecitas son tan cursis que te empalagan los sesos... Pero ¡un cactus se vería bien chido! También me quiero hacer un *piercing* en el ombligo... y un tatuaje: quiero tatuarme una serpiente que me cubra la espalda. ¡Pero no una serpien-te como tú, que tienes una expresión parecida a aquel atarantado de mi hermano! Quiero una serpiente poderosa, con los ojos amarillos, una sonrisa chueca y un cigarro en la esquina de la boca. Mi papá no quiere que me lo haga. Creo que me tiene encuerada para evitar que me lo haga a escondidas... ¡Es tan tradicionalista! ¡¡¡Y celoooso!!! Ni siquiera ha creado unos amigos para ir de pa-rranda, organizar fiestas, echar relajo o al menos hablar un poco. ¡Nada! Su única compañía: aquel atolondrado de mi hermano, que nunca habla y la única cosa que hace es jugar con la resortera y construir carritos con ramitas, cáscaras de coco y rebanadas de jícama para hacer las ruedas... que con este calor se le pudren y continuamente tiene que cambiarle las llantas a sus cochecitos... ¡Y no habla! ¡¡¡No hablaaa!!! ¡Nunca habla! ¡Nunca tiene nada qué decir! ¡Tú tampoco hablas mucho, hermano! ¿Qué pasó con ustedes? ¡Nadie quiere hablar conmigo! También mi papá, cuando pasa, hace la finta de que no me vio. ¡No entiendo por qué! Dime algo, por favor. Al menos tú dime algo, cuéntame algo, invén-tate algo... No sé... Por ejemplo, dime cómo te llamas.

A estas alturas, la pobre serpiente había hasta olvidado quién era y qué hacía colgada de ese árbol. Esas gafas que un momento atrás le daban un aspecto tan chingón, ahora la hacían parecerse a un ciego sin bastón ni perro, perdido sin remedio en un mercado navideño. Además, sólo en ese momento se dio cuenta de que Diosito se había olvidado de darle un nombre, y esto le daba muchísima pena. Tenía que inventarse algo deprisa, antes de que la pinche chamaca empezara a hablar otra vez, así que le dijo el primer nombre que se le ocurrió:

—Hugo.

—¡¿Hugo?! Pero ¿qué clase de nombre es ése? Hugo va bien para un emú... para un alce... a lo mejor para un elefante, ¡pero no para una serpiente! ¡Vamos! ¿Por qué no te cambias ese pinche nombre? ¡Ándale, no seas tradicionalista como mi papá! ¿Por qué no te pones... Sandokán? "Sandokán: la serpiente del Edén." ¡Suena poca madre! No te preocupes: mi papá nunca se dará cuenta de que te cambiaste el nombre. Él dice que sabe leer el pensamiento, pero no es verdad; además es un tipo muy distraído. Se parece un poco a mi hermano, siempre en su taller, creando cositas. ¡Cámbiate ese pinche nombre! Yo ya me lo cambié. No me gustaba Eva. Demasiado corto para mí: "Eva". Cuando empiezas a pronunciarlo, ya terminaste. Por eso me lo cambié. Primero me puse Hermenegildamaría. Her-me-ne-gil-da-ma-rí-a. Al menos cuando una se presenta tiene algo que decir. Después me di cuenta de que para los niños del catecismo sería incomodo presentarles la historia de "Adán y Hermenegildamaría", así que elegí Samantha. Samantha con la hache: Samant-hhha. Así los niños aprenderán la historia de "Adán y Samantha", que como título me parece que tiene más pegue que "Adán y Eva". ¡Vamos! ¿Tú irías al cine a ver la película de Adán y Eva? Ya se entiende que es una historia de hueva. ¡Pero la historia de "Adán y Samantha"! ¡De seguro que tendrá éxito! Incluso le puedes meter clasificación "C". La vida es toda una cuestión de *marketing*, mi querida serpiente. ¡Los nombres son importantes! Con este "Hugo" siempre serás un perfecto don nadie.

Hasta ese punto la serpiente, sin darse cuenta, se había deslizado desde la rama hasta casi tocar el piso y, como Adán, había empezado a construir un carrito con cáscaras de coco y rebanaditas de jícama, olvidándose por completo de su misión bíblica.

Por fortuna, Samantha no soltaba fácilmente la presa, y apremió:

—Escucha, Hugo, no empieces tú también con estos pinches carritos. ¡Dime algo, por favor! Dime algo, ¡putísima madre! ¿Qué haces allí, en ese árbol prohibido?

Al escuchar "árbol prohibido", la serpiente recobró la conciencia, y antes de que Eva Samantha empezara a hablar de nuevo, se precipitó para escupir de un aliento la parte más importante de su guion:

—¿Quieres una manzana?

—¿Una manzana? ¿Qué haces, eres verdulero? Mi papá me dijo que no aceptara nada de los verduleros... Para ser precisa, me dijo que no aceptara dulcecitos de desconocidos... Pero, tratándose de una manzana... y viniendo de un buen amigo como tú... ¿De qué manzana se trata? ¿No será por casualidad como esa manzana de la bruja de Blanca Nieves, que te hace dormir, para que después llegue el príncipe azul con el caballo blanco, te dé un beso en la boca y te despiertes entre siete enanitos que están a toda madre y organizan unas fiestas buenísimas? Porque si es este tipo de manzana, me la echo enseguida. ¡Estoy hasta la madre de estar con mi pinche hermano! Al contrario, con este príncipe azul y los enanitos, nos la podemos pasar poca madre...

—No... No es exactamente la manzana de Blanca Nieves...

—¿Y de qué manzana se trata entonces? ¡No me digas que es una de esas manzanas que hacen en Ámsterdam en cultivo hidropónico, que cuando te las comes ves elefantitos rosas que bailan como en la película de Dumbo y te sientes todo mareado y te agarra el tonto y no puedes parar de reírte y ves las estrellas fluorescentes!

—¡¡¡No, no, noooo!!! —gritó la serpiente casi al borde del llanto.

La situación era crítica. No podía arriesgarse a que aquello que tenía para ofrecer no fuera interesante para esa maldita chamaca, que parecía de todo menos la del guion que se había aprendido y esperaba recitar desde hacía toda la eternidad.

—Y entonces, ¡¿qué manzana es?! —apremió Eva.

—La... manzana... del conocimiento —contestó la serpiente con timidez.

—¿La manzana del conocimiento? ¡Oh, que la chingada! ¡Todo este desmadre por el pinche conocimiento! Yo pensaba que era algo del tipo de la marihuana, peyote, ayahuasca... ¡Me vale madres el conocimiento! ¡El conocimiento dáselo al pendejo de mi hermano! ¡A mí dame algo más divertido! ¡¿Qué hago yo con el conocimiento?!

A la pobre serpiente la agarró un susto que la puso toda pálida y le empezaron a sudar las manos que no tenía. No podía arriesgarse a fallar en su misión histórica y convertirse en la burla de los otros personajes del Antiguo Testamento por culpa de esta pinche escuincla. Ya se imaginaba a aquellos simpáticos parranderos de Isaac, Salomón, Jacob y David sentados en la cantina, con sus barbitas, riéndose de ella por la eternidad. En definitiva, necesitaba inventarse algo para que esta mocosa malcriada se interesara por la manzana. Si hubiera sido un mango, habría resultado más fácil. "¡Como guionista, este Dios no sirve para nada!", pensó. "¿A quién le interesa la manzana? Sólo cuando estás enfermo te acuerdas de que existe la manzana. ¿Qué hacer? ¿Qué hacer?..." Y justo cuando ya se estaba resignando a volverse la burla de la Biblia, la Divina Providencia le sugirió un argumento astutísimo:

—El conocimientooo... te sirveee... ¡para hablar más!

—¿Y por qué?

—Porqueee... con el conocimientooo.... tendrás muchos argumentos nuevos y... en lugar de repetir siempre las mismas cosas, tendrás infinitos temas de conversación para entretener a tu hermano.

Eva se detuvo un ratito a pensarlo bien y después, con resolución, dijo:

—Si es así: ¡dame 10!

La serpiente no se lo esperaba:

—¿De casualidad conoces a Moisés y los judíos?

—No, ¿quiénes son? ¿Un grupo de rock?

Todos sabemos cómo termina la historia. No sólo Eva comió el fruto del árbol del conocimiento, sino que también hizo comer al inocente Adán, que gracias al conocimiento pasó de construir carritos con ramitas y cáscaras de coco a construir Volkswagens.

¿Qué cosa representa comer del árbol del conocimiento? Es el fin de la inocencia, que corresponde a la expulsión del jardín del Edén. En otras palabras, corresponde a perder la inocencia necesaria para ver las cosas por lo que son, sin interpretarlas. Perder la inocencia significa quedar sin la capacidad de ver al mundo a través de tu inteligencia, para mirarlo a través del filtro de tu mente. Y, como vimos, tu mente y sus conocimientos son limitados y accidentales: dependen de tu pertenencia casual a una cultura u otra.

Cuando miras la vida, haciéndola pasar primero por la lente coloreada de tu mente, no puedes vivir verdaderamente en función de tu inteligencia, sino de tu cultura. Ya no puedes ver más las cosas por lo que son, sino interpretarlas a través de los criterios que te inculcaron con enseñanzas arbitrarias.

De hecho, Adán y Eva no fueron expulsados del jardín del Edén por comer del árbol del conocimiento: simplemente perdieron la capacidad de verlo.

Como dije en el capítulo precedente, ha sido algo bueno que Eva haya comido del árbol del conocimiento, porque le dio al ser humano el acceso consciente a su naturaleza divina. Pero esto puso a la humanidad en una condición difícil: por un lado, si nos entregamos a la "búsqueda de Dios", tenemos acceso a la bendición de vivir en su nivel de conciencia; por el otro, sufrimos la maldición de que ya no podemos relajarnos en la beata ignorancia de los animales, porque de cualquier forma nuestra conciencia reclama explorar los horizontes que nos fueron destinados por haber nacido en forma humana. La humanidad es condenada a una elección drástica: dicha o miseria.

Por eso nuestro guía Pancho López, entre un café y una cerveza, nos invita a pisar el sendero de los mantras mexicanos. El partido es una final de copa sin apelación: ganas o pierdes.

Todos somos criminales

Es obvio que nunca salimos del jardín del Edén. De hecho, nacimos y vivimos en el jardín del Edén porque nada existe aparte del jardín del Edén.

El problema que tenemos es que este jardín del Edén, en el cual nacimos, está habitado por gente que piensa hallarse en "un valle de lágrimas". Gente que, como sonámbulos a merced de una pesadilla, vive sin confiar en nadie, con caras amargadas; egoístas, violentos, hipócritas, rígidos, rencorosos y llenos de prejuicios. Esta gente, como todos nosotros, nació inocente y en la gracia de Dios, en un jardín del Edén habitado por muertos vivientes, que a su vez nacieron en un jardín del Edén de zombis, los cuales nacieron de familias de zombis en un jardín del Edén habitado por muertos vivientes… Y así sucesivamente, para dar vida a una gloriosa tradición de familia al estilo de *Resident Evil*. Sólo que los productores de *Resident Evil* tuvieron la bondad de no pasarse del quinto episodio, y la humanidad ha llegado a *Resident Evil* versión 12 439, y se siente muy orgullosa de continuar la serie.

Éste es el problema. Como ya vimos, el niño emplea varios años en darse cuenta de que no puede permanecer inocente como mariposita en la tierra de los muertos vivientes. Necesita unos años y varios madrazos para convencerse de que, para estar a salvo, requiere convertirse también en un muerto viviente. Y al hacerlo así firma su condena al destierro del jardín del Edén donde había nacido: firma su definitivo divorcio de Dios. Y al desconectarse de su ser natural, no sólo el niño renuncia a sí mismo dolorosamente, sino que empieza un conflicto global que lo acompaña hasta el último día de su vida.

Estar en conflicto consigo mismo equivale a estar en conflicto con los demás, en conflicto con la vida, en conflicto con la existencia... En conflicto con Dios. Porque tú, los demás, la vida, la existencia y Dios son la misma cosa. Renunciar a nosotros mismos es el principio de una guerra de 360 grados que dura la vida entera y está continuamente ante los ojos de todos.

La guerra que vemos en los noticieros, en las calles, en las oficinas y en las familias es sólo el reflejo de la guerra que se ha originado en ti desde que eras un niño, gracias a la "inteligentísima" intervención de los alquimistas "Patas Pa' Arriba".

Pancho López (que sigue con los ojos cerrados la crónica en vivo de un partido de futbol del Pachuca) no se cansa de decirnos que, cuando impides a un ser humano ser quien es, cuando lo pones en conflicto consigo mismo, de hecho lo pones en conflicto con la naturaleza: lo pones en conflicto con Dios. Todos los horrores que comete la humanidad en el mundo, como envenenar los mares, contaminar el aire, exterminar las selvas tropicales, crear las condiciones para la continua y dolorosa extinción de especies animales, la alteración del ecosistema que nos permite vivir, las continuas guerras, la explotación de un hombre por el otro, los delitos sexuales sobre niños y mujeres... son el simple resultado, en forma macroscópica, del conflicto que de manera microscópica está presente en el interior de cada uno de nosotros.

Nuestras acciones son el reflejo de los humores de nuestro mundo interior.

Si dentro de ti hay paz, relajación, paciencia, sensibilidad, confianza... tus acciones llevarán por el mundo amor, poesía, armonía, hermandad. Si tu mundo interior está afligido por los monstruos atormentadores de la avidez, el resentimiento, la competencia, los celos, la desconfianza, los juicios, los miedos y los deseos inconfesables, estarás condenado a eructar dolor, destrucción, atropello, abuso, guerra... y a crear alrededor de ti el mundo que tanto criticas.

Nosotros creamos el mundo; no son los demás quienes lo crean para nosotros. Cada uno es responsable. Y cada uno es responsable en función del alcance de su energía y de su poder personal. Si tu alcance es limitado, te limitas a crear dolor en tu familia. Si eres un poco más extrovertido, puedes crear dolor en tu condominio. Y si tienes una empresa, puedes hacer infelices a docenas o cientos o miles de personas. Si eres gobernador de un estado, puedes contribuir fuertemente a hacer miserables a millones de ciudadanos. Y si eres jefe de gobierno, tienes a tu disposición a la población entera para joderla con tu neurosis... Y si el país del cual eres jefe de gobierno es poderoso, como Estados Unidos o China, tienes el poder de crear miseria en todo el mundo.

Obviamente es más fácil ver los daños que crea un político respecto a los que creas tú. Pero sólo es una diferencia cuantitativa y no cualitativa. No importa si tu contribución a la infelicidad de este planeta se limita al 0.000001%. Incluso un porcentaje tan bajo te da derecho al deshonroso crédito de pertenecer a la misma banda de los que mandan aviones para arrojar bombas sobre poblaciones inermes, que vierten miles de toneladas de petróleo en el mar por razones económicas o por culpable ligereza, que se aprovechan de las enfermedades y del sufrimiento de la gente para hacer negocio, que atropellan los derechos de sus ciudadanos para ocupar el poder... No importa de qué forma y en qué cantidad contribuyamos a la fealdad del mundo, una cosa es cierta: todos somos socios del mismo negocio criminal.

El efecto mariposa

Darse cuenta de que todos somos responsables, sin excepción, de la condición en que se encuentran el planeta y la humanidad puede ser "shoqueante", y sin duda a los más cobardes les darán ganas de correr a esconder la cabeza bajo la arena, esperando que la marea negra de su irresponsabilidad los sumerja. Al contrario, los más responsables y valientes simplemente se preguntarán: ¿qué hacer?

Si pensamos resolver de un jalón los problemas catastróficos del mundo, de inmediato nos sentiremos tan impotentes que la reacción normal sería tirarse en el sofá y anestesiarse con un bello episodio de The Biography Channel sobre la "noble" vida del mafioso Frank Turturiello, o ir al refrigerador y abrir una cerveza, o sentarnos en el balcón y, mirando la puesta de sol como si fuera la última, enrollar un churro de mota y esperar a que la marea negra ya mencionada nos trague en el olvido.

Es obvio que nosotros, gente común, no podemos hacer mucho contra el agujero de ozono, la desaparición de la floresta amazónica, el drama de los niños que pasan su niñez pegados a máquinas textiles en la India o Pakistán, o la tragedia de los millones que mueren de hambre a cada momento bajo los ojos impacientes de los buitres que los rodean... Sin embargo, algo se puede hacer. Se necesita sólo un poco de paciencia, mucha entrega e infinita confianza.

La primera cosa que debemos entender es que somos *uno*. ¿Qué significa esto? Significa que todos los elementos que componen este planeta, incluso la atmósfera y el Sol, están interconectados.

Desde el punto de vista del ego, esto es una cosa absurda, porque el ego dice: "Yo soy yo y tú eres tú. ¡Me vale madres que se extinga el armadillo! Incluso cuando esté el último ejemplar, me lo voy a guisar con jitomate, chilitos y cebolla". Pero desde el punto de vista existencial, el planeta es un organismo único donde, como explicaremos más adelante, todas las funciones de todos los elementos contribuyen a un proyecto común que se llama "vida". En otras palabras, tú y el mundo son una cosa sola.

"No puedes tocar una flor sin molestar una estrella", dijo Gregory Bateson, un antropólogo inglés del siglo pasado, experto en cibernética, al que nunca nadie ha pelado aparte de, quién sabe por qué, justo Pancho López. "No puedes tocar una flor sin molestar una estrella": cualquier acción, hasta la más insignificante, tiene consecuencias en el planeta entero. Se trata del famoso "efecto mariposa": el batido de las alas de una mariposa en Japón provoca un huracán en México (¡ahora sabes de quién es la culpa de todos estos desastres!). Estamos interconectados. Incluso la más pequeña de las acciones tiene consecuencias en cadena que modifican la historia de todo el planeta, de manera más o menos evidente. ¿Te parece una exageración? Veamos un ejemplo.

En la mañana, la señora Lupita se lava los dientes y deja el tubo de la pasta abierto, cosa que su esposo detesta y que le dijo mil y una veces que no hiciera. Una acción inocente y en apariencia irrelevante, pero...

Cuando el esposo va en baño y encuentra la pasta de dientes apachurrada sin criterio y, además, abierta, se pone de malas, y aun si logra contener el enojo contra su mujer, de la cual teme sus reacciones "uterinas", durante el desayuno no aguantará la cantidad de gel que su hijo Pablo usó para esculpirse los cabellos antes de ir a la universidad. Pablo queda tan frustrado por el pleito que, camino a la Facultad de Biología en su "escúter" (sin ponerse el casco, para no desarreglar la bella escultura que hizo con su cabello negro), maneja con tal imprudencia que en un crucero choca contra un auto y sufre un trauma craneal. Al día siguiente un colega de él, Carlos, va a visitar al amigo accidentado al hospital central de Guadalajara, donde conoce a Marielena, la sobrina del cirujano, que está haciendo prácticas ahí: los dos se enamoran perdidamente. Después de unos años, Carlos y Marielena se casan y se van a vivir a Barcelona, donde, gracias a unos conocidos de la familia de ella, Carlos entra a trabajar en un instituto de investigación bacteriológica. Después de sólo unos meses, Carlos se infecta accidentalmente con una bacteria que estudiaba, y después de un par de semanas muere cubierto de ronchas. En el funeral, Marielena conoce al doctor Smith, un científico estadounidense que trabaja en el mismo instituto de investigación. Entre los dos nace una simpatía que los llevará, en el lapso de unos años, a casarse, tener dos hijos y a vivir en Boston. El doctor Smith, empujado por la ambición de la esposa, empieza a trabajar con el Ministerio de la Defensa, haciendo una rápida carrera. Pero Marielena, que no es en lo absoluto una persona tranquila, se enamora de un prófugo kurdo y se va a vivir con él a una comunidad en Costa Rica, llevándose consigo a los güerísimos hijos. El doctor Smith desahoga su dolor y su frustración en el trabajo, aceptando un encargo importante en el Pentágono para elaborar un arma bacteriológica para hipotéticos escenarios de guerra. Con el paso de los años, la herida del abandono de su esposa no sana; al contrario, el doctor Smith, que durante ese tiempo ha pasado a dirigir un sector importante de la CIA, desarrolla un carácter sombrío y cruel que lo lleva a hacerse promotor de un test para experimentar la mortífera bacteria que aisló en su laboratorio sobre una población del tercer mundo. ¿Sobre qué población probará esta nueva arma? ¿Qué mejor ocasión para vengarse idealmente de aquel hijo de puta que le chingó a la esposa? Su propuesta es aceptada con entusiasmo y sin vacilaciones: el arma bacteriológica será probada contra el pueblo kurdo, "del cual no hay nadie en el mundo que le importe un carajo". El científico no tiene dudas: ¡Kurdistán! El experimento es exitoso, y en las oficinas de esta siniestra sección de los servicios secretos todos festejan por los miles de muertos caídos como moscas por razones en apariencia naturales. Pero los chinos, que son bajos pero no pendejos, responden

131

a este solapado ataque invadiendo unos territorios neutrales en los confines con Afganistán. Los gringos, con su proverbial tacto diplomático, por razones estratégicas inexplicables lanzan misiles tierra-aire contra Argelia. Los chinos lanzan sus misiles aire-tierra, quién sabe por qué, contra Somalia. Los somalíes, que no reaccionan porque sólo tienen misiles tierra-tierra, se contentan con agarrar a bastonazos a los etíopes; los etíopes agarran a patadas a los eritreos; los eritreos, sin saber qué hacer, se desahogan con los animales; los animales, en represalia, mean en el agua potable; el agua infectada enferma a los eritreos, que contagian a los etíopes, éstos a los somalí...

De modo que tú dejas abierta una pinche pasta de dientes en Guadalajara y se desata una pandemia en África.

Esto es más o menos el "efecto mariposa". Si te parece que lo que haces no es muy importante, en realidad todas nuestras acciones arrojan en el éter un mensaje que se reproduce y genera una reacción en cadena. Debemos estar atentos a nuestras acciones, porque, como dice Pancho López explicando el "efecto mariposa" a su manera: "El pepino termina siempre en el trasero del campesino que lo ha plantado". Una verdadera joya de sabiduría.

La cosa buena de este "efecto mariposa" es que, si funciona en los aspectos negativos de nuestras acciones, obviamente también funciona en los aspectos positivos. Así como si tú eres un mentiroso, el mundo se vuelve un poco más mentiroso; de la misma forma, si eres buena onda, el mundo se volverá más buena onda.

A raíz de esto, hacer algo por el mundo se vuelve muy sencillo: haz algo por ti mismo y, en consecuencia, harás algo por el mundo; sé un poquito más amoroso contigo mismo, y el mundo se volverá de inmediato más amoroso. El mundo no se cambia haciendo "buenas acciones", sino al transformar tu propio ser.

Pancho López quiere absolutamente precisar este concepto, hasta el punto de calentarse. Es importante entender que este círculo virtuoso no empieza fuera de ti, sino al contrario, dentro de ti.

—Por favor no empiecen a ser "buenos" —nos grita mientras está encerrado en el baño—. ¡El mundo está hasta la madre de gente "buena"! El mundo necesita a gente "verdadera", no "buena" —y con evidentes señales de esfuerzo en la voz, termina—: Los "buenos" no pueden salvar el mundo... Sólo pueden aburrirlo... ¡Chingada madre!

Dejando a Pancho López en la intimidad de su retiro, podemos estar tranquilos en cuanto a que nuestro guía no se halla en contra de la "bondad". De hecho, la consecuencia de ser "verdaderos" es la "bondad", porque Dios es "bondad". Pero esto es otro asunto y viene después. Una cosa es cierta: no se puede mejorar el mundo simplemente imponiendo un modelo moral que cubra lo feo; sería como pensar en limpiar la casa escondiendo el polvo bajo la alfombra. No es una obra moral la que el mundo necesita. El mundo necesita un despertar de la conciencia.

Así como dijimos que todos los conflictos del mundo son el reflejo del conflicto interno con nosotros mismos, de la misma forma podemos decir que la realización de un mundo mejor es el reflejo de una paz y una armonía interiores que se irradian hacia el exterior. ¿Cómo puedes pensar en crear un mundo más pacífico si dentro de ti hay una guerra? ¿Cómo puedes pensar en ser bueno con los demás si contigo mismo eres un cabrón? Nótalo: tú nunca te dejas en paz: continuamente te juzgas, te criticas, te comparas con los demás, te castigas, te jalas y te empujas a un lado y al otro...

Para lograr un mundo más pacífico, el primer paso necesario es un acto de absoluto e incondicional amor hacia uno mismo. El resto viene solito. La única cosa que puedes hacer para realizar el sueño de un mundo mejor, que todos cultivamos alguna vez en lo profundo de nuestro corazón, consiste en que tú mismo te vuelvas un poco más humano.

Me parece obvio: lleva un poquito de paz en ti mismo y habrá mayor paz en el mundo; sé más compasivo contigo mismo y el mundo se volverá más compasivo; vuélvete más creativo y el mundo será más creativo; despierta la melodía del amor en tu corazón y el mundo será imperceptiblemente recorrido por la gran sinfonía del amor.

Pancho López sólo está tratando de cambiar un poco la frase de Bateson: "No puedes tocar una flor sin molestar una estrella", por: "No puedes tocar una flor sin excitar a una estrella".

Si piensas resolver los problemas del mundo en su totalidad y de golpe, es inevitable que te desanimes, y esto, como vimos, se vuelve una excusa perfecta para no hacer nada. ¿De qué sirve ahorrar unos pocos litros de agua cuando tu vecino se queda horas con la manguera abierta para lavar el coche? ¿De qué sirve tirar la lata de atún en el bote verde, y la cáscara de plátano en el bote café, cuando continentes enteros tiran basura a lo bestia? ¿De qué sirve no descargar el caño de mi casa en el río, cuando un ducto petrolero que se rompe envenena todo el Golfo de México?

Es verdad: desde el punto de vista lógico y de la matemática, ahorrar unos pocos litros de agua o construir una fosa biológica más no hace mucha diferencia para el planeta, pero hace una gran diferencia para ti. Tan sólo hacerlo te transforma. Simplemente, no pertenecer a la misma banda de gente que tú criticas, te transforma y te hace un poquito más consciente. Y por el famoso "efecto mariposa", si tú te vuelves más consciente, el mundo se volverá más consciente contigo.

Ser coherente con tu verdad y con lo que dices, más allá de las consideraciones lógicas, es el único rezo que Diosito ama escuchar. Ser coherente con tu verdad, con el corazón puro de un niño, es un batido de alas que imperceptiblemente, pero inevitablemente, contagia a los que están alrededor de ti, haciéndolos un poquito más conscientes; y volverse más consciente de los que están alrededor de ti es un batido de alas que no puede dejar de contagiar a los que están alrededor de los que están alrededor de ti… Y así sucesivamente. Un latido de alas por aquí y un latido de alas por allá… la brisa refrescante de la conciencia y del amor acariciará sin falta el rostro cansado de nuestro querido planeta.

Sin embargo, para lograr tan hermosos resultados, para tener en el mundo más paz, amor, aceptación, compasión, alegría, creatividad y gozo… para transformar a este mundo en el jardín del Edén que es, no basta con forzar nuevas reglas de comportamiento sobre los ya bastante sobrecargados humanos. Todas las reglas provocan resistencia. Y un mundo donde los comportamientos de la gente no son el libre y espontáneo reflejo de su conciencia, sino el resultado de una imposición autoritaria, se convierte inevitablemente en un mundo de esclavos. Esclavos más "civilizados", pero siempre esclavos, que cargan consigo la peligrosa bomba de la frustración y del resentimiento.

No: para la creación de un nuevo mundo es necesaria una nueva humanidad. Una humanidad que se desconecte de su horrible pasado. Una humanidad capaz de renacer y llevar a la luz su cualidad divina.

De aquí nace la absoluta necesidad de difundir en el mundo la sabiduría mexicana que Pancho López vierte con abundancia sobre nosotros. De aquí la incontenible urgencia de enseñar a todo el mundo los sagrados mantras mexicanos.

LA ANÁBASIS
(EL VIAJE HACIA EL INTERIOR)

Antes de revelar la milagrosa medicina que Pancho López tiene custodiada con tremendo recelo en unas notas escritas a pata de gallina en lo que queda de una agenda de Pemex de 1964, la cual tiene escondida bajo el colchón, es necesario gastar unas pocas palabras acerca de las consecuencias en nuestra vida interior de este proceso de deshumanización del cual somos víctimas.

Por eso, nuestro Virgilio nos guiará entre los recovecos de nuestra mente, mostrándonos las trampas que nos hacen caer a menudo en la oscura prisión de la inconsciencia.

La naturaleza de la mente

Un paso fundamental para descubrir el mensaje que Pancho López, durante una relajada ida de campo, nos quiere comunicar revelándonos los poderosos mantras mexicanos, consiste en entender la naturaleza de la mente. ¿Qué cosa es la mente?

—La primera cosa que tiene que entrar en tu cabeza de chorlito —nos dice amablemente mientras se da un atascón de habas crudas— es que tú no eres tu mente.

La primera vez que escuché esta expresión, francamente no entendí de qué estaba hablando. ¿Qué significa que yo no soy mi mente? Con el tiempo, meditando y familiarizándome más y más con el misterio de la existencia... y sobre todo, bajo las preciosas enseñanzas del maestro Pancho López, me resultó tan claro que hasta risa me dio.

Cuando naces, no tienes mente ni un diente. Y por un buen rato así te quedas: perfectamente vivo y perfectamente tú. Si puedes vivir unos meses de tu vida sin mente y sin un diente, significa una cosa simple e irrefutable: que, aun sin mente y sin dientes, tú eres tú.

Es obvio que los dientes son útiles, pero puedes vivir sin ellos, sin que tu esencia cambie... Claro, no tendrás una sonrisa de comercial y comerse una manzana se volverá un asunto de horas, pero puedes vivir sin ellos.

Funciona igual para la mente. De seguro la mente es un utilísimo instrumento y sin duda podemos declarar que más útil que los dientes, porque con la mente es posible construir una dentadura artificial, pero ¡prueba a construir una mente artificial con los dientes!

Más allá de las consideraciones filosóficas de Pancho López, un dato es cierto: si pudiste vivir sin mente durante los primeros años de tu vida, significa que esta mente no es una parte esencial de ti: es sólo una parte de ti, un instrumento útil, pero un instrumento y basta, como los dientes, las manos, las piernas, los pelos...

¿Los pelos? ¿Qué utilidad tienen los pelos? Diosito, ¡quita estos pinches pelos! Han pasado miles de años desde que no los usamos más. ¿No ves que siempre estamos quitándonos pelos de todos lados? Si en la noche de los tiempos nos fueron muy útiles para protegernos del frío, ¿cuál es el sentido de continuar teniéndolos ahora? Es como guardar en el clóset un abrigo que no se usa desde hace miles de años. Diosito, ¡ánimo! Uno debe tener el valor de liberar el clóset de lo que no se usa más. ¡Quita estos pinches pelos! ¡No, nooo! ¡¡¡Los cabellos no!!! ¡¡¡Dije los pelos: los pelos!!! ¡Chingao! ¡Demasiado tarde! Con la edad se está volviendo sordo.

Bueno, dejemos los pelos y los cabellos y regresemos a la mente.

Cuando naces, no tienes mente, y por un buen rato vives sin ningún tipo de mente. Como ya dijimos, si puedes vivir un periodo sin tu mente, significa que ésta no es parte integral del ser humano. La mente se forma después: es un fenómeno accidental, determinado por tu buena o mala suerte de nacer como parte de determinada familia, raza, nación y religión.

Nadie nace mexicano, italiano, japonés o turco. Al contrario, venimos programados. Repito: programados para ser mexicanos, italianos, japoneses o turcos.

La mente es como una computadora. De hecho, es una *biocomputer* susceptible de ser alimentada con la información que deseamos ponerle dentro.

Así, nuestra información sobre la mente es sólo nuestra en apariencia, pero en realidad depende de cómo la sociedad en que nacimos y crecimos quiso programarnos.

Si naces suizo, por ejemplo, te regalan de inmediato un bonito reloj y una barrita de chocolate; si naces mexicano, te ponen chile en el biberón; si naces israelí, te meten una pistola en los pañales; si naces iraní, antes de salir del hospital ya sabes quemar una bandera estadounidense... Y así por el estilo. Funciona según lo que deseen obtener de ti. Cuando un niño nace, la sociedad se pregunta: "¿Qué hacemos de éste? ¿Un católico? ¿Un judío? ¿Un musulmán?"

Y así empieza este proceso de programación que, durante tu niñez y tu adolescencia, continuando hasta tu edad adulta, te alimenta la mente con informaciones destinadas a transformarte en lo que la sociedad espera que seas.

Lo que sufrimos es un gradual envenenamiento de la conciencia. Tan gradual que, cuando llegamos a los 30 años, estamos muertos sin que siquiera nos hayamos dado cuenta. Después aguardan unas docenas de años más para finalmente llevarnos a nuestra tumbita y hacernos una bonita ceremonia, aunque espiritualmente ya estábamos muertos desde mucho antes. Por eso se dice que ésta es la tierra de los muertos vivientes y que todos nosotros somos zombis.

Había un dicho *hippie* de la década de 1970 que decía: *Never trust someone who is over 30* ("Nunca confíes en alguien mayor de 30 años"). ¿Por qué? Porque es un zombi: parece vivo, pero ya está muerto. Espiritualmente muerto. Hay unos que mueren mucho antes de los 30 y otros que llegan agonizando a terminar la universidad, y los ves como peces, rodeados de la árida conjura de las tradiciones y del prejuicio, braceando para mantenerse a flote en el que un día fue el océano sin límites de su individualidad; y cada día se vuelve más y más un charco fangoso, donde el lodo de las desilusiones, de las traiciones y de la soledad les quitan la esperanza de salvarse del destino de sus padres: quedarse moribundos, atorados en la tierra seca de la "normalidad", hasta que un olvido piadoso les borre la memoria.

Una enfermera burlona

¿Te parece que las ideas que tienes son tuyas? Cuanto antes te quites esta ilusión, será mejor.

Imaginemos que, cuando naciste, en lugar de quedarte en la familia y en la nación donde creciste te hubieran llevado a otra parte del mundo. ¿Piensas que serías la misma persona que eres hoy?

Imaginemos que, cuando naciste… en México, por poner un ejemplo, tu familia mexicana y católica te hubiera dado en adopción a una familia hindú de Calcuta. Tú serías siempre tú, como Diosito te hizo, pero ¿crees que serías la misma persona que eres? Obviamente no. Habrías sido programado de manera distinta, tendrías una *forma mentis* completamente diferente, patrones diferentes y una concepción del mundo y de la vida diferente… y en lugar de tener la visión de la Virgen de Guadalupe con Juan Diego de rodillas, la boca abierta por la sorpresa, tendrías la de Krishna tocando su flauta, sentado sobre una vaca sagrada cagando.

Como acabamos de decir, lo que tú piensas no son tus ideas; lo que piensas es únicamente el resultado de la forma en que fuiste programado.

Pongamos otro ejemplo más tragicómico… Francamente, más trágico que cómico.

Transportémonos a ese pedacito de tierra atormentada por el odio y la discordia que es Israel, e imaginemos que a una enfermera burlona del departamento de maternidad de un hospital de Jerusalén, todavía bajo el efecto del alcohol por el reventón de la noche anterior, se le ocurre hacer la broma de intercambiar los brazaletes de identificación de dos bebés recién nacidos, uno judío y el otro palestino, antes de echarse otra chelita con un colega, escondidos en el almacén entre sueros, vendas y otros medicamentos.

Como sabemos, estos pinches recién nacidos son todos iguales y no se distinguen uno de otro; por lo tanto, nadie se da cuenta del intercambio y, tras unos días, las dos familias, muy felices, regresan a sus casas con el niño equivocado.

Lo sensacional del asunto es que, al crecer, el niño judío se vuelve palestino, y el niño palestino se vuelve judío. El palestino te recita de memoria la Tora completita, y el judío declama el Corán con lágrimas en los ojos; el palestino se siente orgullosamente parte del pueblo elegido por Dios, y el judío se vuelve un devoto del islam… Al crecer, el palestino empieza a odiar a los palestinos, y el judío empieza a odiar a los judíos…. Y un tragicómico día, mientras el palestino, creyendo ser judío, irrumpe en una camioneta acorazada en un territorio palestino, desparramando terror y muerte entre sus propios hermanos palestinos, el judío, creyendo ser palestino, repleto de dinamita, se deja explotar en un centro comercial de Tel Aviv, gritando: *¡¡¡Allah Akbar!!!* ("Alá es el más grande"), repartiendo terror y muerte entre sus propios hermanos judíos.

¿Te das cuenta del absurdo? ¿Te das cuenta de la locura en que viven los humanos? Nadie sabe quién es, y todos corremos como *kamikazes* hacia un fracaso seguro.

Víctimas de la mente

Ahora, lo que pasa es que todos vivimos en función de lo que nos dice nuestra mente. Nótalo: es tu mente la que te dice qué es correcto y qué es equivocado, qué se hace y qué no se hace, qué conviene y qué no conviene, qué es oportuno y qué no lo es, qué debes sentir y qué no debes sentir… ¿Verdad?

Sin embargo, lo que te dice tu mente, como acabamos de ver, está determinado simplemente por el accidental programa educativo al cual fuiste sometido; no es expresión de lo que tú eres. Por lo tanto, si tu vida es el resultado de las elecciones que haces según lo que te dice tu mente, o sea, por efecto de este programa que alguien creó para ti, ¿no te parece que tu vida es más parecida a la de un robot que a la de un ser humano libre y consciente?

Si vives siguiendo lo que te dice tu mente, en realidad no estás viviendo tu vida ni puedes declarar que en verdad llevas una vida propia, como tampoco lo puede declarar un robot.

Si no te das cuenta de esto, estás destinado a vivir como una máquina, condenada a seguir toda su vida el mismo programa: ésta es la triste verdad.

¿Y cómo puede ser feliz un ser humano si es orillado a vivir como robot? ¿Si en lugar de vivir su vida, vive la que alguien más preparó para él? ¡Es obvio que experimenta un profundo y básico sentimiento de frustración! Y, de hecho, este sentimiento de frustración no sólo te pertenece a ti, sino a toda la humanidad. La frustración es la única cosa que nos hace a todos iguales, más allá del color de piel, la nacionalidad y la religión. No importa si eres poderoso o impotente, rico o pobre, feo o bonito: lo cierto es que te estás cocinando en el mismo caldero de la frustración, como todos los demás. Si todavía no se ha realizado en este planeta el principio democrático de que "la ley es igual para todos", sin duda podemos afirmar que no hay lugar en el mundo donde no se haya comprobado el principio de que "la frustración es igual para todos". La frustración es la expresión planetaria de la auténtica democracia.

El asunto es que nadie está contento con su vida. ¿Y sabes por qué? Porque todos creen estar viviendo su vida, mientras que de una forma u otra todos acabamos viviendo la vida de alguien más. ¡Nadie es el protagonista de su propia película! Al contrario, todos vivimos como un "extra" en la película de alguien más, aun cuando todos hayamos nacido con la gloriosa promesa de ser protagonistas, directores y guionistas de nuestra película personal que se llama vida.

Si vives en función de lo que te dice tu mente, el fracaso será cierto y fragoroso, como el del pobre judío y el pobre palestino, víctimas de la enfermera borracha. En realidad somos todos, de cualquier forma, víctimas de una enfermera borracha, porque ninguno de nosotros ocupa el lugar que debería ocupar en el misterioso diseño de la existencia. ¡Es tan obvio que desde el punto de vista existencial, desde el punto de vista de Dios, nadie es judío, palestino, católico o japonés!

¿A quién le importa la paz?

Todo mundo se llena la boca con esta palabra: paz. Dan premios Nobel por esto. Crean fundaciones, asociaciones, organizaciones, y convocan a simposios, conferencias, reuniones con vino, *mousse* de salmón, brochetas a la *caprese,* cubitos de tiramisú... ¿Para decirse qué cosa? Que "¡la guerra está mal!"

—¡No mames! —diría Pancho López—. ¡Qué argumento tan original! ¿Cómo se te ocurrió esta idea tan aguda? ¡¿Y organizaste todo este pinche rollo para decirme una cosa que me podías decir por teléfono?! Pero ¡¿qué digo?! ¡Ni siquiera un telefonazo! Un WhatsApp habría sido suficiente: "La guerra está mal". *Send.*

La verdad es que todo el mundo habla mucho contra la guerra, pero nadie hace nada para extirpar de raíz las razones que la generan. La semilla de la guerra se siembra en el momento que creas una división en las mentes de los humanos.

Una sociedad verdaderamente religiosa tendría como primera cosa que enseñar que los humanos son todos iguales, y que cualquier distinción es superficial y arbitraria. Al contrario, todas las sociedades y todas las religiones gastan un montón de tiempo y energía en fabricar distinciones, enseñando a los niños: "Cuidado, tú eres católico, no un pinche judío"; "Cuidado, tú eres judío, no un pinche musulmán"; "Cuidado, tú eres mexicano, no un pinche gringo..." Y te enseñan a respetar tu bandera y a despreciar la de los demás, a honrar tu religión y a ridiculizar la de los demás, a venerar a tus maestros como divinos, y a considerar a los maestros de los demás como blasfemos... Y hacen de todo para que te sientas orgulloso de ser francés, argentino, chino, y para que mires a todos los demás como "los otros". ¡Y te cuentan de ofensas centenarias! Te cuentan que:

—Los tatarabuelos de estos hijos de la chingada, que viven del otro lado del río, un día ¡¡¡ofendieron a nuestro santo!!! ¡¡¡Sí!!! Mientras nosotros festejábamos a san Crispino (que se lo pasas largo y te lo regresa fino), estos hijos de la chingada ¡¡¡nos enseñaron el trasero!!! Por eso a la siguiente noche nosotros cruzamos al otro lado del río, tomamos la estatua de su santo, san Ramiro (que aun si te mira no le sale el tiro), ¡¡¡y lo vestimos de mujer!!! Y estos malditos, una noche después, se vengaron ¡¡hundiéndonos todos nuestros barquitos, que acabábamos de pintar de azul!!, que es el color de nuestra bandera, ¡mucho más bonito que el color caca de su bandera! Por lo tanto, a la siguiente noche, en represalia nosotros…

Así, con tonterías semejantes se cultivan la separación, el odio y el sentimiento de venganza, los cuales duran por milenios. El amor es muy lábil. Basta una palabra equivocada y se va para siempre. Pero el odio no. El odio se cultiva. El odio se queda por milenios. Hay lugares en el mundo donde hoy en día la gente se odia, se pelea y se mata por cosas que pasaron hace miles de años… Y de repente te preguntas: "¿Cuál era el pedo? ¿Por qué mate a este güey?"

Esta gente, que habla tanto de paz, debería hablar menos y hacer algo. La primera cosa que se necesitaría hacer es eliminar en el mundo entero las banderas y los himnos nacionales.

Hay himnos que incluso son sangrientos. El francés, por ejemplo:

Marchemos, hijos de la patria,
que ha llegado el día de la gloria
el sangriento estandarte de la tiranía
está ya levantado contra nosotros.
¿No oís bramar por las campiñas
a esos feroces soldados?
Pues vienen a degollar
a nuestros hijos y a nuestras esposas.

¡A las armas, ciudadanos!
¡Formad vuestros batallones!
Marchemos, marchemos,
que una sangre impura
empape nuestros surcos.

¿Y el himno mexicano? Reflexiona un momento sobre las palabras, por favor:

Mexicanos, al grito de guerra
el acero aprestad y el bridón,
y retiemble en sus centros la tierra
al sonoro rugir del cañón.

¡Guerra, guerra sin tregua al que intente
de la patria manchar los blasones!
¡Guerra, guerra! Los patrios pendones
en las olas de sangre empapad.
¡Guerra, guerra! En el monte, en el valle
los cañones horrísonos truenen…

¿Te parece una canción para enseñar a los niños? ¿Una canción para cantar antes de un partido de futbol? ¿Y después nos escandalizamos si un jugador le da una patadita al adversario? ¿Nos sorprendemos de que nuestro amado México sea uno de los países más violentos del mundo? ¿De que Ciudad Juárez haya sido más peligrosa que Bagdad durante algunos años?

Aun si no todos los himnos son invitaciones tan explícitas a la guerra, de cualquier forma todos ponen gran énfasis en resaltar el sentimiento nacional, reforzando la idea de que, más allá de la línea arbitraria de las fronteras de tu nación, se encuentran los enemigos.

Si unos cantan su himno nacional honrando la bandera pakistaní de un lado de la frontera, y a pocos kilómetros hay otro grupo se imbéciles que cantan y honran la bandera de la India, has creado las premisas para una guerra que tarde o temprano explotará.

Si en verdad te interesara la paz, todos los símbolos que distinguen una tierra de la otra, una religión de la otra, una ideología de la otra, tendrían que ser absolutamente prohibidos. A los niños no se les tendría que enseñar nada que los llevara a sentirse separados o en conflicto con los demás. Al contrario, tendrían que ser educados para el respeto y el amor por aquello que es distinto a ellos. Todos los niños del mundo, cada mañana, en las escuelas de todo el mundo, no deberían cantar un himno nacional, sino un himno internacional, mundial, universal, cósmico. ¡El himno al amor! Algo del tipo:

Mis queridos hermanos del mundo
qué bonito es cantar para vos
y sentir justo junto a mi pecho
el latido de su corazón.

Por favor ven a mi casa,
hay comida y un hogar para dos.
Es hermoso mirarte a los ojos
y descubrir la sonrisa de Dios.

Mando besos a los niños del mundo,
aunque sean de cualquier color.
Bajos, altos, delgados y gorditos,
justo a todos les mando mi amor.

Niños blancos como una estrella,
niños negros como el color de la noche,
rojos, verdes, naranja o amarillos,
todos están dentro de mi corazón.

A mi vecino le abro mis brazos
pa' que juntos podamos bailar.
Y si un día se la pasa triste
venga aquí a mi pecho a llorar.

Qué bonito vestirnos de fiesta
e invitar a todo el mundo a venir,
porque lo que más que todo me gusta
es juntarme con todos a reír.

No más quejas, conflictos ni guerra,
no más lágrimas y no más dolor,
amo el mundo y amo la tierra,
amo el mar, el cielo azul y el amor.

Si toda esta gente que habla de paz estuviera en verdad interesada en lo que dice, tendría que agarrar todas las banderas, los himnos nacionales, los símbolos religiosos y políticos, y meterlos todos en el GMBH, el Gran Museo de la Barbarie Humana, un lugar para llevar a las nuevas generaciones a visitarlo, diciendo:

—Miren, éstos son los símbolos de cuando la humanidad era tan ignorante, bárbara y primitiva que pensaba estar dividida en bandos. Éstos son los símbolos que crearon infinito dolor y sufrimiento a nuestros ancestros.

La mente se nutre de lo que le das de comer. Si le das de comer guerra, conflictos y competencia, la mente se vuelve agresiva, se vuelve un monstruo; si le das de comer armonía y amor, la mente se vuelve un amigo agradable.

Al mirar la forma en que somos educados, parece que la sociedad prefiere crear más monstruos que amigos agradables. Pese a que todos siempre han hablado de paz, desde siempre hemos estado preparados para la guerra, hasta llegar al absurdo de hacer guerras para crear la paz, creando la más incongruente de las definiciones: la "guerra santa".

Dejemos de lado estas historias tristes y permitamos que nuestro Pancho López nos lleve un poco más profundo por los misterios de la mente. Él ya nos espera, mientras sopla con bíblica paciencia sobre un tlacoyo de chicharrón con queso para que se enfríe un poquito.

La mente es un manicomio

Si miras tu mente, verás que a cada momento le pasan miles de pendejadas. Si durante media hora fueras capaz de escribir en un papelito cuanto te pasa por la mente, al leerlo te darías cuenta de que estás completamente loco.

Tu mente es una pantalla donde pasa de todo sin ningún orden ni lógica: piensas una cosa y un momento después piensas totalmente lo opuesto; luego piensas otra cosa que anula la primera y la segunda. Haces una cuenta, la haces otra vez y la haces una vez más. Después te pasa por la cabeza un perro blanco que jamás habías visto, y te acuerdas de cuando ibas a la escuela, y te preguntas qué habría pasado si en lugar de estudiar Administración hubieras elegido Medicina, y empiezas a discutir tú solito con tu mamá, mientras sin ninguna razón pasa Jack Nicholson con una hacha en las manos persiguiendo al fantasma de Bin Laden, mientras las imágenes de las Torres Gemelas que se desploman al suelo son más vivas que en televisión. Después piensas que es mejor cambiar de casa, y un momento más tarde estás seguro de que la casa donde vives es mejor que la de tu prima, y que México es un gran país. E inmediatamente después, que es un país de la chingada…

Este fenómeno es continuo, y si reflexionas un momento, te darás cuenta de que es muy similar a un sueño. Por eso los maestros como Buda, Jesús, López y Bodhidharma nos dicen que dormimos.

Cuando escuché esta afirmación por primera vez, no la entendí ni de lejos, y dado que es posible que seas tan cabezón como yo, te daré un ejemplo para que se te quite cualquier duda al respecto.

Una realidad a ojos cerrados

¿Qué pasa en la noche cuando sueñas? Estás bien acomodadito y calientito en tu camita, la puerta de la casa está bien cerrada, todo es perfectamente seguro y estás durmiendo. Ésta es la realidad pura y sencilla tal cual, pero... empiezas a soñar...

Estás en tu carro en el periférico de la ciudad de México. Es viernes de quincena y llueve (una pesadilla que muchos mexicanos viven también a ojos abiertos). Los carros avanzan a vuelta de rueda, la lluvia aumenta y tu sentido de angustia, también. La lluvia es cada vez más fuerte, hasta inundar todos los carriles, que de pronto se transforman en un verdadero río. Tu carro empieza a flotar como un pequeño barco, rozando y chocando ligeramente con los otros coches-barcos... Tú, en tu cama, sin estar consciente de que se trata de un sueño, empiezas a cambiar tu respiración, y tu cuerpo se inquieta cuando la corriente aumenta y aumenta y los choques entre los coches se hacen más y más violentos, hasta que unos se vuelcan y la gente comienza a gritar... Inútilmente intentas mantener el control de tu coche-barco, mientras te das cuenta de que se acerca una bajada del periférico que casi forma una cascada y se traga sin piedad todos los coches que alcanzan el punto crítico... En la cama, tus músculos se tensan para evitar lo inevitable, como si todo fuera verdadero, y... ¡¡¡*Chuip!!!* Tú y tu coche son tragados por el remolino infernal. En una fracción de segundo te encuentras bajo las aguas del océano Pacífico (saben cómo son los sueños)... y el coche se hunde con rapidez en los abismos. Con todas tus fuerzas intentas abrir la ventanilla para salir, y mientras el agua entra por todas partes, tratas frenéticamente de liberarte del pinche cinturón de seguridad, que sólo te pones para evitar dar mordidas al policía de turno, que parece dedicar su vida y su profesión en exclusiva a sacar dinero ilegalmente a los pobres ciudadanos por inocentísimas infracciones. Parece que el pinchurriento cinturón de seguridad está atorado, y el tiempo pasa y el aire disminuye. Sientes los espasmos ante la falta de oxígeno y, sin darte cuenta, te retuerces en la cama como si todo esto fuera real, mientras envidias a todos esos peces que danzan con ligereza en la profundidad marina, mirándote con curiosidad a través de los vidrios, mientras convulsionas debido a la falta de aire: parece un acuario al revés. Estás al borde de la asfixia cuando un pez, el más feo de todos, gordito y casi hinchado, en un ataque de compasión, decide abrir la puerta del coche y pegar su boca grande y babosa sobre tus labios para practicarte respiración de boca a boca, así como viste en Discovery Channel. Sin embargo, allí la practicaba una señorita guapísima, y piensas que eres un pobre diablo, porque a ti nunca te pasa lo mismo que a los personajes de la televisión, y el máximo de la aventura que te puede pasar es enamorarte de la colega rechoncha de la oficina. Resistiendo las babas de este san Francisco del mundo marino, tomas aire, pero el asco es insoportable y alejas al viscoso salvador con una ingrata patada, arrepintiéndote de inmediato cuando lo ves darte la espalda e irse con la misma gracia con la cual, a veces, los gorditos saben bailar. Estás en un pedo... Casi sientes tus sentidos desvanecerse cuando, de repente, un delfín, que después del perro es el mejor amigo del hombre, te libera del cinturón con una sonrisa marina y, con un gesto de la cabeza, te invita a montarlo en la grupa. Aceptas sin titubear la invitación de esta especie de salvavidas del océano y montas en él como si fuera una motocicleta (sin ponerte el casco, porque en el fondo del mar, afortunadamente, no hay policías). El delfín, en definitiva un apasionado de la acrobacia, sube en vertical como una flecha, para después abismarse a toda velocidad, divirtiéndose al rozar las rocas del fondo marino, feliz como un niño sobre la montaña rusa. Tú, en tu cama, te haces chiquito, chiquito, haciendo unos rápidos movimientos de la cabeza para evitar las rocas puntiagudas, que en la realidad obviamente no existen… "¡Habría sido mejor ponerse el casco!", piensas. "¡El pinche policía tenía razón!" La emoción es tan fuerte que hasta te olvidas de que tienes el problema de respirar; pero al delfín no se le olvida, y después de una triple marometa mortal sube con toda su potencia hacia la superficie y brinca fuera del mar, rápido como un cohete (el casco habría sido en definitiva una buena idea). Al fin puedes respirar, mientras ves el mar debajo, que se aleja rápidamente, muy rápidamente… y continúas subiendo, subiendo, subiendo… "Este pinche delfín no parece tener ninguna intención de regresar. Pero ¿por qué hay plumas? ¿Un delfín con plumas? ¡No! ¡No es un delfín, sino un águila!" No es un águila, sino un delfín con plumas y alas que en las alturas del cielo mantiene el mismo temperamento acrobático que demostró en la profundidad del mar. "¡Aquí, más que el casco, se necesitaría un paracaídas!", piensas al ver la tierra alejarse a velocidad supersónica. Hace mucho frío y tu cuerpo tiembla en la cama, que en realidad está muy calientita. Las manos se te hielan y no puedes sujetar bien las plumas del delfín. A cada marometa del ave-pez se te revuelven las vísceras. Quieres gritar, pero la voz no te sale. Finalmente, el raro animal se libera de ti con un corcovo. Es el fin: sientes que tu cuerpo se precipita, la sensación del vacío… ¡Vas a moriiir! Quieres gritar, gritar… ¡¡¡Gritaaar…!!! De repente te despiertas y te encuentras sentado en la cama, jadeante y todo sudado.

Un sueño a ojos abiertos

Ahora, técnicamente, puedes decir que estás despierto. Miras el reloj y te das cuenta de que es tiempo de empezar tu día: bañarte, desayunar, llevar a tus hijos a la escuela, ir a trabajar, etcétera.

Mientras haces todas estas cosas, tu mente, la misma que produjo aquel sueño digno de Animal Planet, continúa masticando imágenes, palabras, consideraciones, recuerdos y proyectos. Y así, mientras haces todas las cosas que constituyen tu rutina diaria, empiezas a pensar:

"No debo más comer frijoles en la noche. Todas las veces que como frijoles, duermo mal y sueño cosas que hasta pena me da contar. ¡Pero no es mi culpa! Es culpa de este pendejo colega mío, que todas las veces insiste en invitarme a esa cantina, y no puedo resistirme a esos pinches frijoles charros que hacen como los hacía mi abuelita. ¡El verdadero problema es que no tengo carácter! Siempre me dejo convencer para hacer lo que no quiero… ¡También con mi esposa! Ya lo decía mi mamá: '¡Cuidado! todas las mujeres de esta familia tienen demasiados huevos'. Y mi suegra no sólo tiene huevos: según yo es un hombre con tacones. Pero ahora, ¡basta! ¡Hoy cambia la música! ¡En la noche le voy a enseñar quién tiene los pantalones en esta familia! Le voy a decir: '¡Desde hoy aquí mando yo! ¡Me voy y regreso cuando quiera, chingada madre!'. Sí, sí… me quiero ir de viaje. Un hombre verdadero se va de viaje y no le pide permiso a nadie. Me voy a ir… ¡con mi primo! ¡Sí, nos compraremos dos Harley Davidson para irnos a Arizona, donde no se usa casco y no hay policía para sobornar…! ¿O me voy con mi cuñado a Chiapas? ¡Sí, ésta es una buena idea! Me voy a Chiapas con él, nos compramos un rancho y construimos cabañas ecológicas para los pendejos ecologistas y nos forramos de lana… ¡Y también nos cogemos a las turistas! ¡Ésta sí que es una idea genial! Pero ¿y si me peleo con mi cuñado? El pinche güey tiene un genio de la chingada. ¿Después qué hacemos con la propiedad? Las sociedades son como los matrimonios, mejor tener cuidado. ¡Dos propiedades! ¡Ésta es la solución! Mucho mejor tener dos propiedades… El problema es que los gastos se multiplicarían… No, mejor hacer una sola sociedad, definitivo. Tenemos que hacer un contrato muy claro… aunque la verdad es que en mi cuñado no se puede confiar. Ya se sabe: parientes, serpientes… Pero ¿qué me importa? ¡Si se pone cabrón, me lo llevo al tribunal! Puedo llamar a mi compañero de la prepa, que ahora es uno de los mejores abogados de México, y en el juicio me voy a echar al asador a este hijo de su chingada madre. Y no me importa si la pendeja de mi hermana está loca por él, porque dice que se parece a… ¿cómo se llama este actor? ¿El que hizo *La supremacía Bourne*? No, DiCaprio no, el otro… ¡Lástima que no han hecho el cuarto episodio de *La supremacía Bourne*! ¿Por qué hacen siempre tres episodios y no más? De *Matrix* son tres, de *El señor de los anillos* son tres… pero de *Star Wars* son seis, y de *Kill Bill* dos… ¡Ah, no, dijeron que van a hacer la tres! Tres es el número perfecto… como los tres mosqueteros, los reyes magos, la Santísima Trinidad, los tres cochinitos, los tres chiflados…"

Y así te pasas el día. ¿Puedes decir que estás despierto? ¿Puedes decir que en verdad estás viviendo? Sería mejor decir que eres un sonámbulo. La vida está pasando frente a ti. Tu hijo te cuenta sus importantísimos logros en la escuela, una sabrosa comida te guiña el ojo en la mesa, Dios se está esmerando con una bellísima puesta de sol… y tú sueñas con Harley Davidsons, cabañas ecológicas, turistas rubias y los tres cochinitos; te peleas con el colega que te lleva a la cantina, con tu esposa que tiene demasiados huevos, y llamas por teléfono al abogado compañero de la prepa para litigar en juicio contra el hijo de la chingada de tu cuñado que se parece a Matt Damon (¡*École*, así se llama!), por una propiedad en Chiapas que no existe, ni existió ¡¡¡y jamás existirá!!! Porque todo esto es un sueño.

Un extraterrestre me dijo

Si no estás atento a la mente, en verdad te arriesgas a desperdiciar la vida por pendejadas. Porque sólo puedes vivir la vida si estás presente, no si duermes. A Dios sólo puedes encontrarlo si estás presente, no si sueñas. ¿Cómo puedes encontrar a Dios si vives perdido en tus fantasías? Dios no es una fantasía ni forma parte de tus sueños. Dios es parte de la realidad o, mejor dicho: no hay nada de la realidad que no sea Dios. Todo es divino.

Sin embargo, los humanos continúan buscando a Dios en lugares especiales que con frecuencia huelen a viejo y a moho, entre imágenes tétricas que espantan a los niños, mientras Él agita los brazos por todas partes para hacerse notar. ¡Y nadie lo nota! ¡Diosito no sabe qué más hacer para hacerse notar! Se disfraza de flor, se disfraza de sol, de árbol, de niño, de viejito… hasta de payaso de esquina se disfraza, haciendo marometas bajo un sol de verano que le derrite el maquillaje, e incluso llega a meterse unos globos enormes en los pantalones para hacernos reír con su traserote; y mientras trata de dar el golpe con sus malabares y te mira sonriente con la esperanza de recibir un aplauso, tú lo buscas con expresiones contritas en la iglesia, en el templo, en el minarete, en la sinagoga y en los libros sagrados. Al pobre Diosito le vino la depresión… y no hay nada más triste que un payaso de esquina triste.

Tengo un amigo extraterrestre… Sí, un amigo que me visita de otro planeta y que, al llegar a la Tierra, vino de visita a México. Después de un mes de turismo mochilero regresó a mi casa para descansar un poco, antes de emprender su largo viaje de regreso a casa, que le llevará 15 años. Y así, cómodamente sentado en el sofá de mi casa, paladeando con elegancia un caballito de gasolina con sangrita (es lo que toman en su planeta), me contaba que entre las tantas rarezas de los seres humanos, la que más lo impresionó era la gran cantidad de gente a la que le gustan los muertos.

—¿Gente a la que le gustan los muertos? —le pregunté, curioso—. ¿Qué quieres decir?

—Sí, toda esa gente que va a esos lugares donde exponen pinturas y estatuas de gente muerta bajo tortura…

—No, mi querido Xπt2μΩ3kkçå228ßœ —éste es su diminutivo—. ¿De qué me hablas? En este planeta la necrofilia está prohibida.

—¡Pero te digo que sí! Hay clubes de esta gente por todas partes. ¿Y sabes qué es lo más increíble? ¡No lo vas a creer!

—¿Qué?

—¡Que también llevan a los niños!

—Xπt2μΩ3kkçå228ßœ, ¿qué te metiste cuando fuiste a Palenque? ¡Te dije que no comieras champiñones por allí, porque no son propiamente champiñones!

—No comí champiñones. ¡Lo vi de verdad! —insistió—. ¡No estoy alucinando! Todos los domingos, familias enteras se visten bien y van a estos lugares tétricos a mirar la estatua de un pobre güey todo madreado y colgado de una cruz.

—¡Oh, madre de Dios! Pero ¿qué clase de barbaridad estás diciendo? ¡Ésas son las iglesias! ¡Los lugares donde los humanos, en esta parte del planeta, adoran a Dios!

—¿A un dios muerto?

—Escúchame bien, pinche Xπt2μΩ3kkçå228ßœ, por favor, termínate tu caballito de gasolina y regrésate a tu planeta antes de que alguien te escuche.

—¿Por qué, qué dije de malo?

—Dijiste mucho de malo. Aquí la gente religiosa no tiene mucho sentido del humor y no le gustan las críticas.

—Explícate, por favor —me dijo con ojos curiosos, que más que ojos parecían dos medios aguacates pegados a la cara.

Entonces yo, con santa paciencia, le expliqué toda la historia de Jesús: que era el hijo de Dios, que lo crucificaron hace dos mil años y que por eso los devotos de esta religión crearon esas iglesias, para que la gente se recoja en plegaria, alabando a Dios y recordando el suplicio de su hijo.

Él me miró, sacando aún más sus aguacates por la sorpresa, y me dijo:

—Esto me parece verdaderamente absurdo. ¿Y ellos piensan encontrar a Dios en esos lugares?

—¡Claro! ¿Dónde más?

—¡En cualquier lugar menos allí! –dijo, animándose vistosamente—. ¡Si yo fuera Dios, el último lugar a donde iría sería la iglesia!

—¿Por qué?

—Disculpa, ¡ponte en sus zapatos! Si tú fueras Él, ¿por qué tendrías que ir allí para ver las imágenes de tu hijo brutalmente torturado y colgado en la cruz? Además, me parece una falta de discreción. ¡Vamos! Si uno tiene una desgracia en la familia y le crucifican al hijo, no es bonito que por dos mil años haya gente exponiendo tu tragedia a todo el mundo, pintando cuadros y construyendo estatuas de tu hijo semidesnudo, con feas pelucas ensangrentadas —y calentándose, continuó—. ¡Ésta es una invasión a la privacidad familiar! ¡Un poco de discreción, por favor! De seguro Dios está diciendo: "¡Basta de hablar de mi hijo! Hablen de los suyos… ¡Por Dios!". Y encima, ¡llevar a los niños allí para que miren las imágenes de tu tragedia familiar!

Estaba claro que la gasolina, o la sangrita, empezaban a hacer sus efectos, porque mientras más hablaba, más gritaba, golpeando con los puños en la mesa

—Si yo fuera Él, los demandaría a todos por invasión a la vida privada… ¡¡¡Putísima madre!!! Es una vergüenza que…

Tuve que agarrarlo con fuerza, ponerlo en su cohete espacial, prender la mecha y hacerlo volar hacia el espacio, esperando haber adivinado la dirección correcta. No se puede tener en casa a tal clase de irreverente… Lo más fácil es que te enteres de que hospedar a este tipo de gente está prohibido y que es posible que te saquen del planeta, como yo saqué a Xπt2μΩ3kkçå228ßœ.

Sin embargo, me quedé pensando que, en efecto, recordar a Jesús por su muerte brutal da una idea acerca de Él como una persona triste que vivió sufriendo y renunciando. Y esto de seguro no corresponde a la realidad. Jesús era una persona alegre. Jesús no atraía hacia Él a viejitos con un pie en la tumba ni a ciudadanos respetables. Ese tipo de gente iba a la sinagoga. ¡Jesús no era de hueva! De lo contrario jamás habría seducido con su presencia a borrachos, putas, apostadores… ¡Jesús estaba a toda madre! Según lo que dice Pancho López, que probablemente ya arde en las flamas del infierno, la comitiva de Jesús ¡se la pasaba poca madre! Los aspectos más relevantes de su paso por este planeta son su poesía, su compasión, su aceptación incondicional, su valor, su voz de trueno cuando corrió a los cambistas del templo de Jerusalén, su alegría, su sonrisa eterna y sus fiestas a base de vino…

Esto caracteriza a la figura de Jesús, no su muerte. Para recordarlo, sería mucho mejor que, en lugar de la cruz, los cristianos llevaran colgada al cuello una botellita de vino tinto. Además, la idea de llevar colgada al cuello la cruz es absurda, porque, como dijo Lenny Bruce, un provocativo cabaretista estadounidense de la década de 1950, muerto por sobredosis: "¿Se dan cuenta de que si Jesús hubiera sido ajusticiado en Estados Unidos, todos llevaríamos colgada al cuello una silla eléctrica?". Y yo agrego: ¿se dan cuenta de que, si así fuera, al entrar en la iglesia, en lugar de persignarnos, tendríamos que sacudirnos como si recibiéramos una descarga eléctrica?

Estamos tan acostumbrados a repetir costumbres antiguas sin espíritu crítico alguno, que resulta obvio que, visto desde fuera, el mundo en que vivimos parece de locos.

Por eso Pancho López, como todos los maestros de la historia, nos invita a despertar. No se trata de ser mejores; se trata sólo de despertar del sueño de nuestra mente. De lo contrario te arriesgas a vivir como un Don Quijote, que dedica sus acciones a una Dulcinea del Toboso que no tiene idea de que él existe, o que pelea contra molinos de viento subidos al rango de peligrosos enemigos que sólo él ve.

Así, el primer paso para ser introducidos en el mundo maravilloso de los mantras mexicanos consiste en darse cuenta del mundo irreal que crea la mente.

Una casa sin amo

La mente es un fenómeno delicado de entender, ya que por un lado es utilísima y, por el otro, peligrosísima. La mente resulta fantástica cuando es un instrumento en tus manos. Con la mente construimos un mundo más y más confortable, cómodo, seguro y estéticamente bello. La mente nos permite inventar y usar cosas que han hecho la vida de los humanos mucho más increíble que los más fantasiosos sueños de nuestros antepasados. La tecnología, resultado de la mente humana, nos permite casi no tener que trabajar más; nos permite recorrer en horas distancias que antes requerían meses, comunicarnos en tiempo real con todos los seres humanos del mundo... Todo esto es resultado de la mente. Cuando la mente es un instrumento en tus manos, se vuelve una herramienta extraordinaria: la herramienta que Diosito nos regaló para permitirnos inventar formas mejores para vivir.

El problema es que por lo general no es la mente la que está a tu servicio, sino al revés: tú te pusiste al servicio de tu mente. Es ésta la que te maneja a ti, y no tú a ella. Es la mente la que te dice qué debes hacer y cómo hacerlo. De ser tu sirviente, se convirtió en tu patrona, en tu tirana. Gurdjeff dice que la situación del ser humano es la de una casa donde los sirvientes tomaron el control. No hay amo. Hay un desmadre.

Hay una historia que representa muy bien la situación entre tú y tu mente.

Érase una vez un señor que vivía en un palacio muy grande, con muchos sirvientes: había unos a cargo de la limpieza, otros del jardín, unos más de la cocina, unos de la administración doméstica y otros de la seguridad... Y así, para cada uno de los muchísimos aspectos en el manejo del palacio. Todo funcionaba a la perfección. El amo estaba al mando, y todos los sirvientes cumplían con sus deberes a la perfección.

Sucedió que el amo necesitaba salir a un largo viaje al otro continente, el cual lo tendría lejos del palacio por unos años. Por lo tanto, recomendó que todos los sirvientes mantuvieran las funciones del palacio vivas y eficientes, justo como si él estuviera allí. Saludó a todos y partió.

Los sirvientes, que eran muy buenos sirvientes, se atuvieron con escrúpulo a las disposiciones del amo... pero ya se sabe cómo es la naturaleza humana. Después de unas semanas se empezaron a notar los primeros signos de descuido: en los rincones de las habitaciones la limpieza era un poquito menos rigurosa; arriba de los marcos de los cuadros familiares se empezaba a formar un sutil velo de polvo, y unas hojas secas empezaban a quedarse en los caminitos secundarios del jardín. Después de unos meses se notaba ya una ventana con el vidrio roto; los bellísimos pisos de mayólica azul y amarilla no estaban tan brillantes como antes; el polvo daba un aspecto opaco al edificio entero, y en el jardín la hierba había crecido tan alta que empezaba a convertirse en el refugio de animales selváticos. Después de unos años, el palacio estaba irreconocible y los sirvientes incluso se habían olvidado por completo de la existencia de su amo.

El viaje del amo duró muchos años, pero, como todas las cosas, un bonito día terminó.

Cuando llegó a su palacio, a la entrada del jardín, fumando un cigarro, estaba uno de sus sirvientes, que ni siquiera lo reconoció. El palacio estaba todo sucio. La mayoría de las ventanas se habían roto, y enormes telarañas decoraban tétricamente los muros exteriores. El jardín se había vuelto una selva habitada por perros callejeros, gatos y miles de ratas que vivían con alegría entre la basura, tirada por todas partes.

El amo se acercó al sirviente, que, fumando perezosamente su cigarro, estaba apoyado en una reja rota y oxidada del jardín, vestido con lo que le quedaba del elegante uniforme del cual un día había estado tan orgulloso, y le preguntó:

—¿Quién es el dueño de esta casa?

—El día de hoy soy yo — le contesto, impertérrito, mientras dibujaba con la boca artísticas volutas de humo.

—¿Qué significa "el día de hoy"?

—La historia es que, después de un rato que el patrón se fue de viaje, nos empezamos a pelear entre los sirvientes porque cada uno quería mandar. Para no tener problemas, acordamos que cada uno mandara un día. Hoy me toca a mí.

Ésta es la situación que vivimos con nuestra mente. Somos como un palacio donde, a falta del amo, los sirvientes hacen lo que quieren. Por eso vivimos entre un gran desmadre. Cada día hay una diferente parte de ti que manda. Un día es tu papá, un día tu mamá, un día el hombre sabio, un día el criminal, un día el héroe y un día el cobarde.

La mente está hecha de partes que, como los sirvientes del palacio, se pelean entre ellas. Y a cada momento gana una parte sobre las demás y toma el mando de la situación, decidiendo en tu lugar. Tu mente cambia en forma constante y tú continuamente estás a merced de la tiranía del sirviente de turno que maneja tu vida. Falta el amo de la casa. Faltas tú.

Éste es el propósito de la preciosa enseñanza que Pancho López nos regala entre momentos de relax en el sofá del cuñado y deliciosas horas asomado a la ventana, mirando afuera: restituirnos el mando de la casa.

De útil sirviente a tirana despiadada

La mente, que potencialmente es un preciosísimo instrumento para crear orden y belleza, se vuelve una tirana que te somete a la confusión y a la fealdad.

La mente es un instrumento al igual que mis piernas o mis manos, y como tal tendría que ser usada. Cuando quiero caminar, uso las piernas, y cuando quiero estar sentado, dejo mis piernas allí, a la espera de que me sirvan otra vez. Lo mismo tendría que ocurrir con la mente: si necesito acordarme de cómo regresar a casa, si tengo que arreglar la llanta del coche, si debo calcular cuánto hay que dejar de propina en el restaurante, uso la mente (o el iPhone). Si no tengo que hacer ninguna de estas cosas para las cuales se requiere la mente, tendría que estar silenciosa y quieta como mis piernas.

Si, por ejemplo, estás relajado con tu amada en el sofá, si estás jugando con tus hijos o con tus amigos, o simplemente estás paseando por el campo o mirando la luna que nace en el horizonte, la mente no es necesaria en lo absoluto. Esto lógicamente es fácil de entender, pero en realidad las cosas ocurren de forma distinta.

Cualquier cosa que hagas o no hagas, la mente estará allí para torturarte: tu hijo te habla y tú piensan en el incompetente de tu colega que no ha retirado la factura; estás con un amigo y te preguntas si te vestiste de manera apropiada, y dónde chingaos está la camisa guinda con rayas naranjas que no encuentras desde meses atrás, y cuando haces el amor con tu esposa... o con la esposa del vecino, tratas de recordar dónde estacionaste el coche, y cuando no estás haciendo nada, te la pasas recordando cosas, haciendo proyectos, imaginando conversaciones y discusiones con uno y con otro, o preguntándote: "¿Dónde está y qué está haciendo aquel cabrón de mi esposo?"

Es una situación que pareciera normal, pero que resulta absurda. Sería como si tus piernas, mientras estás sentado en un cine, justo cuando se está por descubrir al asesino, decidieran autónomamente darse una vuelta, llevándote contra tu voluntad al área de las palomitas. Si no estás a cargo de ti mismo, jamás descubrirás quién es el asesino.

A la luz de estas consideraciones, entenderás que el ser humano se encuentra muy lejos de definirse como libre: el ser humano es esclavo de este fenómeno que llamamos mente.

¿Qué hacer?

No todas las generaciones fueron tan afortunadas como aquella que, en la India, tuvo el honor de estar sentada en presencia de Buda, o que en China se paseó con Lao Tse, o que en Palestina iba a las fiestas de Jesús, o que hablaba con los pájaros al lado de san Francisco. Sin embargo, nosotros también podemos considerarnos igualmente afortunados, porque somos testigos del mensaje de sabiduría universal que decidió manifestarse en este mundo a través de Pancho López, nuestro elegante guía que, mientras se traga de un jalón una botella de refresco de dos litros, se prepara a revelarnos las fórmulas que la cultura mexicana regala a la humanidad por medio de su eminente testimonio.

Aprovechando su infinita sabiduría, seremos introducidos a los misterios gloriosos de los mantras mexicanos, esta infalible medicina del espíritu que nos permitirá liberarnos para siempre de las cadenas de la ignorancia.

Siguiendo el sagrado recorrido de los cuatro mantras mexicanos, todos alcanzaremos las cumbres más elevadas de la conciencia humana. Todos podremos quemar nuestro karma, realizar la total liberación, ser iluminados por la presencia de Dios… y finalmente podremos descubrir quién era el pinche asesino.

SEGUNDA PARTE

LA MEDICINA

Hay muchas enfermedades,
pero la meditación es la única medicina.
OSHO

Riepílogo

Ha llegado al fin el momento de revelarte los secretos gloriosos de los mantras mexicanos. Sé que todavía piensas que simplemente nos estamos burlando de nosotros mismos y que los mantras son un producto típico de la sabiduría del Oriente, pero siento decirte que te equivocas: también México posee mantras poderosísimos, capaces de transformar la vida de millones de personas y contribuir a un despertar de la conciencia sin precedentes en la historia de la humanidad.

Antes de adentrarnos en estas preciosas enseñanzas, es mejor resumir un poco lo que discutimos hasta aquí, porque lo hecho por Pancho López hasta ahora, más que un relato, me parece un relajo. Entonces:

- Nacemos como única e irrepetible expresión del misterio de la existencia; un ser que jamás apareció antes y nunca aparecerá después.
- Los alquimistas "Patas Pa' Arriba", con unas hábiles movidas, convierten el noble "proceso educativo" en el pedestre "adiestramiento del pastor alemán", transformándote en un pinche Vocho... que en otros términos significa quitarte cuanto posees de original para convertirte en un fenómeno de masa.
- Tú, en una heroica defensa de ti mismo, resistes con todas tus fuerzas a esta horrible conjura que urden contra ti, tratando, incluso cuando puedes, de defender quien eres.
- Para reprimir todo lo natural en ti, la sociedad recurre a antiguos métodos de convencimiento, comprobados por siglos de

experiencia (algunos de los cuales han sido vetados por la Convención de Ginebra), como la amenaza, el chantaje, el engaño, la seducción, los castigos corporales, las torturas, la reclusión, la manipulación, la mentira…, y otros métodos fantasiosos.

- Incapaz de resistirte a estos argumentos, llega el momento que Pancho López denomina con la elegante expresión de "ya se chingó el asunto", cuando las circunstancias te obligan a abandonarte a ti mismo y a empezar a fingir ser alguien más funcional para la sociedad, a modo de sobrevivir a la banda de neuróticos entre la que estás condenado a vivir durante los primeros años de tu vida.

- Este alejamiento de ti mismo te lleva gradualmente a sentirte separado de los demás, separado del mundo y separado de Dios, y crea una situación de aislamiento y de conflicto permanente dentro y fuera de ti.

- Para cubrir todo el desmadre que llevas dentro de ti, creas máscaras que sean aceptadas por la sociedad, fomentando aún más el proceso de desconexión contigo mismo.

- Al estar desconectado de ti mismo, es imposible crecer y evolucionar como un ser más maduro y consciente, debido a la famosa ley del "poste de la luz no crece".

- Por todas estas razones, te vuelves un ser traumado, reprimido, amargado, triste, desconectado, frustrado… y, obviamente, encabronado como una bestia.

- Por lo tanto, estás listo para volverte tú también un alquimista "Patas Pa' Arriba", con la preparación suficiente para adiestrar a las nuevas generaciones y perpetuar tus gloriosas tradiciones por los siglos de los siglos, amén.

Es evidente que la situación resulta triste. Algo tiene que hacerse.

¡ME VALE MADRES!
EL MANTRA DEL DESAPEGO

¡Me Vale Madres! es el sonido sagrado que retumba sobre la vuelta celeste que corresponde al territorio mexicano; se ha impregnado en las estrellas, que continuamente nos mandan este mensaje: ¡Me Vale Madres! ¡Me Vale Madres! ¡Me Vale Madres! Todos podemos escuchar esta silenciosa, eterna letanía, pero sólo algunos elegidos, como Pancho López, en huaraches como Buda y Jesús, son capaces de apreciar su profundo mensaje espiritual.

Nuestro gran privilegio es ser receptores directos de estos antiguos secretos, y tan afortunados de conducir nuestro viaje hacia el *Moksha* (la liberación), aprendiendo y practicando los mantras mexicanos bajo la enseñanza directa de semejante maestro.

En la primera parte del libro, observamos cómo vivimos cargados de conceptos que, acumulados a lo largo de nuestro crecimiento, nos proporcionan una idea de lo que tendríamos que ser para ganar la aceptación de la sociedad o sobrevivir a sus ataques. Esto te impide ser quien eres, que al final es el objetivo definitivo de nuestro viaje espiritual en la búsqueda de lo que se perdió entre la selva de reglas, prejuicios, dogmas, miedos, deseos y expectativas en que nuestro ser ha quedado enredado.

El mantra mexicano ¡Me Vale Madres!, el "mantra del desapego", es el machete que nos abrirá el camino entre la selva de ideas y prejuicios que nos atan y nos impiden ser quienes somos, y al mismo tiempo nos permite ascender a los reinos más elevados de la conciencia humana.

Pero ¿qué cosa es lo que nos ata?

El mítico "él"

En el origen está siempre la infeliz soberbia, obra de los alquimistas "Patas Pa' Arriba".

Ya vimos que, cuando vienes al mundo, te sientes por completo relajado y a gusto contigo mismo. Cuando eres niño, Dios se expresa a través de ti a cada rato: cuando algo te gusta, la sonrisa de Dios se asoma en tus labios; cuando algo te falta, las lágrimas de Dios afloran en tus ojos; si algo te molesta, el rugido de Dios brota de tu garganta; y si algo te alegra, la canción de Dios recorre las células de tu cuerpo. Todo es relajado, todo es divino y todo es importante. Un pinche papelito se vuelve un mundo increíble por descubrir; la posesión de un insignificante juguete se vuelve cuestión de vida o muerte, y un mugroso osito de peluche se convierte en tu hermano de sangre. Todo es tremendamente importante.

Sin embargo, sufriendo las continuas interferencias y las críticas del mundo de los adultos (la sociedad), este sereno flujo de la vitalidad se altera y, a pesar de nuestra heroica resistencia, inevitablemente llega el triste momento que llamamos "ya se chingó el asunto", cuando nos rendimos al hecho de que así como somos no seremos aceptados, con todas las consecuencias que implica. Por lo tanto te dices: "¡Putísima madre! ¡Si yo no fuera lo que soy, todo sería perfecto! ¡Soy puro error! Necesito hacer algo, cambiar, ¡absolutamente debo volverme algo diferente de lo que soy! ¡Cualquier cosa menos yo!"

Y así empiezas a formarte una idea acerca de cómo tendrías que ser para vivir tranquilo, sin sentir el dolor de las críticas de los demás; cómo tendrías que ser para defenderte de los ataques del exterior, ser apreciado, sentirte amado y no sufrir. Así se crea en tu mente un "ideal".

Una vez que has creado en tu mente la fantasía de este "ser ideal" que tendrías que ser, te pasas la vida intentando volverte ese algo que no eres: este mítico él, un personaje capaz de lidiar con la vida, que sabe controlar sus emociones, que sabe defenderse, medir las palabras, cómo mirar y mover el cuerpo de manera adecuada para infundir respeto, espantar, seducir... Este personaje fantástico sin miedo, invulnerable a los ataques. Este personaje capaz de conquistar la atención de las masas o de volverse invisible cuando quiere, según las necesidades. Este héroe capaz de defender a los demás o de quedarse totalmente insensible al sufrimiento ajeno. Este conquistador capaz de fatigas y renuncias inhumanas para lograr un objetivo...

Es obvio que este ideal es la creación de un personaje de película de cuarta categoría, que no existe y que, sobre todo, no eres tú, y por lo tanto nunca lo podrás alcanzar. Trabajando duro a lo mejor podrás volverte un profesionista de la mentira y aprender a hacer creer a los demás que tú eres este mágico él. Pero dentro de ti sabes que tú eres simplemente tú y, a pesar de cuantos esfuerzos hagas, estás muy lejos de ser este hombre o esta mujer ideal que pretendes ser. Por eso empiezas a odiarte: te odias por no ser capaz de ser lo que no eres.

¿Te das cuenta de lo absurdo de la situación? Te odias por ser lo que eres y, además, te odias por ser incapaz de ser alguien que no eres. Éste es el origen de tu sentimiento de inadecuación, de tus problemas de autoestima, de tu continua tensión, y del hecho de que la vida te parezca más una condena que una oportunidad.

¿Cómo puedes tener respeto por ti mismo si en lo más profundo sabes que eres un transa? ¿Cómo puedes amarte si sabes que, aun si te las arreglaste para mantener tu dignidad ante la sociedad, la perdiste frente a Dios? ¿Cómo puedes tener estima por ti mismo si sabes que vendiste tu alma al diablo?

Y vivimos entrampados en este conflicto maléfico, sin darnos cuenta de que no hay nada equivocado con nosotros. Sólo fuimos víctimas de ideas equivocadas, inculcadas por la gente equivocada.

¡Vamos! ¿Cómo es posible que todo sea perfecto y justamente tú estés equivocado? ¿Cómo es posible que Diosito haya sido tan chingón en todo, mientras que contigo demostró ser un perfecto incapaz? Además, ¿quién te dio esta idea de que así como eres no estás bien? ¿Quiénes son esos grandes sabios que te inculcaron semejante convicción? ¡Mira sus vidas, mira sus contradicciones, mira sus mentiras, mira su violencia y su egoísmo! Y tú, en función de críticas de gente de esta clase, ¿renunciaste a ti mismo, jodiéndote la vida para convertirte en alguien más? ¿Te das cuenta del absurdo?

Por eso Pancho López, con su infinita compasión, nos incita a una toma de conciencia, a un despertar. Lo veo imponente, encima de unas cajas de cerveza vacías, con su camiseta blanca y los pantaloncitos cortos, mientras nos arenga con sus palabras de sabiduría, levantando el dedo hacia nosotros desde su improvisado púlpito:

—¡Despierta, cabrón! ¡No mames! ¿No ves que te están chingando? La neta estás bien jodido. ¡No te hagas güey! ¡Ya chole con lo mismo! ¡Éstas son chingaderas! ¡Órale, carnal! ¡Saca los huevos y basta de pendejadas! —y otras sutiles palabras de motivación.

El bendito mantra mexicano de ¡Me Vale Madres! es un "sanalotodo" que te ayuda a soltar ese ridículo conflicto interior por querer ser alguien diferente, para restituirte el derecho, la dignidad y el orgullo de ser tú mismo.

Por eso, cuando descubres que te estás criticando por ser como eres, cuando empiezas a odiarte porque no puedes ser este mítico él que te gustaría ser, cuando te sientes inadecuado para lo que necesitas enfrentar, reza: ¡Me Vale Madres! ¡Me Vale Madres! ¡Me Vale Madres!, y la sonrisa de Dios volverá a aflorar en ti, manifestándote toda su simpatía.

Renunciar a ti mismo es un daño insanable para la armonía universal. La apuesta en juego es muy alta, y va mucho más allá de los efectos nefastos que puede tener en tu vida personal. Y esto lo veremos pronto… esperando que a Pancho López no se le confundan las ideas.

Una armonía perfecta

Como ya dijimos, tú eres un fenómeno único e irrepetible... y Dios no hace nada sin sentido. Si Diosito te hizo como te hizo, Él sabrá bien por qué. Diosito no es un pendejo.

Mira la perfección de su creación: un sencillo pero complicadísimo mecanismo que sucede en las plantas, la fotosíntesis clorofiliana, interactuando con el eterno juego entre sol y agua, permite la vida en este planeta.

¿Qué hace la planta? Primero, absorbe anhídrido carbónico y agua para transformarlos en azúcares y oxígeno, que usa para su propia vida. Después, lo que le sobra de oxígeno, que es un chingo, lo libera en el aire, permitiendo la vida a todas las formas vivientes, y el azúcar que produce y guarda es la base de la cadena alimenticia. Mira entonces qué bonita es la danza de Dios: el sol evapora el agua del mar, se crean las nubes, las nubes sueltan la lluvia, la lluvia llena los ríos y los lagos, éstos humedecen la tierra, la tierra suelta el agua a las plantas, las plantas crean el oxígeno, el oxígeno permite la vida de los animales, los animales, para agradecer a las plantas, se las comen sin pensarlo dos veces, a otros animales que no les gusta la ensalada porque son carnívoros, sin pensarlo ni una vez, se comen a los animales vegetarianos, y los hombres, sin pensarlo para nada, se comen a vegetarianos, carnívoros y ensaladas... y a veces incluso se comen entre ellos. Los desechos de los animales fertilizan la tierra generando minerales; las plantas, comiendo los minerales y juntándolos con el agua, absorben los rayos del sol y liberan el oxígeno que permite vivir a los animales que comen plantas... y así de vuelta en el restaurante cósmico de Diosito, por los eones de los eones, amén.

Y después están las abejas. ¡¡¡Las abejas!!! ¡No imaginas cuán importante es este pinche animalito! La abeja, con su disfracito de carnaval negro y amarillo, pasando de una flor a la otra, permite el mágico fenómeno de la polinización, que corresponde al encuentro sexual entre las plantas. ¿Qué hace la pinche abeja? Entra en una florecita a chuparse todo el polen hasta el final; después, toda sucia de polen, va a buscarse otra florecita a la cual chuparse. Pero ¿qué pasa? El polen de la flor de antes, que contiene las células sexuales masculinas, al entrar en contacto con las células sexuales femeninas que están en el centro de la otra flor, da vida a las orgásmicas pulsaciones que determinan la fecundación. ¡¿No es increíble?! Las abejas prácticamente se ocupan de despachar sexo a domicilio. Son como un Pizza Hutt del sexo. ¡Es fantástico!

—En la naturaleza todo tiene una función, todo sirve para algo —sigue iluminándonos Pancho López, mientras se come un par de taquitos de mariscos en un puesto callejero—. ¿Cómo puedes pensar que justo tú no sirvas para nada? ¿Cómo es posible que tú seas el único imbécil que no esté bien así como eres y necesiten recablearte? ¿Qué crees, que Dios fuma mota y por eso de vez en cuando se pone pacheco y le sale un pendejo? ¡¿Y este pendejo eres justo tú?! ¡Vamos, para la mala suerte también hay un límite! ¡Ensártate bien esa cabeza dura que tienes, porque en la naturaleza todo, y digo todo, sirve para algo! ¡No hay nada inútil: nada! Aparte de los mosquitos… —y aquí, con la boca todavía llena y medio limón en la mano, levanta los ojos al cielo, y con el desconcierto típico de los hombres ante los misterios de la existencia, empieza a hablar directamente con Dios—. Diosito, ¡putísima madre! ¿Cómo carajos se te ocurrió crear los mosquitos? ¿Qué tienes en la cabeza, agua fresca? ¿Me quieres explicar para qué chingados sirven esos putísimos animales de la chingada?

Podemos entender la colorida pasión con que nuestro guía calienta su diálogo místico ante tal misterio glorioso. Sin embargo, aparte de los pinches mosquitos todo es útil, todo es único y todo es indispensable para una perfecta armonía. Cualquier planta, cualquier animal, el sol, el mar, los ríos… Todo vive relajado en su unicidad, secundando la voluntad de Dios. El único que no sigue la voluntad de Dios es el hombre. El ser humano es el único en conflicto con este maravilloso carrusel de sol, lluvia, herbívoros, carnívoros y Pizza Hutt. Y los efectos de este conflicto están a la vista de todos.

Este conflicto con la naturaleza, como ya dijimos, nace del conflicto original: tu conflicto contigo mismo. Cuando entras en conflicto contigo mismo, cuando tratas de no ser tú, cuando no cantas la única e irrepetible nota musical que Dios quería agregar a la sinfonía universal a través de ti, su coro celestial se vuelve simplemente un ruido insoportable.

Es como si, durante el gran concierto universal, dirigido por Diosito en su elegantísimo esmoquin blanco, mientras pájaros y pajaritos, ríos y riachuelos, animales y animalitos, peces y pececitos, plantas y plantitas, nubecitas y nubesotas, tocan con arrobo sus instrumentos, estuviera un grupito de músicos que se pelean entre ellos tratando de tocar la trompeta como si fuera una guitarra, el violoncelo como si fuera un pianoforte, y el violín como un tambor. El pobre Diosito, con su batuta en las manos, los pelos parados como Von Karajan y su pasión por la música que le brota por todos los poros del cuerpo, que no tiene, se mira alrededor sin saber qué hacer; e intentando no dejarse distraer por esta banda de imbéciles que en cualquier momento pueden echar a perder todo el concierto, levantando los ojos al cielo, busca en el Señor una ayuda que no llegará, porque en todo el desmadre se olvidó de que Señor es Él. Por lo tanto, en su desconsolada soledad, agitando la batuta en el aire, todo sudado por el esfuerzo de no perder el ritmo, se devana los sesos para encontrar una forma de hacer entender a esta manada de dementes que, si eres un saxofón, no puedes tocar como un arpa veracruzana, y si eres una marimba, no puedes tocar como una flauta, ¡¡¡y si eres un silbato, no puedes tocar como un trombón!!!

Esto es lo que hacemos cuando tratamos de ir *contra natura,* esforzándonos por encarnar nuestro ideal: creamos una fatal turbulencia en la armonía de la existencia.

Y nadie se da cuenta de que, dado que tú eres único e irrepetible, si tú no tocas tu nota, algo se habrá perdido para siempre: el universo quedará huérfano de ti para siempre, y con tu ausencia habrás herido para siempre la sensibilidad de Dios.

Éste, para Pancho López, es el único e imperdonable pecado mortal. Y cuando cometes este pecado mortal no necesitas esperar a la muerte para irte al infierno, porque el infierno lo creaste tú mismo de inmediato, renunciando a la gloria de Dios para inmolarte en el altar de la mediocridad y el conformismo.

El mantra mexicano de ¡Me Vale Madres! es el antídoto supremo para esta enfermedad de la psicología humana que te lleva a rechazar quien eres para adoptar una identidad que no es la tuya.

Por lo tanto, cuantas veces te descubras intentando ser alguien que no eres, reza: ¡Me Vale Madres! ¡Me Vale Madres! ¡Me Vale Madres!, y todos tus conflictos se derretirán. Todas las veces que trates de tocar el pianoforte mientras que tú eres un clarinete, reza: ¡Me Vale Madres! ¡Me Vale Madres! ¡Me Vale Madres!, y goza del bellísimo e insustituible sonido del clarinete. Todas las veces que te esfuerces por vivir de manera diferente a la cual te sale natural, reza: ¡Me Vale Madres! ¡Me Vale Madres! ¡Me Vale Madres!, y una deliciosa sensación de relajación abrirá frente a ti las puertas de tu destino, con la claridad de un límpido amanecer.

No sabes quién eres y no sabes qué quieres

A la luz de todas estas consideraciones, es natural preguntarse: ¿por qué no somos capaces simplemente de vivir la vida que queremos vivir? ¿Por qué no podemos relajarnos y ser simplemente lo que somos?

La respuesta es siempre la misma: al consagrar todas nuestras energías a la encarnación de este mítico él, descuidamos por completo nuestro verdadero ser, terminamos por olvidar del todo quiénes somos y, en consecuencia, no tenemos la menor idea de lo que queremos.

Me podrás decir:

—¿Qué sabes tú? ¡Yo sé muy bien lo que quiero! Yo quiero ser rico, quiero ser famoso, quiero ser respetable, quiero una casa bonita, quiero que mi esposo haga lo que yo digo, quiero volverme alcalde de Tapachula, quiero sacrificarme a la causa del perro callejero, quiero ser un santo, quiero pagar tantas jovencitas como las que puede pagarse Berlusconi…

Pero, ¿estás seguro de que esto es justo lo que quieres?

Sé que hay algunos que te revelan el *Secreto* con el cual puedes usar tu mente para obtener lo que quieres, permitiendo incluso a estafadores, asesinos y pedófilos obtener los resultados que persiguen. El problema no es obtener lo que quieres, sino preguntarse: ¿yo qué quiero verdaderamente? ¡Atención, porque aquí está la gran trampa! Aquí es donde te arriesgas a desperdiciar toda una vida buscando cosas que en verdad no quieres.

Si no eres lo que eres, ¿cómo puedes saber qué quieres? Si finges ser alguien que no eres, hasta convencerte de serlo, lo que quieres no es lo que tú quieres, sino lo que quiere este personaje de fantasía que interpretas y crees ser.

Ahora, el problema no es tanto que te entretengas engañándote a ti mismo y a los demás, vendiendo al mundo una imagen falsa de ti, sino que este personaje que te inventaste y te esfuerzas por interpretar toma las decisiones en tu lugar. En estas condiciones, es muy improbable que las elecciones que hagas en la vida correspondan a lo que en verdad esté bien para ti.

¿El argumento les parece un poco engorroso? ¡No hay problema! Un compañero de la escuela de Pancho López, un tal Sócrates, nos ayudará a salir de este pequeño laberinto con uno de sus más típicos artificios: un silogismo.

1) Este personaje que crees ser toma las decisiones de tu vida.
2) Tú no eres este personaje que crees ser.
3) Las decisiones de tu vida no las tomas tú, sino alguien más.

Santo Sócrates. ¡¿Quién no querría ser ignorante como él?!

Si no dejas todos los esfuerzos que haces para volverte algo diferente de lo que eres y no te relajas para ser lo que siempre fuiste, nunca sabrás quién eres y mucho menos sabrás qué quieres.

Aquí el bendito mantra mexicano de ¡Me Vale Madres! puede salvarte del desastre de ver desperdiciada tu vida, persiguiendo cosas que no quieres ni te sirven.

Logrando fracasos

¿Cuántas veces nos pasa que renunciamos a nuestras vidas para lograr una meta que, al alcanzarla, nos damos cuenta de que no valía la pena? ¿Cuántas veces nos ha pasado que nos sacrificamos tratando de lograr algo que, cuando obtenemos, aún no acaba la celebración y ya nos sentimos raros, vacíos, mientras una sutil e insospechable frustración empieza a insinuarse en nosotros?

Te sientes miserable porque vives en un pinche departamentito del cuarto piso de un edificio café, y piensas que cuando tengas una casa de tres pisos con jardín y siete perros serás feliz. Y un buen día, partiéndote el lomo, trabajando duro o engañando a los demás, al fin logras comprarte esa bendita casa de tres pisos con jardín y siete perros. ¿Y qué? ¿Piensas que ahora serás feliz? Como ya dijimos, si eras miserable en una casa pequeña, en una casa grande esa misma miseria tendrá mayor espacio para manifestarse... y también los perros, con sólo verte, se sentirán igualmente miserables, y dejándote con el hueso de goma en la mano, regresarán con la cola entre las patas a sus casitas de siete enanitos (que les compraste con tanta ilusión), acurrucándose en sí mismos lo más que puedan y rogando al Dios de los perros que los haga desaparecer o que al menos los ayude a olvidar la imagen de ti con el hueso de goma en las manos. Mas tú no te desanimas, y trabajando un poco más o aprovechándote de cualquier otro ingenuo, te compras una motocicleta para levantarte la moral... Sin embargo, mientras el asfalto de las carreteras yucatecas se escurre a pocos centímetros de tus pies, la imagen de los perros te persigue, volviéndose incluso más dolorosa por el hecho de estar atrapado en tu disfraz de piel negra con la calavera en la espalda, encapsulado sin remedio en tu casco integral, en un maldito día de agosto con un calor de 45 grados. Y entonces piensas que la respuesta correcta es hacer una colección de motocicletas... Pero cuando tu colección llega al número siete, los malditos perros están otra vez allí para mirarte con sus expresiones vacías. Entonces piensas en ir al jardín y matar a esos malditos perros, que se vuelven momentáneamente la causa de todos tus problemas. Gracias a unas sesiones psicoanalíticas y a unos fármacos, los perros alcanzarán una digna vejez y tú evitarás terminar en las páginas del periódico. De cualquier forma, si con el psicoanálisis te la arreglaste para salvar a los perros, no te las habrás arreglado para salvarte a ti mismo. Por lo tanto, piensas que es necesario renovarse un poco: ¡cambiar de mujer es lo que se necesita! Así, ofreces en permuta a tu vieja esposa por un modelo más reciente. Y tampoco esto es suficiente. Te buscas una amante..., dos amantes, tres amantes, cuatro, cinco... pero cuando llegas al maldito número siete, estas desgraciadas empiezan a mirarte con la misma expresión de aquellos perros bastardos, que mejor hubiera sido que los mataras antes de ir con ese "puto psicoanalista". ¡El problema es que se necesita más dinero, más dinero y aún más dinero! Por lo tanto, comprando, vendiendo, inventando, prometiendo, chanchullando, fregando, corrompiendo y pagando empiezas a acumular: te compras un edificio, dos edificios, 10 edificios, una ciudad, una montaña, una isla con todos sus habitantes... Ya no sabes qué más comprarte... Te compras unos huérfanos, te compras el orfanato con todo y monjas, te compras un trío veracruzano de 20 personas que no te sirve para nada y que hace más ruido cuando descansa que cuando toca; te compras un grupo étnico nómada africano con todo y camellos que hace más ruido que los veracruzanos; te vuelves dueño de esto, de aquello y de aquello más... Te vuelves dueño también de lo que no te pertenece, madurando en ti una avidez que te hace devorar cuanto encuentras en el camino, incluso si es duro, desagradable y asqueroso... Pero la gente hace reverencias cuando pasas, te llama "señor", "doctor", "caballero", "comendador", "salvador", "monseñor"… Y llegas más y más arriba, más arriba, más arriba… Sin embargo, cuando te miras en el espejo no puedes más que seguir viendo al mismo pendejo que vivía en el departamentito en el cuarto piso del edificio café. Y entonces piensas que no era una cuestión de dinero, ¡sino una cuestión de poder! Así que te presentas a las elecciones y logras tu viejo sueño de volverte el alcalde de Tapachula… No te preocupes, porque es sólo el comienzo… De hecho, pronto eres alcalde de Perote, gobernador de Tlaxcala, presidente de un banco, presidente de la república, presidente de América, presidente del planeta… ¡¡¡Patrón del mundo!!! ¿Y ahora qué? En este punto tampoco es necesario que te mires al espejo para saber lo que nadie sospecha, pero que se ve perfectamente reflejado en los ojos de tu esposa cuando te mira: eres un pobre diablo como todos los demás.

Cualquier ser inteligente se da inmediatamente cuenta de que la felicidad no está en las cosas que puedes lograr en el exterior. Y aun si fuera verdad el dicho: "¡Si la riqueza no hace la felicidad, imagínate la pobreza!", esto no quita la incontrovertible verdad de que la felicidad está en tu realización como ser humano y no en tu carrera ni tu dinero.

—La felicidad está en Dios… y con Dios… ¡Por Dios! —te grita Pancho López, ensayando por su cuenta unos pasos de chachachá.

No gastes tu vida perdido en las veredas de tus estados de cuenta ni mendigando en los pasillos del poder. No dejes que las ideas que tienes en la mente, tu cultura y el ejemplo de los demás manejen tu vida, llevándote por caminos sin salida. Empieza hoy mismo a rezar: ¡Me Vale Madres! ¡Me Vale Madres! ¡Me Vale Madres!, y el camino que lleva derechito a tu realización se abrirá frente a ti como una autopista que conduce hacia Dios.

Cualquiera dotado con un mínimo de inteligencia, mirándose sacrificando el presente con la finalidad de prepararse para un futuro que nunca llega, no puede dejar de percibir la desagradable y sutil sensación de que está desperdiciando su vida. La idea de que mañana te podrás dedicar a lo que quieres y te gusta es la más engañosa de las ilusiones. Hasta un hombre loco de ambición como Alejandro Magno se dio cuenta de ese absurdo.

Hay una bellísima historia que cuenta el encuentro entre Alejandro Magno y Diógenes.

En su viaje de conquista hacia Oriente, Alejandro Magno pasó por la región donde vivía Diógenes, y tras escuchar hablar sobre este sabio estrafalario, quiso conocerlo. Así, un día, con su pelotón de guaruras, caminó unas horas entre los olivos de las campiñas griegas en busca de este famoso místico, hasta que lo encontró.

Diógenes, al que Pancho López describe como un hombre bellísimo, estaba acostado, totalmente desnudo, a la orilla de un río, tomando el sol de la mañana. Era tan relajado, tan bello, tan majestuoso, que Alejandro se quedó muy impresionado, y disimulando su embarazo, con su andadura militar se le acercó, parándose exactamente frente a él. Diógenes, que estaba con los ojos cerrados, sintió su presencia y lentamente abrió sus enormes ojos verdes y lo miró:

—¿Qué pedo?

—Soy Alejandro —contestó el emperador, agarrado de contragolpe.

—¿Alejandro quién?

—Alejandro Magno —se vio obligado a precisar.

—¿Y? —continuó el místico, penetrándolo con la mirada.

—Nada... Quería conocerte... —contestó Alejandro, sintiéndose de repente fuera de lugar y revelando con su voz un pelito de inseguridad.

Diógenes levantó con lentitud un poquito más la cabeza y, apoyándose en un codo, lo examinó detenidamente de la cabeza a los pies:

—Mucho gusto.

Alejandro no sabía qué más decir. No se sentía tan a disgusto desde que en la escuela no estudió para el examen sobre los diálogos de Platón. Tenía que hacer algo. A final de cuentas él era el emperador. Así que, para darse valor, dijo:

—Yo soy el hombre más poderoso del mundo.

Diógenes, enfocando bien la mirada, lo observó de una forma que hizo sentir a Alejandro más encuerado que él:

—¡Chido!

Alejandro, sin saber cómo resolver esta embarazosa situación en la cual se había metido por culpa de su maldita curiosidad, aparentando seguridad, le dijo una de esas cosas que, cuando las piensa uno después, se pregunta: "¿Cómo se me ocurrió decir semejante tontería?".

—¿Sabes qué? ¡Me caes bien! Y como hoy estoy de buen humor... quiero hacerte un regalo... porque... porque yo soy el hombre más rico del mundo...

—Eso ya lo dijiste.

—La verdad... antes dije que era... era el más... "poderoso".

—Está bien: eres el más poderoso y el más rico, ¿y?

—Sí... no... quería decir que... yo... yo... —farfulló el conquistador, tropezando con las palabras—. Quería decir... que... que quería hacerte un regalo.

—¿En verdad quieres hacerme un regalo?

—¡Claro! Cualquier cosa que te guste.

—Entonces quítate de allí, por favor, que me tapas el sol.

En este punto Alejandro se quedó sin palabras y, olvidando que era el hombre más poderoso del mundo, la única cosa que pudo hacer fue hacerse a un lado y decir:

—¡Oh...! Disculpa.

Después de mirarlo por un buen rato (tiempo que a Alejandro le pareció una embarazosísima eternidad), Diógenes preguntó:

—¿A dónde vas?

—A conquistar el mundo —contestó el emperador, recuperando un poco de su orgullo.

—Y después de que hayas conquistado el mundo, ¿qué harás?

"¡Este cabrón me está chingando!", pensó el emperador. No se sentía tan chiquito desde que, cuando chavito, Aristóteles descubrió que se había ido de pinta.

—¿Que haré? Eh... después de que conquiste el mundo... Finalmente me podré relajar.

—¡Bravo por el pendejo! Yo ya me estoy relajando ahora sin haber conquistado nada.

Alejandro, que era un hombre inteligente, no pudo dejar de apreciar la ocurrencia del místico. Sonrió con sincera admiración y le dijo:

—¡Ah, cabrón! Si vuelvo a nacer quiero ser como tú. Yo también quiero echar la hueva como tú, a la orilla del río, sin preocupaciones.

—¿Y por qué quieres esperar a la próxima vida? —contestó Diógenes, acostándose otra vez, con las manos en la nuca—. Quítate esa ridícula armadura ahora mismo, deja a estos pobres desgraciados que te hacen de escolta regresar con sus familias y acuéstate aquí, a mi lado. ¡Aquí! ¡Ahora! ¿Por qué esperar a la próxima vida? Toma, te presto también mi protector solar.

Se sabe que Alejandro no aceptó la invitación de Diógenes porque no pudo liberarse de la obsesión de su mente: conquistar el mundo. Dejó a este místico tan excéntrico a la orilla del río, el cual ni se había molestado en saludarlo, y se fue a conquistar el mundo sembrando terror, dolor y muerte en todas las poblaciones que encontró a su paso.

Pancho López, que habla de él como si lo conociera en persona, dice que cuando murió, a la joven edad de 33 años, Alejandro quiso que su cuerpo fuera llevado en su cortejo fúnebre con las manos abiertas, muy visibles, para que todos se dieran cuenta de que a pesar de que había conquistado todo el mundo conocido, moría con las manos vacías.

La leyenda termina contando que el mismo día en que Alejandro murió en Babilonia, Diógenes moría en Corinto. Y mientras el gran conquistador, afligido, pasaba el río que separa este mundo del otro, escuchó una poderosa carcajada tras de sí. Se volteó y vio a Diógenes.

—¡Órale! —dijo Alejandro—. ¡Qué coincidencia! ¡El emperador y el mendigo mueren el mismo día!

—¡Órale, güey! —dijo Diógenes—. Dices bien, sólo que tú aún no entiendes quién es el emperador y quién el mendigo.

Si Alejandro Magno hubiera conocido el mantra mexicano del desapego cuando Diógenes lo invitó a acostarse a su lado, habría mirado a su pelotón armado, a su ejército esperándolo, a sus ambiciones de jovencito, habría pensado en las esperanzas que la familia había puesto en él, en lo que habría dicho la gente, en la gloria y en la inmortalidad de su nombre en los libros de historia… y habría dicho: ¡Me Vale Madres! Se habría quitado la armadura y se habría acostado a la orilla del río, al lado de Diógenes, y extendiendo la mano le habría dicho:

—Pásame el protector solar.

Y muchos sufrimientos, tormentos y muertes se le habrían ahorrado al mundo.

No esperes a dejarte sepultar con las manos abiertas y vacías para entender que tus esfuerzos no llevan a nada. Reza el santo mantra ¡Me Vale Madres! ¡Me Vale Madres! ¡Me Vale Madres!, e inmediatamente sentirás la paz divina bajar sobre ti. Reza todos los días con confianza: ¡Me Vale Madres! ¡Me Vale Madres! ¡Me Vale Madres!, y el eterno dedo de Dios se te aparecerá, indicándote el camino que lleva a la realización de ti mismo.

¡Me Vale Madres!, también conocido como el "mantra de la revelación luminosa", te regalará la clara visión de tu camino existencial, liberándote de todas las distracciones de tu mente ambiciosa, para permitirte poner toda tu energía en la verdadera inspiración de tu vida. El mantra ¡Me Vale Madres!, con su mágico sonido, te acompañará al descubrimiento de quién eres y a la desaparición de lo que no eres.

Todas las veces que te comprometas inútilmente a hacer algo que no querías, reza: ¡Me Vale Madres! ¡Me Vale Madres! ¡Me Vale Madres!, y simplemente pregúntate: "¿Qué cosa quiero en verdad hacer?" Todas las veces que te pescas esforzándote en hacer algo contra tu naturaleza, haz una profunda respiración y reza: ¡Me Vale Madres! ¡Me Vale Madres! ¡Me Vale Madres!, y deja que tu espontaneidad te guíe a descubrir tus cualidades innatas.

Rezando con devota entrega este mágico mantra, tu intuición, tus inclinaciones reales y tu naturaleza se revelarán, quitándote cualquier duda acerca de tu destino, y evitándote fracasos.

Cómo se usa el mantra

Para que el efecto del santo mantra ¡Me Vale Madres! se manifieste en toda su poderosa potencia, el rezo tiene que ser practicado en forma correcta. La respiración es importante. Este mantra no se reza usando sólo la voz, en una mecánica letanía, como nos enseñaron a rezar el rosario. ¡Me Vale Madres! se reza con la entera participación de todo el cuerpo.

Puedes rezarlo sentado o acostado, pero, si quieres sentir su mágico efecto, lo mejor es rezarlo de pie.

Puedes rezarlo por la mañana, cuando acabas de levantarte. No es necesario ponerse un vestido particular. Puedes rezarlo tranquilamente en piyama o calzones o, si te gusta la sensación, incluso puedes rezarlo en pelotas, que es la forma preferida de Pancho López. Ponte con el cuerpo relajado y las rodillas un poco flexionadas, inhala profundamente, relajando el abdomen, y suelta el mantra con un gran suspiro. Acompañar el rezo con un movimiento relajado del cuerpo ayuda a que su precioso mensaje de verdad penetre más profundo en ti., y flexionar ligeramente las piernas te permite agarrar un poco de arranque, para que el movimiento del cuerpo dé énfasis al rezo. Todas las veces que pronuncies el mantra, imagina que te estás liberando de algo que, justamente, *te vale madres*. Inhala profundo y suelta el mantra: ¡Me Vale Madres! ¡Me Vale Madres! ¡Me Vale Madres!... y cuando agotes el aire, relaja el abdomen, inhala profundamente y, ayudándote otra vez con el movimiento de las rodillas, suelta una vez más la mágica fórmula: ¡Me Vale Madres! ¡Me Vale Madres! ¡Me Vale Madres!

Reza hasta que te sientas listo para empezar el día con el pie derecho.

Además, puedes usar el mantra a lo largo del día, y de hecho es muy aconsejable: todas las veces que, en tu cabeza, tu mente empiece a criticarte o a quejarse de que las cosas "no son como tendrían que ser" según tú, o que te empujes a hacer cosas que no quieres hacer o que, exactamente, te valen madres, o te dejes involucrar en discusiones absolutamente inútiles y sin sentido, o trates de crearte cualquier tipo de problema en la oficina, en la calle, en el carro o donde sea, abre la profundidad de tu ser con la respiración y, como si la voz llegara directamente desde el centro de la tierra, reza con místico delirio: ¡Me Vale Madres! ¡Me Vale Madres! ¡Me Vale Madres...!

El efecto benéfico de este mantra lo sentirás de inmediato y se manifestará con un placentero sentido de relajación y liviandad. Es frecuente notar que entre los practicantes aflora una sonrisa en sus labios, y en unos casos hasta una carcajada. La carcajada, de hecho, es una excelente señal de que el mantra está funcionando. Cuando *te vale madres,* todo se vuelve más divertido.

Pero ¡cuidado! Es muy importante no utilizar el mantra para no cumplir con tus compromisos, porque su propósito es hacerte libre, no irresponsable. El mantra te libera de las cadenas del mundo interior, no de las del mundo exterior. Es muy importante entender la diferencia entre libertad e irresponsabilidad. Si tienes compromisos con el mundo exterior, no los resolverás con este mantra. El mantra ¡Me Vale Madres! te puede ayudar a no aceptar compromisos que no quieres, pero se volverá peligroso si lo usas para zafarte de los compromisos que ya adquiriste. En otros términos, el mantra ¡Me Vale Madres! es un instrumento para despertar tu conciencia, y no un pretexto para justificar comportamientos infantiles e irresponsables.

Para enfatizar en este concepto, Pancho López llega a subirse sobre el cofre del viejo Peugeot de un amigo, con una botella en la mano que, al parecer, es de agua mineral:

—Si fuiste tan pendejo para aceptar un compromiso que no querías aceptar, ahora es tu pedo. Una vez que te comprometiste a hacer lo que no querías hacer, te ensartaste solito. ¿Quién chingados te dijo que dijeras que *sí,* cuando quería decir que *no?* Necesitas ser responsable de las pendejadas que piensas, de las mamadas que dices y de las chingaderas que haces. No te puedes echar para atrás en el último momento y dejar a los demás en la mierda. Si ya la cagaste, la cagaste y ya… ¡Y ahora que entendieron el concepto, suban todos aquí conmigo y pongámonos a bailar!

Y así, en el entusiasmo general, todos suben al cofre y el techo del coche y se ponen a bailar contentos. Todos, menos el dueño del Peugeot, que olvidándose de rezar el mantra, en lugar de bailar con los demás y pasársela bien, se queda en la banqueta con gesto perplejo, mientras la voz de su mamá le retumba en la cabeza: "¡Te dije que no frecuentaras a este tipo de gente!"

El primer resultado concreto de este rezo es que a lo largo del día, cachándote una y otra vez mientras actúas según el viejo patrón de vivir como si en verdad fueras este personaje que muestras a la sociedad, rezando sin vacilación: ¡Me Vale Madres! ¡Me Vale Madres! ¡Me Vale Madres!, mágicamente, por unos momentos, empezarás a entrever entre las neblinas de tu inconsciente la figura incierta de tu verdadero ser. Son momentos fugaces de éxtasis. Por unos instantes sientes que tu largo viaje en la oscuridad valió la pena. Sientes el olor del paraíso perdido.

Una vez que empieces a recuperar el contacto con quien eres, te llevará un rato más para entender qué chingados quieres hacer de tu vida. No te preocupes. Ten un poco de paciencia. Esto sucederá después de un poco de práctica.

Al principio estarás confundido porque no distinguirás fácilmente entre la voz de tu ser natural y la voz de tu mente. Tal vez no entiendas si lo que quieres, lo quiere tu ser natural, lo quiere aún este famoso él ideal que pretendes ser, o son sólo ideas con las cuales programaron tu mente. Una buena forma de distinguir entre las dos es la siguiente: piensa en lo que quieres y observa tu cuerpo: si sientes una sensación de encogimiento de todo tu ser y de tensión que te sofoca, de seguro se trata de tu mente, de lo que quiere tu falso ser, el ser condicionado por la sociedad; si, al contrario, tu energía se expande, tu cuerpo se relaja y percibes en ti una sonrisa un poco tonta, no dudes: el que habla eres tú.

De cualquier forma, si eres un novato en la práctica de estos antiguos secretos espirituales, hasta cuando estás fuertemente identificado con tu falso ser, también este *test* que acabo de describir puede resultar tramposo.

No te desanimes al principio. Recuerda que éste es sólo el primer mantra. Hay otros dos poderosísimos mantras que te ayudarán a superar los obstáculos en el camino hacia la verdad.

Antes que nada, aprende a usar éste. Déjate llevar en el camino para encontrar quién eres y qué quieres. De otra forma nunca te perdonarás haber desperdiciado tu vida. Tú puedes hablar de vivir sólo si eres quien eres, sabes qué quieres y tienes el valor de perseguirlo. Y para obtener estas tres cosas son necesarias una toma de conciencia, un desapego de "tus" ideas y de tu pasado, y un desenmascaramiento de las mentiras. Tres cosas a tu alcance si practicas con devoción los cuatro mantras mexicanos.

Entre la espada y la pared...
y un perro que te mea

El ser humano se encuentra en una situación difícil. Por un lado, te odias porque en tu niñez aprendiste que "si tú no fueras quien eres, todo sería perfecto"; por el otro, te odias porque no puedes perdonarte por haberte traicionado a ti mismo, y por otro más, te odias porque te das cuenta de que, a pesar de todos los esfuerzos que haces para ser alguien diferente de lo que eres, estás muy lejos de convertirte en ese personaje ideal que pretendes ser. El dilema de la situación es que no eres más tú y tampoco eres lo que te gustaría ser. Estás atorado en una tierra de nadie donde ni siquiera escuchas más el eco de la música celestial que acompañaba tus días, cuando tú eras simplemente tú. Esto no sólo provoca un sentimiento de desesperación e impotencia, sino también un tremendo resentimiento contra ti mismo.

Este resentimiento contra uno mismo es un tumor espiritual que necesita ser extirpado de manera absoluta. Un tumor que crece y se profundiza a lo largo de tu vida en la medida de los fracasos que acumulas en el intento de cambiar, y de la imperdonable y perpetua ofensa que te haces en el intento de lograrlo.

En esta situación de conflicto permanente, de seguro no puedes encontrar a Dios. Es imposible encontrar a Dios si te odias a ti mismo, porque tú y Dios son una sola cosa. No puedes sentirte a gusto con la existencia si no te sientes a gusto contigo mismo, porque tú y la existencia son una sola cosa. Recuerda que hasta que logres una total e incondicional aceptación de ti mismo tal como eres, el *Moksha,* la liberación, no será posible. El encuentro con Dios no puede ocurrir en un clima de tensión y conflicto; sólo puede realizarse en un clima de absoluta paz y relajación.

Resolver este conflicto cruzado es uno de los propósitos del mantra mexicano ¡Me Vale Madres!

El santo Pancho López, estirándose entre larguísimos bostezos bajo la sombra de un bonito árbol, nos ofrece la medicina perfecta. El mantra ¡Me Vale Madres! es doblemente eficaz. Cuando te conflictúas porque no puedes convertirte en este ideal que te gustaría ser, reza: ¡Me Vale Madres! ¡Me Vale Madres! ¡Me Vale Madres! Y cuando te conflictúes por no poder perdonarte por haberte traicionado a ti mismo en el intento de realizar este ser ideal, igualmente reza: ¡Me Vale Madres! ¡Me Vale Madres! ¡Me Vale Madres! En ambos casos, para cualquier cosa que te produzca tensión, reza con sincera devoción: ¡Me Vale Madres! ¡Me Vale Madres! ¡Me Vale Madres!

¡Ésta es la grandeza del sagrado mantra del desapego! No sólo te permite desapegarte de la idea de "deber ser", de ese ideal que te has formado en tu mente y que te está jodiendo la vida, sino que también te permite desapegarte de la idea de deber ser absolutamente quien eres, cosa que te puede joder la vida en la misma medida. Si no tienes cuidado, *ser quien eres...* o la búsqueda de Dios, paradójicamente puede volverse otra idea de tu mente, otra fantasía que tratas de realizar haciendo la cosa más estúpida que un ser humano pueda hacer: esforzarse en ser uno mismo. Pero, ¿cómo puedes *esforzarte* en ser tú mismo? Tú ya eres tú mismo. Entonces ¿cómo puedes esforzarte en serlo? ¿Cómo puedes esforzarte en ser natural? La naturaleza nunca se esfuerza, siempre está completamente relajada. Esforzarte en ser tú mismo resulta tan absurdo como hacer el esfuerzo para relajarse. Si te esfuerzas, el único resultado que obtienes es crear mayor tensión y mayor conflicto. Y olvídate de relajarte y encontrar a Dios en un clima de tensión y de conflicto, porque Dios es extrema paz y relajación. La realización de Dios, o de ti mismo, que para Pancho López son la misma cosa, sucede sólo en un estado natural de profunda y total relajación: sólo cuando todos tus esfuerzos cesan, finalmente todas las cosas regresan al lugar a donde siempre pertenecieron. Tú puedes ser tú mismo sólo si te relajas.

Me doy cuenta de que el asunto pareciera un poco enredado. La culpa es de aquella botella de "agua mineral" que Pancho López tenía en las manos durante el "sermón del Peugeot", pues es probable que no fuera propiamente "agua mineral". Sin embargo, al final no es tan difícil de entender. Lo que queremos decir es que la mente se puede apegar a cualquier cosa: se apega a la idea de que tienes que volverte este mítico él, y de igual modo se puede apegar a la idea de que tú tienes que ser absolutamente quien eres y basta. En ambos casos creas un clima de tensión interna que no favorece a ninguno de los dos objetivos. Al final tampoco es importante saber si eres lo que eres o si intentas ser alguien que no eres. Lo importante es rezar: ¡Me Vale Madres! ¡Me Vale Madres! ¡Me Vale Madres! El simple hecho de rezar te hará simplemente relajarte para ser lo que eres y basta, sin la necesidad de saber quién eres. Ser y basta. En otros términos, que tú seas quien eres o que finjas ser quien no eres... ¡que te valga madres! Y así todo regresará automáticamente a su lugar.

Por lo tanto, cuidado: tanto cuando intentas ser alguien que no eres, como cuando tratas de ser tú mismo, de la misma forma reza: ¡Me Vale Madres! ¡Me Vale Madres! ¡Me Vale Madres!

Convertirte en lo que eres debe ser el fruto del florecimiento de tu conciencia, no el logro de tus esfuerzos. El esfuerzo es la esencia del mundo de la psicología humana; la relajación es la esencia del mundo de Dios. Dios nunca se esfuerza, nunca está tenso: Dios, la existencia o como quieras llamarlo, es intensidad total en un estado de absoluta relajación.

Si no estás atento, también la búsqueda espiritual se puede volver una obsesión de tu mente, como con el dinero, el sexo o el poder. Les ocurre a muchos así llamados "religiosos" o "buscadores", que esforzándose en ser buenos, calmados, compasivos y amorosos, piensan que están haciendo algo espiritual, mientras que Dios se revuelca de risa en el piso con solo verlos. No se trata de sustituir un ideal con otro; se trata de liberarse de todos los ideales y vivir en forma sencilla y ordinaria. De otra manera sería como si expulsaras por la puerta tu mente política, codiciosa, corrupta, mentirosa, egoísta y lujuriosa, y ésta regresara por la ventana disfrazada de cura, de rabino, de monje hindú, de yogui, de sanyasin o de budista. Desde el punto de vista de Dios o de la existencia... o como quieras llamarlos, no existe diferencia entre un millón de pesos y un católico o un budista o un vegano o un naturista, porque todas éstas son creaciones de la mente humana que nada tienen que ver con Él.

Ésta es la función del mantra ¡Me Vale Madres!: liberarte de todas las expectativas y de todas las tensiones, para dejarte desnudo e inocente mirando la realidad como si la vieras por primera vez. Esto significa reencontrarse contigo mismo. Cuando todos los esfuerzos de ser una cosa u otra cesan, tu ser vuelve a aparecer mágicamente.

Posiblemente te sientas un poco confundido, pero ten paciencia, porque cuando Pancho López nos abra el camino hacia el mundo sideral del tercer mantra, todo se volverá completamente claro... o la confusión será total e irremediable.

Lo importante es que no te detengas y procedas en el camino, para abrirte a la posibilidad de encontrarte a ti mismo, porque a menos que no vivas de acuerdo con tu naturaleza, corres el riesgo de vivir una vida muy jodida. Si pierdes el contacto con tu ser natural, pierdes también tu espontaneidad, tu unicidad, tu capacidad de crear y amar, y la única cosa que te queda es seguir repitiendo, una y otra vez, lo que has aprendido y las costumbres que has adoptado, condenado a vivir por siempre la triste vida de un pobre robot.

El niño inteligente y el adulto demente

Es comprensible que cuando eres niño carezcas de los recursos necesarios para defender tu verdad, y por lo tanto seas forzado a traicionarte a ti mismo y termines convirtiéndote en alguien más.

—Pero ¡¿por qué chingados continúas haciendo esta pendejada absurda también cuando eres adulto?! —grita con la boca babeante Pancho López, agitando los puños en el aire—. ¡¿Por qué puta razón continúas vendiendo tu culo cuando podrías ser libre, dueño de tu vida y vivir como se te dé tu chingada gana sin rendir cuentas a nadie?! ¡¿Cómo *archistracarajo* podrido no entiendes que...?!

Disculpa el lenguaje algo colorido, pero debes entender que es su amor hacia nosotros el que lo induce a hablarnos con tanta compasión. Es como cuando Jesús entró en el templo de Jerusalén con los mercaderes: estaba encabronado como una bestia. Y podemos entender la desesperación de estos maestros de sangre caliente como Jesús y Pancho, cuando nos ven ahogándonos en un vaso con agua. Por los tanto, desarrollo su argumento.

Si de niño no gozabas de la libertad, ahora la tienes. De hecho, cuando eres niño careces de margen alguno de libertad y autonomía. De niño, por ejemplo, eres prisionero de tu familia. Cuando eres adulto, si no te gusta tu familia la puedes cambiar; cuando eres niño, si tu familia te cae mal, te la debes chutar completita tal como es, no la puedes intercambiar con la de tu compañero de la escuela. Como adultos podemos cambiar lo que queremos, y de hecho cambiamos de trabajo, pareja, amigos, ciudad, país, continente, región… Nos pintamos el pelo, nos hacemos un trasplante, nos quitamos las arrugas, nos ponemos chichis, nos levantamos las pompas, cambiamos nombre, color… ¡Incluso cambiamos de sexo! Cuando eres niño, ni la playera te puedes cambiar si no te gusta. Como ya dijimos en "La alquimia 'Patas Pa' Arriba'", de niño no cuentas con ningún poder: no tienes fuerza física, no te puedes defender, no conoces las leyes, no tienes abogado, estás siempre rodeado de gente más grande y fuerte que tú, y que en cualquier momento puede levantarte del piso agarrándote de una oreja… Al final resulta claro a todos que, contrariamente a lo que normalmente estamos acostumbrados a escuchar, la niñez es un auténtico periodo de la chingada del cual todos quieren salir lo más pronto posible. Ni modo, mientras estás obligado a quedarte allí, no hay escapatoria; la única cosa que puedes hacer es morderte la lengua y aguantar, adoptando una personalidad, ideas, creencias, costumbres, tradiciones y prejuicios que nada tienen que ver contigo. Cuando eres niño no hay otra opción.

—Pero ahora, ¡putísima madre! —nos grita Pancho López, desesperándose hasta el punto de patear latas de cerveza, bolsas de basura y cualquier otra cosa se encuentre en su camino—, ¡ahora que eres adulto tienes toda la pinche fuerza, los malditos instrumentos y la puta libertad de quitarte de encima esta mierda de carga que tuviste que chutarte desde que eras un pinche mocoso! ¡Tienes toda la posibilidad de vivir como chingados te dé tu puta gana, siguiendo tus inclinaciones y tu naturaleza!

El argumento que Pancho López desea comunicarnos con su proverbial temperancia es: cuando eres adulto, puedes vivir como se te dé tu "chingada gana", ¿cierto?

—Y entonces ¿por qué? ¿¿Por qué?? ¿¿¿Por quéee??? —nos pregunta al borde de la apoplejía, azotando reiteradamente la cabeza contra una cabina telefónica—. ¡¿¡¿Me quieres explicar por qué chingada razón continúas viviendo como un pinche niño jodido, dejándote chingar de todas maneras?!?!

En otras palabras, lo que nuestro salvador quiere enseñarnos con su extraordinaria compasión es: ¿por qué razón seguimos viviendo como niños de 30, 40, 50, 60 años, bajo el yugo de una sociedad inhumana a la cual podemos adaptarnos pero nunca aceptar?

La respuesta es que no nos damos cuenta de que lo hacemos. Lo que pasa es que, cuando somos niños, aprendemos a usar estrategias para adaptarnos a la familia y a la sociedad en la cual nos tocó nacer, y dado que estas estrategias nos ayudaron a sobrevivir *driblando* entre las manías, los deseos y los miedos de padres, madres, parientes, curas y maestros, cuando nos volvemos adultos tenemos miedo de soltarlas porque inconscientemente pensamos que sin nuestros conformismos, hipocresías, manipulaciones y mentiras estaríamos perdidos.

Cada uno de nosotros elige sus estrategias en función de las características de su índole y del tipo de situación que debe enfrentar. Hay quien, para sobrevivir, aprende a servir a los demás, quien asume responsabilidades que no le pertenecen, quien se vuelve invisible, quien aprende a mentir, quien roba, quien aprende a defenderse gritando o a madrazos, quien no confía en nadie, quien siempre dice "sí", quien siempre dice "no", quien se vuelve un tirano, quien se convierte en una mascota, quien se convierte en un artículo de mostrador, quien se convierte en un mártir o en un payaso, quien aprende a callarse, quien aprende a exhibirse…

Todas estas estrategias, que cuando somos niños son una clara manifestación de una inteligencia que nos permite sobrevivir a este periodo de reclusión que llaman "infancia", si las mantenemos cuando somos adultos se vuelven una reluciente manifestación de estupidez, porque a pesar de que la situación sea completamente distinta, continuamos comportándonos como si siguiéramos a merced de gente más poderosa que nosotros y que dispone de nuestra vida, hasta terminar como aquel soldado japonés que siguió peleando en la selva porque, ¡ups!, se les olvidó comunicarle que la guerra había terminado 40 años atrás.

A menos que te des cuenta de que no eres más un niño a merced de gente más poderosa que tú, estás condenado a vivir prisionero de tu pasado sin ninguna razón.

De hecho, por lo general vivimos nuestra vida de adultos como la consecuencia lógica de nuestro pasado. Pero esto no es inevitable en lo absoluto.

Si en tu niñez fuiste descuidado al punto de formarte la idea de que no le interesas a nadie, no estás condenado a vivir toda la vida como un cero a la izquierda ni torturándote para demostrarle al mundo que vales y eres capaz. Si durante la niñez aprendiste que sólo si satisfaces las necesidades de los demás y descuidas las tuyas recibirás amor, no estás condenado a vivir toda tu vida sirviendo al prójimo. Si en tu niñez fuiste humillado, no es necesario que vivas toda tu vida dejándote humillar o cultivando un sentimiento de venganza, del cual seres inocentes pagarán el precio. Si te ganaste el amor de papá o de mamá interpretando el papel de la nenita linda, no es necesario que vivas toda tu vida como una eterna muñequita. Si para evitar problemas aprendiste a ser invisible, no es necesario que vivas toda la vida como una sombra. Si para salvarte de las expectativas que la familia tenía sobre ti debiste huir, no es necesario huir toda la vida de cualquier tipo de responsabilidad... Y la lista sería infinita.

Para evitar impostar tu vida con base en factores inconscientes que vienen de tu niñez, es absolutamente necesario que te abras a la *revelación luminosa* que te permite este bellísimo mantra mexicano. Esta fórmula milagrosa puede ayudar enormemente a la humanidad a liberarse de los efectos nefastos de la inconsciencia.

Hay una interpretación psicoanalítica acerca de la razón del odio de Hitler contra los judíos, enraizada en su pasado: el padre del funesto dictador era judío, y dado que Adolfito odiaba al padre, se desquitó matando a seis millones de gente inocente en los campos de concentración. Imagínate qué bendición habría sido para el mundo si esta infausta caricatura del siglo pasado hubiera conocido el mantra ¡Me Vale Madres! Habría mirado el asunto y, en lugar de hacer todos los desastres que conocemos, hubiera dicho:

¡Me Vale Madres! Se habría cortado los bigotitos, puesto el traje de baño y se hubiera ido a la playa con Eva Braun, manejando muy feliz su Vochito, con los cabellos al viento y cantando las canciones de Marlene Dietrich.

No sé si esta interpretación psicoanalítica sea una mamada como muchas que puedes encontrar en internet cuando no tienes la menor idea sobre cómo ocupar tu tiempo; por eso no sabía si comentarla. Pero después me dije: "¡Me Vale Madres! si es verdadera o no: lo importante es que funciona para sostener mi argumento…" Y también la imagen de Hitler que va todo feliz a la playa cantando con Eva Braun en su Vochito repleto de máscaras, aletas, salvavidas inflables, hielera de unicel, pan Bimbo, jamón para los sándwiches, sombrilla, cubeta, palitas, sillita plegadiza, pelota de futbol y cobija de cuadros me hacía enloquecer, y no podía quedármela para mí sin compartirla.

El pasado tiene que ser soltado por completo. Una toma de conciencia es necesaria. De lo contrario, lo que en el pasado fue una inteligente estrategia de supervivencia, en la edad adulta se convierte en el manifiesto de tu demencia.

Por eso, una vez más Pancho López nos azuza con las espuelas de su pasión, exhortándonos con sus palabras de sabiduría:

—¡No seas pendejo, güey! ¡Desaplatánate! ¿No te das cuenta de que puedes hacer lo que te dé tu chingada gana? ¡No mames! ¡Avíspate, cabrón! ¡Eres libre, güey! ¡Que se vaya a la chingada tu putísimo pasado! ¿Para qué lo arrastras pegado al trasero y te dejas joder con estas chingaderas?

Y aquí debo parar, porque lo que sigue de este bellísimo sermón se pone un poquito pesado, incluso para ti, que eres de boca buena. Aun si las palabras de Pancho López no son una joya de fineza, su significado destaca entre la más sublime poesía.

Lo que nuestro mesías, en síntesis, quiere decir con sus palabras de verdad, es simplemente: "¡Despierta! ¡Eres libre!" En cualquier momento puedes soltar todas las ideas y las costumbres que coleccionaste en tu más o menos desgraciada vida, y moverte en este universo, nuevo y libre, como si acabaras de nacer.

No es necesario que cargues hasta la muerte la visión del mundo y de la vida que la sociedad te impuso cuando no tenías posibilidad de rebelarte ni tenías un espíritu crítico para refutarla. Sin embargo, si es comprensible que de niño adoptes reglas, ideas, prejuicios e idioteces:

—¡¡¿Por qué chingados no los sueltas ahora que eres adulto y libre?!! —reitera Pancho López, dejándose caer exhausto en una silla de plástico de una tiendita de abarrotes.

Este recorrido hacia la liberación del espíritu que los mantras mexicanos nos indican necesita un poco de atención, porque estamos tan acostumbrados a vivir inconscientemente que, si no estamos alerta, continuaremos nuestras vidas manteniendo actitudes e ideas que no tienen ninguna relación con nuestro verdadero ser.

Por lo tanto, no lo dudes: cuando vuelvas a sentirte encerrado con tu esposa porque tienes la idea de que ella se aprovecha de ti y eso te da miedo, reza: ¡Me Vale Madres! ¡Me Vale Madres! ¡Me Vale Madres!, y así tu corazón se abrirá, transformando tu casa en el templo del amor. Todas las veces que en lo profundo de ti misma, a pesar de las ideas progresistas que tengas, descubras, escondida en la sombra de tu inconsciente, la idea de que las mujeres son ciudadanos de segunda categoría, y por lo tanto necesitan someterse o pelear contra los hombres para demostrarles que son superiores a ellos, reza: ¡Me Vale Madres! ¡Me Vale Madres! ¡Me Vale Madres!, y mágicamente caerás en el maravilloso espacio donde tu feminidad se revelará como una dimensión que no es inferior ni superior, sino diferente. Todas las veces que te encuentres conteniendo las lágrimas porque te enseñaron que los hombres no lloran, reza: ¡Me Vale Madres! ¡Me Vale Madres! ¡Me Vale Madres!, y mientras las lágrimas escurren por tus mejillas, descubrirás la belleza de ser sensible a pesar de ser hombre. Cuando al hacer el amor te des cuenta de que, por mucho que los años de liberación sexual te hayan dado ideas liberales, aún albergas la idea de que el sexo es pecado y, por lo tanto, no puedes verdaderamente soltarte en él, o sientes culpa por lograrlo, reza: ¡Me Vale Madres! ¡Me Vale Madres! ¡Me Vale

Madres!, y un huracán de placer generará las condiciones para un encuentro orgásmico con Dios…

¡Me Vale Madres! Simplemente pronunciando estas tres mágicas palabras serás liberado de las cadenas de tu pasado para lograr, con lágrimas de emoción, abrir tus alas hacia las alturas de la más inconcebible de las libertades.

Castillos de arena

Otra implicación grave que ocurre cuando tratas de interpretar por mucho tiempo un papel que no eres, es que pierdes seguridad en la vida, vives siempre en guardia y no puedes relajarte, porque profundamente sabes que la imagen que construiste de ti no tiene su base en la realidad, sino en la ficción. A pesar de tu asentada costumbre de confundir lo falso con lo verdadero, cuando te presentas al mundo fingiendo ser mejor de lo que eres, en el fondo sabes que cuanto has construido es un castillo de arena al cual incluso el pie distraído de un niño puede destruir. Y mientras más grande es el castillo que creaste, mayor tensión te produce. Mientras más grande es el resultado de tus mentiras, mayor es el miedo de ser desenmascarado, porque si esto sucede, más fragoroso será el ruido del derrumbe y lacerante el dolor del ego.

Por eso las personas de éxito, desde el punto de vista interior, viven una vida más difícil que los fracasados. Un fracasado nada tiene que perder: ya es un fracasado: al contrario, la persona exitosa vive entre el terror de perder lo mucho que posee. No debemos maravillarnos cuando sabemos de estrellas de Hollywood víctimas de las drogas o que terminan en el psiquiátrico. ¡Ah!, si sólo conocieran los secretos del mantra mexicano ¡Me Vale Madres!

Por eso Jesús dice que "es más fácil que un camello pase por el ojo de la aguja, que un rico entre en el reino de los cielos". Y no malentiendas a Jesús, porque Él no dijo esto porque los ricos le cayeran mal. Él amaba tanto a los pobres como a los ricos. Jesús no era clasista. El sentido de esta afirmación es que un rico tiene más que perder que un pobre; para un rico es más difícil relajarse y vivir con confianza. El problema es que relajación y confianza son dos características indispensables para entrar en el *reino de los cielos*. ¿Puedes imaginarte a alguien pasando el umbral del paraíso con el Nextel en las manos, mirando el reloj con gesto preocupado? Para quien tiene éxito es más difícil abandonarse a la delicia del mantra ¡Me Vale Madres!, porque tiene más que perder... o mejor dicho: cree que tiene más que perder. Para un pobre diablo resulta fácil. ¿Qué puede perder? ¿La pobreza? Pero una persona de éxito está apegada a su tesoro como si fuera él mismo; sin su riqueza, sin su fama, sin su poder, teme desaparecer. Hay gente que por haber perdido su riqueza ¡ha llegado a suicidarse! Gente que no ha podido vivir un solo día en la condición en que la casi totalidad de la población mundial vive desde siempre.

Si estos desgraciados hubieran conocido la delicia de los mantras mexicanos, viendo desaparecer su dinero, su poder y sus pertenencias, habrían respirado profundamente y, con voz poderosa, habrían rezado: ¡ME VALE MADRES! Después, mirando al horizonte y aspirando aire fresco, habrían sentido el olor de la aventura.

Arrojando el poderosísimo mantra ¡Me Vale Madres! como una bomba contra los apegos y la cobardía de una mente incapaz de concebir la grandeza de Dios, fácilmente te abrirás el paso hacia la mágica dimensión del presente. Una dimensión que a cada momento nos concede el preciosísimo regalo de un nuevo renacimiento, de una nueva vida. Rezando con constancia ¡Me Vale Madres! ¡Me Vale Madres! ¡Me Vale Madres! gozarás del fantástico alivio que conlleva estar simplemente aquí y ahora.

El presente: la dimensión de la eternidad

Una de las tantas y extraordinarias implicaciones de este polifacético mantra es la de arrojarte en la dimensión del presente.

Con tan sólo pronunciar estas maravillosas tres palabras, *Me Vale Madres,* te lleva a la experiencia inmediata de que el pasado terminó y el futuro aún no empieza. Es como decir que los huéspedes anteriores ya se fueron y los que siguen todavía no llegan. ¡Es una belleza! Esto es el presente: una situación maravillosa en la cual puedes quedarte beatíficamente en tu casa, en calzones, sin que nadie te moleste y nada que hacer. ¡Una delicia! El pasado ha muerto y entonces no se puede hacer nada, y el futuro todavía no nace, por lo que tampoco se puede hacer nada… ¿Qué más quieres de la vida?

Pero, ¿cuánto tiempo y energía perdemos torturándonos con cosas que han pasado o que aún deben pasar? ¡Un chingo! Y no nos damos cuenta de que nos jodimos la existencia añorando o arrepintiéndonos de lo que ocurrió en el pasado, que no existe más, y esperando o preocupándonos por lo que sucederá en el futuro, que no aún existe y nunca se sabe si llegará. En otros términos: vivimos en un mundo de fantasía.

Si quieres evitarte vivir en el mundo irreal del pasado y del futuro, mejor que aprendas lo más pronto que puedas a practicar el mantra ¡Me Vale Madres!

Esta sofisticada práctica espiritual pronto te arrojará en la mágica dimensión del presente. Y sólo en el presente encontrarás a Dios. Sólo en este momento. Si no, ¿cuándo lo quieres encontrar? ¿Ayer?

El presente es una dimensión del tiempo difícil de entender para la mente, porque en realidad es una dimensión fuera del tiempo.

Mientras que el pasado y el futuro son un fenómeno estático, como una cartulina inmutable en el imaginario de tu mente, el presente es una dimensión dinámica que cambia continuamente y está fuera de tu control.

No puedes definir el presente, porque en el tiempo que empleas para definirlo ya se volvió pasado. La mente puede entender el pasado y el futuro, porque son un fenómeno estático, pero no puede entender el presente.

Pasado y futuro no existen... Mejor dicho, sólo existen como un recuerdo o como una hipótesis. Pasado y futuro pertenecen a la misma categoría de los sueños, y en un cierto sentido, pasado, futuro y sueños están hechos de la misma sustancia. Por eso las personas viejas a veces no distinguen entre lo que vivieron, lo que soñaron y lo que simplemente pensaron.

A diferencia del pasado y el futuro, el presente está vivo y vibrante, en un flujo continuo. Y es un flujo tan rápido y constante que la mente no tiene espacio para existir en él: la mente no puede existir en el presente.

Si miras tu mente, fácilmente verás que se mueve en el pasado, a través de los recuerdos, o se mueve en el futuro, a través de proyectos, preocupaciones y sueños. La mente necesita un espacio para existir. En el presente no hay espacio para la existencia de la mente. Por lo tanto, para estar en tu mente no puedes estar presente en la realidad, porque necesitas entrar como en un estado de sueño con los ojos abiertos. Si, al contrario, estás completamente presente en la realidad, la mente no puede subsistir y desaparece.

Por eso los maestros no quitan el dedo del renglón: *aquí y ahora, aquí y ahora, aquí y ahora.* Cuando simplemente estás aquí y ahora, tu mente desaparece, y con ésta desaparecen tu pasado, tus ideas, tus traumas, tus manías, tus patrones... y te vuelves inocente otra vez. El presente no es parte del tiempo. El presente pertenece a la eternidad. El pasado y el futuro son el tiempo del hombre; el presente es el tiempo de Dios.

Cuando rezas: ¡Me Vale Madres! ¡Me Vale Madres! ¡Me Vale Madres!, se abre ante ti la puerta de la eternidad. Por eso el mantra ¡Me Vale Madres! es también conocido como el "mantra de la eternidad".

¡Sólo este momento existe! ¡El pasado te vale madres! ¡El futuro te vale madres! ¿Qué más quieres de la vida? Sólo hay que gozar estáticamente este momento presente, en su perfección.

Un mundo de mendigos

La vida es lo que es y no podemos pretender que responda a nuestras expectativas. ¿Cómo pretender que el pobre de Diosito contente los deseos de todos nosotros? Él se esfuerza, pobrecito, porque nos ama de una manera que te hace decir: "Relájate, Diosito, no vale la pena". Él se esfuerza, se las ingenia, se pasa la noche en su escritorio lleno de peticiones, tomando café y arruinándose el hígado que no tiene, rascándose la cabeza, intentando hallar soluciones a nuestros problemas, tomando notas, pegando *post-its* por todas partes, dibujando con plumones de color gráficos, organigramas, listas de prioridades… Hace todo lo que sus superpoderes le permiten… pero ésta es una tarea que lo rebasa incluso a Él.

El problema es que contentarnos a todos es una misión imposible, porque todos queremos cosas incompatibles con las que quieren los demás… Y también su paciencia tiene un límite: Fulanito le ruega a Diosito casarse con Perenganita, Perenganita le ruega casarse con Sutanito, Sutanito le ruega casarse con la hija del alcalde de Aguascalientes, la madre de la hija del alcalde de Aguascalientes le ruega a Diosito que la hija se case con el nieto del rey del atún de Mazatlán, el rey del atún de Mazatlán le ruega que el nieto se case con la hija del gobernador de Sinaloa, el gobernador de Sinaloa le ruega casarse con la hermana del presidente, el presidente le ruega casarse con la modelo de Playboy, la modelo de Playboy le ruega casarse con la estrella de Hollywood, y cuando también la estrella de Hollywood empieza a rogarle, Diosito grita:

—¡¡¡Ya basta!!!

Como un primer asunto, ¡Dios no es una agencia matrimonial! Y segundo, ¿cómo puede contentar a todos?

Además, visto desde arriba, desde donde Él está, esto de la Tierra es un espectáculo miserable: un mundo de pordioseros chillones que, de rodillas, mendigan sin cesar por un coche nuevo, por una promoción, por ganar la lotería, porque ganen las Chivas o el Real Madrid, por no ser descubierto por la policía, por no ser descubierta por el esposo, porque sufra tu enemigo, para que fracase tu competidor... ¡Qué asco!

¿Conoces la historia del güey que estaba siempre con los ojos hacia el cielo y lloriqueando a Dios?

—Diosito, por favor, dame esto... Y dame esto otro... ¿Y por qué a mi primo sí y a mí no...? ¿Y por qué yo soy tan desafortunado...? ¿Y por qué, Diosito, la esposa de mi vecino es tan guapa que cuando pasa todos la miran y chiflan, mientras que cuando pasa la mía los perros se ponen a ladrar? Y, por favor, dile a mi jefe que me dé la promoción... ¿Y por qué mi vecina sale con mi hermano y no conmigo...? Y, por favor, Diosito, dile a mi papá que me dé la herencia antes de que se la gaste en medicinas —y así durante años y años, hasta que un día, de repente, el cielo se abre con unos relámpagos tremendos, y entre las nubes se ve salir un gigantesco pulgar que, bajando como rayo hacia el pinche güey, lo aplasta contra el suelo sin piedad, mientras que en la bóveda celeste retumba como trueno la voz de Dios:

—¡Porque me caes mal!

Todo tiene un límite, hasta la paciencia de Dios.

La vida es lo que es. Cualquiera con un poco de madurez entiende que la vida no puede adaptarse a nuestras expectativas. La vida debe ser aceptada por lo que es y basta. No sólo puede haber nacimientos; también la muerte es parte de la vida. La alegría, la salud, la luz, el silencio y la paz son parte de la vida, al igual que la tristeza, la enfermedad, la oscuridad, el ruido y el tormento. Cualquier persona madura sabe que la vida está hecha de días positivos y días negativos. No se trata de establecer si está bien o mal. Simplemente es así.

Cuando ves que un niño llora, grita y golpea en el piso con los pies porque quiere ir a jugar al jardín, aunque afuera llueva y haga un frío de la chingada, tú, que eres un adulto, viéndolo llorar frente a la ventana, sonríes por la inmadurez del niño y piensas: "Pobrecito, él no sabe que la vida es así: a veces hay sol y a veces lluvia. Él no sabe que la vida es lo que es". Y te sientes bien chingón al percibirte tan sabio. Pero un momento después, revisando las entradas de tu negocio, te das cuenta de que ganaste menos que el año pasado, y piensas que tu hijo, en lugar de estudiar para administrador de empresas, estudia danza clásica, y tu hija se enamoró de un roquero lleno de tatuajes y sin talento... Y empiezas a llorar, gritar, patalear y arrancarte el pelo exactamente como el niño que continúa frente a la ventana sacándose el moco.

Hay maestros, como Pancho López, que afirman que es muy raro encontrar a alguien que sea psicológicamente más maduro que un niño de 12 años.

No te preocupes, porque rezando religiosamente los mantras mexicanos poco a poco te volverás al fin más y más maduro. Porque madurez significa aceptar las cosas como son. El mantra ¡Me Vale Madres! es también llamado el mantra de la "divina aceptación".

Rezando ¡Me Vale Madres! ¡Me Vale Madres! ¡Me Vale Madres!, todas tus contrariedades, todos tus berrinches y todo el ruido de tu inmadurez se aquietarán. Tu respiración se volverá profunda y un océano de relajación bajará sobre ti, permitiéndote entrar gloriosamente en la divina dimensión de la *aceptación incondicional*.

Aceptar la vida por lo que es le corresponde al mantra cristiano *fiat voluntas Tue*, que nada tiene que ver con un coche italiano, como piensa erróneamente Pancho López. *Fiat voluntas Tue*, en latín, significa *"Hágase Tu voluntad"*. El mismo significado que tienen la expresión árabe *Insha'Allah* o *Im yirtzeh HaShem* en hebreo. Todas estas bellísimas expresiones equivalen al mantra mexicano ¡Me Vale Madres! Jesús, Mahoma, Moisés y Pancho van de la mano tanto en éste como en otros innumerables aspectos.

De hecho, cuando dices: "Hágase Tu voluntad", declaras que estás dispuesto a soltar tus expectativas, dejando las cosas en manos de Dios. Por fin terminas de pelear, tratando de forzar la vida en los canales en que quisieras verterla, y no te importa más lo que pasa, porque confías en Sus decisiones. En otros términos: "te vale madres" y aceptas la voluntad de Dios.

Pero, atención, no confundas la "aceptación" con la "fe religiosa", porque son dos cosas muy diferentes. La fe religiosa te hace un receptor pasivo de interpretaciones de la voluntad de Dios, que son diferentes para cada religión; la fe religiosa no requiere inteligencia; al contrario, la mortifica, porque te quita el espíritu crítico. Al contrario, "aceptación" significa participar en la voluntad de Dios de manera activa con tu inteligencia, porque cuando aceptas totalmente la *voluntad de Dios,* te vuelves uno con Él.

Si llegas a entender que, aun si vives quejándote, como sea la vida te llevará a donde tenga que llevarte, si puedes ver la futilidad de pelearte con la voluntad de Dios, de inmediato dejarás de luchar y aceptarás las cosas como son. Es una cuestión de inteligencia, no de *fe religiosa.* En lugar de vivir en un eterno conflicto con el todo, te dejas llevar por la corriente del río de la vida sin oponer resistencia, y en lugar de acabar donde tienes que acabar, peleando y blasfemando contra la vida, llegarás al mismo lugar donde de cualquier forma llegarías, bailando y riendo con la existencia.

Pancho López, mientras tira con cuidado las basuritas que se acumulan misteriosamente en sus bolsillos, no nos está invitando al fatalismo de quien se abandona como "peso muerto" en el río de la vida, sin entender nada de lo que pasa, sino que nos exhorta a entrar conscientemente en el río de la vida de manera participativa: dejándose llevar a donde el río quiera, jugando con la corriente, gozando del panorama de las montañas, de las mujeres que, cantando, ponen el tendedero para secar la ropa, de los niños que juegan corriendo en el campo, del pescador que lanza el anzuelo con inquebrantable optimismo, de los árboles y los pájaros en su diálogo eterno, de los infinitos dibujos de las nubes en el cielo, de la oscuridad de la noche agujereada por las estrellas... Dejándose llevar por el ritmo del agua... Y cuando el río acelera en una bajada, disfrutando la emocionante sensación de no tener el control. Y cuando llegan los remolinos, dejándose voltear y voltear en el tiovivo, hasta sentir la borrachera de perder la orientación. Y cuando se lanza desde una altura en forma de cascada, disfrutando la vertiginosa sensación que da el vacío cuando te llama a ahondar en lo desconocido. Y cuando se distiende en la amplitud de un valle, disfrutando la tranquilidad de su flujo relajado y sin prisa, que meciéndote como una madre con el pecho próspero, te lleva hacia el océano, haciéndote finalmente desaparecer en el gran sueño sin sueños.

Tú eres parte de la existencia. Cuando te rindes a ella, el mundo se convierte en tu casa dondequiera que estés. Cuando te rindes a la vida de modo libre y consciente, cuando te rindes de forma participativa, tu inteligencia se vuelve también parte de la existencia. No será más una inteligencia conflictiva, sino colaborativa. Si la existencia te lleva a la izquierda, tú usarás tu inteligencia para ir a la izquierda, y si la vida te lleva a la derecha, usarás tu inteligencia para ir a la derecha. Tu vida no será más una pelea entre tú y el todo, sino una cooperación donde tú y el todo colaboren en una creación única y perfecta. En lugar de estar en un continuo desafío con la armonía universal, reza: ¡Me Vale Madres! ¡Me Vale Madres! ¡Me Vale Madres! Todo se relajará: sentirás una agradable sensación de expansión de tu ser, y empezarás a sentir vibrar dentro de ti aquella nota única e irrepetible que Dios quiso agregar para enriquecer contigo su coro celestial.

Aquel armamentista del ego

A pesar de la facilidad de esta práctica espiritual, procediendo con el santo recorrido de los mantras mexicanos es posible que encuentres algunas dificultades, ya que para el ego la idea de rendirse es muy incómoda de aceptar. De hecho, rezando ¡Me Vale Madres! podrías encontrar resistencias por parte de tu mente para dejarte ir hacia la deliciosa melodía de su sonido, porque el ego sólo existe en función del conflicto, de la dificultad y de los problemas. Y el mantra ¡Me Vale Madres! tiene el poder de disolver todo tipo de conflictos, problemas y dificultades.

El problema es que tú te reconoces en función de las cosas que haces, de las dificultades que enfrentas y de las pequeñas y grandes guerras que emprendes. Por eso, en tiempo de paz, cuando nada pasa, es bastante común sentir la rara sensación de que algo falta… que algo tiene que hacerse. Y para sentir la sensación de ti mismo, necesitas generarte un nuevo problema, una nueva tensión, un nuevo dolor, una nueva guerra. Tu ego se nutre de conflictos, se nutre de negaciones.

De hecho, la edad en que se forma el ego corresponde al periodo en el cual los niños dicen continuamente "no", porque en esta fase los niños necesitan desarrollar la sensación de estar separados de los demás, afirmar su individualidad y, como decía el viejo Erasmo de Róterdam, ejercer su "libre arbitrio".

Este egoísmo extremo es un rasgo típico de los niños, que corresponde a su necesidad de iniciar el proceso de independencia de sus padres. En otros términos, el egoísmo es funcional en su crecimiento.

Pero, una vez adultos, este egoísmo debe abandonarse a través de una toma de conciencia, de la misma forma en que gradualmente el niño abandona la crueldad típica de la infancia que lo hace divertirse al ahogar el gato en el fregadero. Los niños son egocéntricos y crueles porque son inconscientes. Al crecer, tendrían que abandonar ambos aspectos, para volverse adultos conscientes y maduros.

Pero esto no sucede. De hecho, nos quedamos apegados a nuestro ego, permaneciendo infantes toda la vida. Por eso encontramos dificultad para vivir sin conflictos, por eso nos cuesta tanto aceptar las cosas como son: porque cuando aceptas, cuando dices "sí", te fundes con la existencia y tu ego se disuelve en ella. Al contrario, cuando dices "no", creas un obstáculo y tu ego te da la sensación familiar de que "tú eres".

Si dices "no", se refuerza más y más la idea de ti; si, al contrario, empiezas a aceptar las cosas como son, al decir "sí" de repente pierdes tus rasgos personales. Si dices *fiat voluntas Tue* o *Insha'Allah* o *Im yirtzeh HaShem* o ¡Me Vale Madres!, es inevitable desaparecer en Dios. Por eso tendemos siempre a crear problemas.

No estoy diciendo que debamos pasarnos la vida rascándonos la barriga como Pancho López, sino todo lo contrario. De hecho, cuando dejas de pelear tratando de reafirmar el infantil principio de que tú sabes mejor que Dios cómo tienen que ser las cosas, toda la energía que gastabas en esta causa perdida queda disponible en forma de creatividad. Una increíble cantidad de energía creativa continúa disponible para hacer un montón de cosas. Pero no serás más tú por hacerlas, sino que será Dios quien las hará a través de ti. Por lo tanto, si las cosas van bien, ¡fabuloso!, todos contentos, y si las cosas van mal... ¡te vale madres!

Desafortunadamente, nuestra energía creativa, por lo general, se nos va en resolver problemas estúpidos que nosotros mismos nos creamos. Somos máquinas creadoras de problemas. Apenas resolvemos un problema, tenemos que crear otro de inmediato. Si el río de la vida da vuelta a la izquierda, tú dices: ¡No! ¡Tendría que ir a la derecha! Y si el río procede hacia el océano, tú dices:

—¡No! ¡Tendría que ir hacia la montaña!

Rezar ¡Me Vale Madres! corresponde a decir "sí". Rezar con místico abandono ¡Me Vale Madres! ¡Me Vale Madres! ¡Me Vale Madres! significa soltar el angosto ámbito de tu personalidad, para desaparecer despacito en el todo y volverte uno con la vida... uno con Dios.

La mayor dificultad que encuentran los terapeutas en el proceso de sanación es el apego de los pacientes a sus problemas. En realidad no quieren sanar: sólo quieren encontrar a alguien con quien quejarse... a costa de pagarle. Porque, sin problemas, ¿qué harían? Tendrían que tomar la responsabilidad de sus vidas y empezar a vivir.

Los problemas son excusas excelentes para no responsabilizarse de sí mismos ni de su propia vida: "¡No puedo, porque la culpa es de mis padres... de mi esposo... La culpa es del gobierno... de la gripa...! ¡No puedo porque estoy enfermo... porque soy viejo... porque estoy muerto!" Sin embargo, cuando no hay más ningún "porque", eres libre: no tienes más excusas y puedes hacer lo que quieras... Esto significa que necesitas asumir los riesgos que implica vivir y empezar a bailar con la existencia.

El mantra ¡Me Vale Madres!, al contrario de lo que comúnmente se piensa, es también llamado el "mantra de la responsabilidad". Cuando algo, por miedo, cultura o prejuicio, te impide tomar la responsabilidad del papel que la existencia te dio en la fantasmagórica coreografía cósmica de Dios, reza: ¡Me Vale Madres! ¡Me Vale Madres! ¡Me Vale Madres!, y empieza a bailar con el místico arrobamiento de una Meera a las puertas del templo de Vrindavan o de un Nijinski en el escenario del Bolshói de Moscú.

Rezando ¡Me Vale Madres! ¡Me Vale Madres! ¡Me Vale Madres! encarnarás con responsabilidad el papel que Dios te asignó, sin echarte para atrás ni esconderte con cobardía detrás de las limitaciones y de las máscaras que un día fuiste obligado a asumir, pero que ahora puedes soltar en cualquier momento. Rezando ¡Me Vale Madres!

¡Me Vale Madres! ¡Me Vale Madres! poco a poco tu mente dejará de interferir. Su típica y titubeante actitud de analizar, catalogar, juzgar y comparar para decidir qué conviene o no, qué es propio y qué no, lentamente desaparecerá. Y cuando tu mente se detenga, tu inteligencia quedará al fin libre de la carga de tus conocimientos pasados y de tus deseos futuros, para responder con libertad a la realidad de manera original, fresca, inocente y creativa, como si viera la realidad por primera vez. Ésta es la verdadera inteligencia. La inteligencia no tiene nada que ver con la cultura: tiene más que ver con la ignorancia.

¿Inteligencia o cultura?

Bienaventurados los pobres de espíritu porque de ellos es el reino de los cielos.

Mentes cultas, mentes complicadas pueden ser un grave obstáculo para el crecimiento espiritual.

Hay una historia:

Una señora compró un nuevo aparato electrónico para la cocina, pero cuando llegó a casa se dio cuenta de que en el empaque faltaba el manual de instrucciones. Dejó el aparato en la mesa de la cocina, donde la muchacha estaba terminando sus quehaceres, y regresó a la tienda para reclamar el manual y finalmente usar su nuevo aparato.

Cuando la señora regresó con el instructivo, con gran sorpresa encontró que la muchacha había montado el aparato y ya lo estaba usando. La señora se quedó muy sorprendida y le preguntó:

—¿Cómo lo hiciste?

Y la muchacha, casi disculpándose, le contestó:

—Señora, qué le puedo decir… Yo soy ignorante, no sé leer… Por lo tanto, tengo que usar la inteligencia.

Esto es lo que le pasa a las personas que saben mucho. En lugar de utilizar la inteligencia para enfrentar la vida, como cualquier máquina, buscan las respuestas en las cosas que saben. Es muy difícil para las personas muy cultas conservar la inocencia necesaria para mantener la inteligencia viva.

Bienaventurados los pobres de espíritu porque de ellos es el reino de los cielos.

La cultura, las cosas que sabes, son informaciones con las cuales nutres la biocomputadora que es tu mente. Estas informaciones resultan útiles cuando estás a cargo de tu mente, pero son peligrosas si, como ya vimos, estás a merced de su tiranía. Porque, mientras más información guarda tu mente, más instrumentos requiere para controlarte y sofocar tu espontaneidad. Y esto se vuelve un grave obstáculo para tu inteligencia porque, en lugar de vivir en función de lo que eres, empiezas a vivir en función de lo que sabes.

Pero, cuidado, porque mientras que tú eres un fenómeno ilimitado, tu mente es un fenómeno muy, muy limitado. ¿Cuánta información puede contener tu mente? Por mucha que alcances a conocer, no es difícil entender que no es nada en comparación con lo conocible. Tu mente es como un archivo chiquito, chiquito… Nada en comparación con el archivo general.

Sin embargo, cuando eres una persona culta, te parece que tu archivo es rico en informaciones; por lo tanto, vives buscando las respuestas a tu vida, clavando tu cabecita en este miserable archivito, desentendiéndote de la existencia del archivo universal y de todo alrededor de ti. Cuando eres un ignorante, un *pobre de espíritu,* dado que sabes que tu archivo personal contiene muy poquito, te relajas, rezas ¡Me Vale Madres! y, rindiéndote a tu pobreza de espíritu, en tu inocencia tienes mágicamente acceso al archivo divino donde todas las respuestas están contenidas y disponibles.

Rezando ¡Me Vale Madres! podrás liberarte con facilidad de la carga de tu mente, que siempre te sugiere respuestas que sólo en apariencia son inteligentes, para regresar a ser simplemente tú mismo, y gracias a tu reconquistada espontaneidad, ver con sorpresa a tu inteligencia coincidir con la inteligencia de Dios.

Bienaventurados los pobres de espíritu, porque de ellos es el reino de los cielos.

No puedo explicar otra vez que "no vivir en función de lo que eres" te aleja de Dios, porque a Pancho López le da hueva explicarlo de nuevo y probablemente tú también estés hasta la madre de escucharlo, pero tratemos al menos de sintetizarlo con otro silogismo socrático (¡Bendito Sócrates!):

1) Mientras más cosas sabes, menos eres inocente.

2) Mientras menos eres inocente, más lejos de Dios te encuentras.

3) Mientras más cosas sabes, más lejos de Dios estás.

Recuerdo que, durante un periodo en que trabajé en el cine, no podía gozar inocentemente una película, porque conocía todos los trucos que componen esta bellísima ilusión que llamamos cinematografía. Por lo tanto, al ver la película, no podía ver más a los personajes de la historia, sino a colegas trabajando. Mi gusto por la película se había vuelto intelectual, pero había perdido la inocencia necesaria para trascender la prosa e intuir la poesía. Y Dios es siempre poesía.

Lo mismo le pasa a todos los especialistas en algo. Si eres un botánico, al mirar una rosa, en lugar de perderte en el misterio de la rosa, te preguntarás si es una centifolia o una canina, si está plantada bien o mal, si recibe bastante luz o le dan demasiada agua. Y si eres un químico estarás consciente también de los pigmentos que le dan ese color particular, y te preguntarás de qué dependen esos matices irregulares que se presentan en las hojas más próximas al bulbo, ignorando por completo la experiencia de quién eligió la rosa como el símbolo del amor. Para este tipo de gente será más difícil percibir el misterio de la rosa respecto del pinche güey ignorante que llega y dice:

—¡Guau! ¡Qué chingonería! —la corta y se la regala a la primera señorita que encuentra, poniendo en marcha el famoso "efecto mariposa".

Y lo mismo si eres un maestro: te será difícil relacionarte con un niño sin verlo como un alumno para educar. Si eres un psicólogo será difícil tener una relación relajada con un amigo. Si eres un cocinero le perderás el gusto a la comida. Y si eres un ginecólogo... ¡Puta madre, no puedo imaginar lo que le pasa a los ginecólogos! ¿Cómo hacen para ver la poesía de la...? Tú entiendes qué quiero decir. Y al final, se sabe que los ginecólogos son como los agentes turísticos: trabajan donde los demás se divierten.

Como ves, la ignorancia es una gran cosa. Jesús tenía toda la razón.

Ahora, no me malentiendas: Pancho López no nos está invitando a ser ignorantes como él, pues para alcanzar su nivel se necesita talento. Lo que estamos diciendo es que, si no somos capaces de liberarnos de la tiranía de la mente, la cultura puede constituir una dificultad para nuestro crecimiento espiritual. De hecho, es mucho más fácil ver rasgos de sabiduría en un abuelo que ha vivido toda su vida en el campo sin saber leer ni escribir, que en un intelectual orgullosamente sentado frente a su enciclopédica biblioteca. Pero si tienes la maestría de ser el dueño de tu mente, si eres capaz de usarla cuando te sirve y acallarla cuando quieres, incluso puedes tener en la cabeza toda la *Enciclopedia Británica* sin perder nada de tu inocencia y espontaneidad. Pero para lograr esto se necesita ser un maestro.

La cultura tendría que estar al servicio de un gran ser, no de una gran mente. La cultura tendría que enriquecer el aspecto místico de uno mismo y no de nuestra personalidad y nuestro ego. La cultura no tendría que ser el instrumento para crear más argucias y generar la estrategia que nuestro ego usa para afirmarse a sí misma, sino que tendría que ser el instrumento para encontrar formas más articuladas para cantar la gloria de Dios.

Sin embargo, en la mayoría de los casos no es así. Mientras más cosas sabes, más se atrofian tu intuición, tu creatividad y tu inteligencia. Por eso hay personas que manejan la física nuclear o la ciencia biogenética como si se tratara de cacahuates, pero se les dificulta cruzar una calle o relacionarse con un sencillo ser humano como ellos.

Bajo esta óptica, se tiene que entender el dicho de Jesús: "Bienaventurados los pobres de espíritu porque de ellos es el reino de los cielos". Él no está diciendo que para ir al reino de los cielos haya que ser una especie de retrasado mental; está diciendo que los pobres de espíritu son bienaventurados porque, para encontrar a Dios, no necesitan pelear con todas las ideas confusas que los separan de la pura inocencia que se necesita para verlo en todo lo que nos rodea.

Si Jesús hubiera conocido los mantras mexicanos cuando dijo: "Bienaventurados los pobres de espíritu porque de ellos es el reino de los cielos", de seguro habría agregado: "Y si no eres tan bienaventurado, reza: ¡Me Vale Madres! ¡Me Vale Madres! ¡Me Vale Madres!"

Por eso este mantra inmaculado es también llamado el "mantra de la divina inocencia", porque todas las veces que tu mente interfiere con tu intuición, complicándote la vida, proponiéndote argumentos en pro y en contra, cálculos, oportunidades y desventajas, consejos, comparaciones, juicios… y así por el estilo, rezando ¡Me Vale Madres! ¡Me Vale Madres! ¡Me Vale Madres! recuperarás la sencillez para mirar la vida con los ojos de Dios y entrar en el *reino de los cielos*.

El mantra del amor

Y terminamos con el último grandioso aspecto de esta inestimable joya de la espiritualidad mexicana.

¡Me Vale Madres!, que ya definimos como "mantra del desapego", "mantra de la eternidad", "mantra de la revelación luminosa", "mantra de la responsabilidad", "mantra de la divina aceptación", "mantra de la divina inocencia", es también, y por encima de todo, conocido como el "mantra del amor".

El amor es la última consecuencia de esta oración sagrada. Rezando día y noche con místico enfoque ¡Me Vale Madres! ¡Me Vale Madres! ¡Me Vale Madres!, llegará el momento en el cual sentirás todas tus tensiones aflojarse, tu mente se encontrará de repente vacía y en el centro de tu pecho sentirás florecer la rosa mística del amor.

Nada obstaculizará más la manifestación de tu naturaleza divina, pervirtiendo tu espontaneidad. Otra vez podrás mirar a los ojos a tu amada, a tu hermano, a tus hijos, y decirles: "Te amo, te amo, te amo incondicionalmente porque… ¡Me Vale Madres! Me Vale Madres el pasado, Me Vale Madres el futuro, Me Vale Madres quién tiene la razón y quién está equivocado… ¡Me Vale Madres quién llegó antes y quién llegó después! ¡Me Vale Madres todo! Te amo, te amo y basta".

Sólo si *te vale madres* puedes amar. De lo contrario, es inevitable que las políticas de la mente manejen tu vida tratando de obtener de los demás lo que te sirva.

Por lo tanto, para gozar la última implicación de este primer mantra mexicano, que es el amor, recuerda: cuando te encuentras separado del todo, buscando la forma correcta de hacer las cosas, cuando te encuentres atorado sin saber si decir una cosa o no decirla, cuando te esfuerces por hacer las cosas mejor de como te salen naturalmente, cuando te pongas de puntitas para que los demás noten lo que has hecho, cuando te escondas viviendo como un fantasma, cuando tu corazón diga que "sí" y tu mente que "no"… reza: ¡Me Vale Madres! ¡Me Vale Madres! ¡Me Vale Madres!, y mágicamente las palabras fluirán perfectas de tu boca, tus movimientos se volverán danza, tus acciones serán originales y sorprendentes… Y finalmente Dios podrá usar tu voz para decir a todos los que te rodean: "Te amo… te amo… te amo…"

¡A LA CHINGADA!
EL SANTO MANTRA DE LA PURIFICACIÓN

La humanidad se arrodillará enfrente de México cuando el poder del mantra mexicano ¡A La Chingada! se haya difundido por el mundo, irradiando su benéfica influencia.

El mantra ¡A La Chingada! es el "mantra de la purificación", que puede ser usado cuantas veces sientas que una presión interior necesita ser liberada. ¡A La Chingada! es el "mantra de la catarsis". "Catarsis", de hecho, es una palabra griega que significa, literalmente, "purificación".

Pero, ¿por qué necesitamos purificarnos? ¿De qué tenemos que purificarnos?

Otra vez debemos regresar a la "suprema" obra de los alquimistas "Patas Pa' Arriba".

Una banda de vándalos

La experiencia que sufrimos a lo largo de nuestra niñez no es sólo dolorosa a nivel psicológico, sino también a nivel energético. Todas las veces que hemos sido reprimidos en una manifestación natural de nuestro ser, todas las veces que hemos sido forzados a tener comportamientos en contraste con lo que somos, nuestra energía vital sufre un *shock*.

Cuando eras niño, antes de que fueras acosado por las reglas, por los prejuicios, por las expectativas y por los miedos de la sociedad, vivías relajado y de manera espontánea. No tenías ningún tipo de conflicto contigo mismo, la energía fluía sin ningún obstáculo, todo dentro de ti era armónico y sin tensión, todo era silencioso. Eras la expresión viviente de la pacífica perfección del reino de Dios.

En cierto sentido eras igual a uno de esos paisajes de campo que algunos artistas aman representar: los pájaros que brincan de una rama a la otra decorando el silencio con sus gorjeos; las abejas picando florecitas aquí y allá en la incesante producción de la miel; las vacas que tascan el pasto, contendiéndoselo con unos conejos selváticos; el río que baja de la montaña, invitando con su sonido tranquilizador a las raíces de los árboles a sortear los obstáculos subterráneos para encontrarlo y nutrirse de él; unas nubes traviesas que, paseando en el cielo azul, se ríen para sus adentros pensando en la broma que le gastarán al sol cuando se le pongan enfrente; el sol que sonríe, socarrón, a las nubecitas, como un abuelo que finge sorprenderse una vez más por la vieja broma que las nietas traviesillas le hacen desde la noche de los tiempos; los cultivos que cada día más se preparan para regalarse generosamente en el día de la cosecha; las flores que florecen, los frutos que maduran... Todo fluye, manifestando otro aspecto de la perfección del reino de Dios, el cual se manifiesta en cada ser humano cuando no está sometido a ninguna presión artificial.

Lamentablemente, nadie de nosotros ha sido dejado en paz. De manera continua, la armonía de Dios ha sido descompuesta por el trabajo de los infelices alquimistas "Patas Pa' Arriba". Cualquier cosa que hagas o no hagas, siempre habrá un pinche güey listo para interferir con la armonía de Dios, jalándote o empujándote a un lado y al otro: cuando no estás haciendo nada, te dicen que eres un huevón, y cuando haces algo, te dicen que no te estás un momento quieto, y cuando te estás divirtiendo, te dicen que ésa no es la forma de divertirse, y cualquier cosa que hagas siempre habrá alguien que te quiera enseñar una forma más propia de hacerlo; y si te tomas algo en serio, te dicen que te debes tomar la vida alegremente, y si te la tomas alegremente, te dicen que es cosa seria; si estás triste, te dicen que no hay razón para estar así, y si estás alegre, te dicen que no hay motivo para estarlo; si te enojas, te dicen que te ves feo y que debes aprender a entender las cosas sin enojarte, y si te tocas el pipín... ya vimos lo que te dicen.

Cuando sufrimos estas continuas interferencias, dentro de nosotros, a nivel energético, ocurre un verdadero terremoto: cuanto era armonía se vuelve conflicto y confusión. Es como si en este pacífico paisaje campestre que acabamos de describir, de repente llegara una banda de vándalos borrachos con sus motocicletas, y con risas desvencijadas empezaran a hacer competencias de carruseles con sus motos, destruyendo los cultivos, espantando las vacas, tirando piedras a los pájaros, disparando a los conejos, rompiendo las ramas de los árboles, pateando las colmenas de las abejas, meando en el río, tirando botellas de cerveza por todas partes, prendiendo fuego y cocinándose un par de conejitos en el asador.

Lo que le pasa a este paisaje es más o menos lo que ocurre en el interior de nosotros cuando alguien interfiere y nos enseña a interferir con la natural manifestación de nuestra energía vital.

Esta invasión barbárica de nuestro mundo interior, practicada por el mundo de los adultos cuando somos niños, es tan insistente y prolongada en el tiempo que se vuelve parte de una estructura psicológica que, por medio de las voces, los mandamientos, los conceptos, las ideas, los prejuicios y los patrones, nos tiene secuestrados en la sofocante prisión de nuestro carácter.

En otros términos, este vandalismo que sufrimos no termina cuando se acaba la niñez, sino que continúa a lo largo de la vida mediante un mecanismo de autocontrol con el cual viene programada nuestra mente, que nos condena a ser testigos consternados del dramático espectáculo de bandas de motociclistas borrachos que devastan continuamente y sin piedad nuestro pacífico paisaje interior, alterando la paz original y la fusión armónica con el universo; abriendo paso, de esta forma, a los usurpadores del reino de Dios: los conflictos, las tensiones, la confusión, la duda, el miedo, la frustración, el resentimiento… y otros más.

El mantra mexicano ¡A La Chingada! es la herramienta con la cual podemos restituir silencio y paz a nuestro mundo interior. Es el arma contundente con la cual podemos liberar el reino de Dios de sus usurpadores… así como de aquella pinche banda de motociclistas. El mantra ¡A La Chingada! es capaz de restituir a Diosito lo que era suyo y restablecer la antigua armonía, convenciendo a los pajaritos de regresar a los árboles, a las vacas de contenderse el pasto con los conejitos, e invitando al río, los árboles y los cultivos a relajarse de nuevo, bajo el juego antiguo y familiar del abuelo sol con las nietas nubes.

Reza con santa intensidad:
la alquimia de la totalidad

Si quieres de verdad aprovechar este tesoro de la sabiduría mexicana y usar este mantra liberador como un puente hacia Dios, es importante saber cómo rezarlo de la manera más apropiada. Y la mejor forma de hacerlo es usando tu total intensidad.

Mientras que el mantra ¡Me Vale Madres! se reza con una actitud que invita a soltar, inhalando y soltando el mantra con un gran suspiro, el mantra ¡A La Chingada! requiere mucha mayor energía. Necesitas inhalar con el máximo vigor y soltar el mantra como si lanzaras una bomba.

Lo ideal es practicar este mantra en un lugar aislado, donde la gente no te escuche ni te vea. Respira profundamente, conéctate con la tensión interior y, con voz firme y poderosa, reza: ¡A La Chingada! ¡A La Chingada! ¡A La Chingada!

Gritar el mantra con todas tus fuerzas ayuda mucho para la eficacia de esta plegaria, y acompañar el rezo con amplios movimientos del cuerpo la hace infalible. Si no puedes gritar ¡A La Chingada! ¡A La Chingada! ¡A La Chingada! como te gustaría, porque justamente no quieres espantar a tus hijos o tienes miedo de que los vecinos llamen a la policía, puedes ponerte un cojín en la boca a modo de silenciador y rezar gritando con toda tu pasión: ¡A La Chingada! ¡A La Chingada! ¡¡¡A LA CHINGADAAA!!! Te sentirás como nuevo, nadie te escuchará y podrás salir de casa sin haber perdido tu reputación.

Gritar el mantra mexicano ¡A La Chingada! es importante porque te permite abrir el centro energético de la garganta, que corresponde a la expresión y a la creatividad, que los hindúes llaman el "quinto chakra"… pero que Pancho López nos enseña a llamar el "cogote".

Casi la totalidad de los humanos tienen tensiones en el cogote, porque unas de las primeras y más generalizadas formas de reprimirnos ha consistido en callarnos y limitar nuestra creatividad.

Los niños son todos muy creativos: todos. ¿Qué pasa después? ¿Dónde terminan todos estos potenciales poetas, pintores, arquitectos, músicos y bailarines? Terminan callados. Esto genera tremendos bloqueos en el cogote. Y cuando se te atora el cogote, que es también el conducto a través del cual pasa el aire (el nutriente de nuestra energía vital), se bloquea completa la energía de tu cuerpo: se bloquea el corazón, llamado el cuarto chakra, por su función del amor; se bloquea tu poder en el plexo solar, en el tercer chakra; se bloquea el segundo chakra, en el vientre, que es tu capacidad de sentir, y obviamente se bloquea el primer chakra, la energía sexual, que por sí sola ya está bien jodida debido a toda la morbosa atención que las religiones le ponen. Al final, ya no se trata de que los seres humanos tengan algunos bloqueos, sino que SEAN un bloqueo.

Cuando nacemos no estamos bloqueados en lo absoluto; al contrario, somos como un río incontenible de energía creativa, amor, sensualidad, júbilo y sensibilidad. La naturaleza (o Dios, o YZX, o como quieran llamarlo), nos empuja a expandirnos, a explorar, a crear, amar, reír, llorar, bailar, explotar, gozar… Nosotros somos por naturaleza un manantial irrefrenable de energía, confianza y entusiasmo. Cuando obstruyes todas las vías de expresión de esta energía, y la canalizas en los pocos y angostos escapes que la sociedad te permite, en tu sistema energético se crea un caos infernal. La energía que no puede fluir más hacia el exterior de manera vital y relajada se atora dentro de ti, creando una presión insoportable. Y para evitar que la necesidad de explotar te gane, el cuerpo aprende a controlarlo, creando tensiones y bloqueos que con el paso de los años se vuelven crónicos.

No esperes a que la presión se vuelva insoportable y te lleve a explotar cuando menos te lo esperes, involucrando al prójimo.

Elige cuándo liberar conscientemente esta tensión interior, rezando con pasión: ¡A La Chingada! ¡A La Chingada! ¡A La Chingada!

Pancho López, mientras se hace unas gárgaras con agua, limón y chile piquín para tener limpio y fresco justamente el cogote, nos dice que todas las emociones que vivimos las tenemos grabadas en el cuerpo. Por eso a veces pasa que simplemente, al recibir un masaje profundo de manera inesperada te vengan las ganas de llorar o te agarre un encabronamiento bestial o te sientas de improviso dichoso o embarazosamente cachondo. Porque cuando tú intervienes directamente sobre tu cuerpo, los bloqueos físicos que has desarrollado se aflojan y sueltan las emociones que habías reprimido, y que estos bloqueos físicos se encargaban de controlar. De aquí la importancia de rezar el mantra mexicano ¡A La Chingada!

Una práctica correcta de este poderoso mantra te permite liberar cuanto tienes reprimido, y sentirte otra vez fresco y ligero como una florecita de primavera. Entonces, cuando sientas presión dentro de ti, cuando estés hasta la madre de contener tu energía vital en los angostos ámbitos de tu papel social, enciérrate en un lugar seguro y reza: ¡A La Chingada! ¡A La Chingada! ¡A La Chingada!

Recuerda, debes rezar con absoluta intensidad: si encuentras algo que te estorbe, que obstaculice la danza de Dios dentro de ti, no lo mandes simplemente a la chingada; mándalo ¡A LA CHINGADA! La intensidad en el rezo tiene que ser total. La totalidad, en sí misma, genera una alquimia: la "alquimia de la totalidad", muy diferente a la de los tristemente célebres alquimistas "Patas Pa' Arriba".

La alquimia de la totalidad es un proceso de transformación alquímica que sigue las mismas leyes de la transformación química. En un laboratorio químico, para que un elemento se transforme en otro, es necesario estimularlo hasta que llegue a un punto crítico en que ese elemento muera como es y renazca como algo diferente. Sin tener que movernos hasta un inmaculado laboratorio de química, también en nuestra desmadrosísima cocina podemos observar que el agua, para transformarse en vapor, necesita alcanzar el punto crítico de 100 grados. A esta temperatura el agua muere como agua y renace como vapor.

Sucede igual con la transformación de la conciencia: para transformarte tienes que alcanzar un punto crítico en que desapareces como eres y reapareces como un fenómeno nuevo. Este punto crítico es la totalidad. Es allí donde finalmente podemos vivir el éxtasis sin peso del agua que se convierte en vapor, de la materia que se convierte en espíritu.

Sólo cuando estás totalmente inmerso en lo que haces, te transformas. Estoy diciendo "totalmente", no "mucho". El agua no hierve a 90 grados, como piensa Pancho López, confundiéndola con el ángulo recto... y tampoco lo hace a 99 grados. Para renacer a una nueva vida, deber hervir a 100 grados, no menos.

Cuando eres total, te transformas, porque desapareces en lo que haces. Tratemos de entenderlo. Cuando haces las cosas involucrando sólo una parte de tu energía vital, ocurre que "tú" haces algo. Cuando, al contrario, te involucras por completo en tu acción, te vuelves uno con lo que haces. Este "tú" desaparece en su acción.

En otros términos, la totalidad es una forma para disolver el ego. No hay más acción ni actor. Acción y actor se vuelven uno. Otra vez, como dijimos al revelar los misterios del mantra ¡Me Vale Madres!, la parte se funde con el todo.

La totalidad es la forma mediante la cual podemos evitar acumular karma.

El banco del karma

¿Qué cosa es la ley del karma? Pancho López, que nadie sabe cómo le hace para saber tantas cosas, mientras se hace un pediluvio en santa paz, nos enseña que existen dos interpretaciones básicas de la ley del karma.

La primera, la más común, se refiere a la ley de causa y efecto. Para decirlo a la López, la ley consiste en que si en esta vida agarraste a patadas el trasero de tu hijo, en la próxima vida habrá alguien que te agarrará a patadas el trasero a ti.

Por un lado, ésta es un teoría ingenuamente consoladora, porque te lleva a pensar que los que te lastiman, aun si continúan viviendo respetados por todos, en casas bellísimas y forrados de lana, tarde o temprano pagarán por lo que te hicieron, restableciendo de esta forma los equilibrios de una justicia divina en la cual nos obstinamos en creer; por el otro lado, funciona como una disuasión para una humanidad infantil que, creyendo en la amenaza de esta pena futura de la cual nadie se puede escabullir, limita los crímenes que se podrían cometer en la vida presente.

La lógica es muy similar a la del paraíso, purgatorio e infierno, sólo que aquí toma la forma de una especie de Banco del Karma: un instituto de crédito donde el contador de Dios, un güey con panza, poco pelo y unas gafas de fondo de botella, sentado en una nube cuadrada (que los ángeles usan como lugar de encuentro, llamándolo la "esquina del karma"), toma nota de nuestras acciones en un librote grande, grande, donde están todos nuestros nombres; en la columna de las deudas, señala en rojo todas nuestras malas acciones, y en azul, en la columna de los créditos, las buenas. Al final de la vida te manda el estado de cuenta con el saldo, que generalmente está en rojo y que, según las chorradas en las cuales crees, te condena a reencarnar en cualquier especie de animal infeliz o a pasar eones en el purgatorio o a las flamas eternas del infierno o al perene aire acondicionado del paraíso... que de cualquier forma se convierte en un pinche infierno para uno que sufre de reumatismos.

La segunda interpretación, más cercana al pragmatismo de Pancho López, quien se arremanga con cuidado los pantalones para estar seguro de no mojárselos durante el larguísimo pediluvio, considera el karma como el destino que el ser humano es condenado a vivir mientras no consiga el pleno despertar de su conciencia. En otros términos, te condena a reencarnarte y a dar eternamente la vuelta a la rueda del *samsara,* no para descontar tus acciones malas y gozar de las acciones buenas que cumpliste en la vida pasada, sino por el simple hecho de que eres inconsciente de la grande ilusión que es la vida...

¿Y qué demonios es el *samsara?* No hay problema. Pancho López, que todo lo sabe, emitiendo murmullos de placer por haber agregado un poco de agua caliente con sales minerales en la cubeta de plástico naranja, nos lo explica con mucha sencillez: el *samsara* es el continuo ciclo de muerte y renacimiento en el mundo ilusorio de la ignorancia. Budistas, hinduistas y jaines consideran *maya* (ilusión) a la vida que vivimos cuando nos entrampamos en la rueda del *samsara,* porque justo por el efecto del sueño de nuestra conciencia, somos incapaces de reconocer la naturaleza divina de la vida, que es la verdadera realidad. Prácticamente el *samsara,* este ciclo de muerte y renacimiento, es como una pesadilla en la cual estás atrapado y de la cual sólo podrás salir si despiertas... o, como dicen por allí, si te iluminas.

Mientras que tu conciencia no se despierte, estarás condenado a crear y acumular karma con cualquier acción, no importa que sea buena o mala, pues el universo no es moral y no distingue entre una y otra.

Para el universo, o para Dios, no existe distinción entre malo y bueno; sólo existe la diferencia entre consciente e inconsciente.

Lo que hace la diferencia a los ojos de Dios (o para la existencia) es si tus acciones son el resultado de la plena luz de tu conciencia o de la ceguera de tu ignorancia. Cualquier acción consciente, hasta la aparentemente más torpe, si es hecha por un Buda es virtuosa; y todas las acciones realizadas por un ser inconsciente, hasta las aparentemente más buenas, son blasfemas por el simple hecho de que el autor actúa como en un estado de sonambulismo; y no se pueden juzgar las acciones de un sonámbulo como acciones buenas o malas, porque pertenecen a otra categoría: las acciones inconscientes. Y como no puedes condenar a un sonámbulo si en la noche va y se mea en el refrigerador, de la misma forma no lo puedes premiar si inconscientemente, mientras tú duermes, te riega las plantas en el jardín.

Pero aun si no podemos juzgar las acciones de un sonámbulo, sus acciones inconscientes de cualquier forma crean consecuencias, porque interfieren con el orden universal. Lo mismo vale por nuestras acciones, comunes mortales. Por el hecho de que somos inconscientes e inocentes como sonámbulos, nuestras acciones, de cualquier tipo, producen consecuencias y, por lo tanto, crean karma. Sólo las acciones de un iluminado no generan karma, porque son puras, incontaminadas de las neblinas del ego.

Cuando un iluminado actúa, dado que está completamente fundido con el universo, es como si el universo mismo estuviera actuando; por eso no produce karma: no está separado ni tiene ego. Y una de las formas para salir de la ignorancia metafísica que nos hace creer que estamos separados del todo, creando esta ilusión que llamamos "ego", es justamente la totalidad: ser total en lo que hacemos.

La totalidad funde al sujeto que actúa con la acción que está siendo actuada; el *uno* se funde con el *todo*. Por eso, cuando un maestro cumple un acción, no es Él quien la cumple, sino el todo; en la ausencia de su ego, su acción no interfiere en la armonía universal y, por lo tanto, no "crea karma", exactamente como no genera karma el sol cuando se asoma en la mañana por el horizonte. No hay cosa que haga un maestro que no sea total, como lo es el río que escurre hacia el valle, una hoja que nace de una rama, dos golondrinas que preparan su nido, o la gota que gotea desde la pinche llave que alguien no cerró bien. Todo es total. Un maestro no hace diferencia entre acciones grandes y pequeñas; para él todo es sagrado, desde el río que escurre desde la montaña a la gota que escurre por la pinche llave, porque ha despertado a la gloria de Dios. Un Buda, un Jesús, un Lao Tse pelan una naranja con la misma intensidad con que dirigirían una sinfonía. Así como Pancho López goza el pediluvio en la cubeta naranja como si estuviera sumergido en un *jacuzzi* de porcelana, o saborea un refresco Mirinda con la misma intensidad con la cual paladea el más fino tequila, o se modela los bigotes con las tijeras como si estuviera esculpiendo *La piedad* de Miguel Ángel.

¡Y de niños todos éramos totales como Pancho López! No hay acción de un niño que no sea total, intensa y entregada. Pero la educación que recibimos es ¡tan de hueva! Nos imponen que seamos propios, callados, "educados" como monitos; nos obligan a actividades horribles, como ir a la escuela todos los días… Al final es inevitable que los colores brillantes de la naturaleza poco a poco se empiecen a confundir con las tintas desteñidas de la mediocridad. Es también por eso que acumulamos karma.

Cuando no eres total en lo que haces, generas una tremenda necesidad cósmica de terminar las acciones que no has terminado a causa de tu tibia entrega en la vida.

En el universo todo es total. No hay perro, buganvilia, río, tormenta o llovizna que no sea total en su expresión. El ser humano es el único que ahorra, es el único que se olvida de manifestar la devoción hacia Dios con la totalidad de su entrega. Y de hecho trabajamos a medias, amamos a medias, jugamos a medias, nos relajamos a medias… Y la palabra "media" tiene la misma raíz que la palabra "mediocre". Vivir a medias significa vivir mediocremente. No es importante lo que haces, sino cómo lo haces.

El universo no concibe esta idea la mediocridad. El ser humano es el único ser capaz de convertirse en una criatura mediocre. Pero, al ser también él parte de un universo que sólo conoce el lenguaje de la totalidad, percibe en lo profundo la inconsolable sensación de que está desperdiciando su vida. Y cuando mueres esta sensación no es sólo una sospecha, sino que se vuelve una horrible certeza que grita sin piedad desde los rincones más recónditos del universo; al punto de que (si es verdad lo que dicen por allí) no acabas de morir, cuando la urgencia de reencarnar para completar lo que dejaste a medias te lleva a no tener el aplomo necesario para elegir en forma apropiada un lugar donde reencarnar. Así, con las primeras dos pinches cucarachas que estén cogiendo… ¡pluf!, te precipitas como loco a ocupar la matriz de la señora cucaracha, para regresar lo más pronto posible a este mundo. Y cuidado, porque hay un chingo de estos pinches animalitos que se la pasan cogiendo todo el tiempo: mientras más vivas sin intensidad, más prisa tendrás por reencarnar, y es más probable que reencarnes en una pinche rata.

Por lo tanto, cuando sientas que algo te impide involucrarte completamente en lo que haces, reza: ¡A La Chingada! ¡A La Chingada! ¡A La Chingada!, y lánzate de cabeza en lo que estés haciendo. Si tu mente política intenta dirigir tu energía quitándote espontaneidad y totalidad, reza: ¡A La Chingada! ¡A La Chingada! ¡A La Chingada!, y actúa confiando ciegamente en el instinto que Diosito te regaló. ¡No vivas eligiendo cobardemente tus acciones en función de sus consecuencias! No vivas como un licenciado. Aun si eres un perfecto licenciado, vive como un guerrero y reza: ¡A La Chingada! ¡A La Chingada! ¡A La Chingada!, y tu espina dorsal se volverá fuerte como el acero, tus músculos se irrigarán de sangre caliente, y tu cuerpo entero vibrará recordándote que incluso si la haces de licenciado, en realidad eres un héroe del espacio sideral. No renuncies a la gloria de Dios, reza: ¡A La Chingada! ¡A La Chingada! ¡A La Chingada! No esperes a reencarnar en un piojo o en una garrapata. Aprovecha ahora para rezar: ¡A La Chingada! ¡A La Chingada! ¡A La Chingada!, y mientras un antiguo entusiasmo empieza a escurrir entre tus venas, serás poseído por el irresistible deseo de exponer sin vacilaciones tu pecho desnudo a los viento cambiantes de la aventura.

Un cafecito con Dios

En la búsqueda de Dios se necesita toda la energía que tenemos, todo el entusiasmo. ¿Cómo puedes pensar en encontrar a Dios si estás tan jodido?

Dios no es la Cruz Roja. Dios no ayuda a los pobres diablos. Dios no es una obra de caridad. Dios es una provocación que revela su secreto a los que se atreven a ir más allá de sus limitaciones, entregando todo su amor y su devoción en Su búsqueda. ¿Cómo puedes pensar en convencer a Dios para que te dé una cita si estás todo reprimido, tenso, lleno de miedos, avaricioso de energía y con el corazón cerrado? ¡Ni a tomar un café te invitará! ¿Con qué cara te presentarás frente a Él, revelándole que todas las cualidades únicas que Él te regaló con tanto amor e ilusión están todas apachurradas, jodidas, polvorientas, podridas, acartonadas, machucadas, parchadas y momificadas dentro de ti? Sería como si alguien, en tu fiesta de cumpleaños, te regalara un hermoso suetercito de cachemira y tú lo usaras para limpiar la casa después de la fiesta, secar los meados del gato, recoger la caca del perro, barrer el vómito del huésped borracho, luego le escupieras encima y, sin siquiera darle una enjuagadita, lo abandonaras por años bajo el fregadero. ¿Con qué cara le presentarías a tu amigo este suetercito que él te regaló con tanta ilusión, recorriendo todas las tiendas de todas las avenidas Cristóbal Colón y de la Independencia para encontrar uno que te quedara bien?

Para ir a una cita con Dios, necesitas prepararte. Tienes que recuperar tus cualidades, despertar la energía vital, estar completamente vivo, relajado, en paz… La preparación es necesaria. No puedes presentarte a un encuentro tan importante con el aire de uno que ya tiene un pie en la tumba, porque de esta forma a Diosito le vendrán las ganas de darle un empujoncito también al otro pie y, viéndote caer en tu tumbita, te dirá:

—Adiós, querido, inténtalo otra vez.

Para ser digno de encontrarlo, primeros tienes que descargar tus frustraciones, tus enojos, tus tensiones, tus conflictos… y, en consecuencia, liberar la energía vital que esté entrampada entre las garras de tu cultura, de tus ideas y de tus prejuicios. Por eso Pancho López, preparándose un té de canela para facilitar la digestión, nos invita tan cálidamente a rezar con devoción el mantra mexicano ¡A La Chingada!

Tratar de encontrar a Diosito antes de mandar olímpicamente a la chingada todo lo que te molesta y te impide ser quien eres, sería como ir a un encuentro romántico con un nuevo galán o con una nueva galana sin haberte bañado desde el día de la primera comunión.

Por eso Pancho López, mientras se estira la espalda, agarrado a los barrotes del balcón de casa de su hermana, nos recomienda rezar el mantra con la intensidad de un rinoceronte: si dentro de ti encuentras algo que te obstaculice, no lo mandes simplemente a la chingada; mándalo ¡¡¡A La Chingada!!!

Nosotros somos el resultado de cuanto nos pasa en nuestra vida, y el cuerpo graba cada experiencia.

Como el maestro López nos recuerda, estas continuas interferencias en nuestra energía y espontaneidad que sufrimos en la niñez, por lo general corresponden a experiencias de abuso, soledad, mentira, represión, dolor, descuido, incomprensión, engaños, manipulación, y muchas veces violencia. Todas estas experiencias no sólo se vuelven parte de nuestra estructura psicológica, sino también de nuestra estructura energética y muscular. Literalmente tuvimos que adaptar nuestro cuerpo a la situación que fuimos obligados a vivir. Por eso, entender simplemente las causas psicológicas de tus patologías sólo te sirve para tomar conciencia de algo, pero no es suficiente para transformarte, pues la transformación no sucede en el ámbito de tu mente. La transformación incluye a todo tu ser, del cual tu cuerpo es parte fundamental.

Cuando entiendes algo de ti mismo, tu mente cambia, porque sabes algo más, pero no es suficiente. Darse cuenta de un patrón inconsciente que te jode la vida y decirse: "¡Ahora basta! No quiero ser más este pinche güey!", es con seguridad un paso importante, pero insuficiente, porque a pesar de que la mente haya cambiado un poco, el resto de tu cuerpo guardará todas las tensiones, los modales y el ritmo del pinche güey que siempre fuiste.

El inconsciente viene descrito como la parte escondida de un iceberg, mientras que la mente consciente es el 10% que emerge. Aun si este 10% se vuelve un poquito más consciente, a menos que liberemos lo que acumulamos bajo el agua, la transformación se volverá casi imposible.

Como vimos claramente en el capítulo "La naturaleza de la mente", tú no eres tu mente, sino un fenómeno mucho más complejo del cual tu mente es sólo un accesorio periférico. Y aun si esta parte chiquita de ti influye tremendamente en tu vida, tu estructura psicológica no es todo. Sería como pensar que el iceberg sólo fuera lo que parece flotar en la superficie del agua, aunque los que estaban en el *Titanic* se dieron cuenta de que la realidad es diferente. El peligro en nuestras vidas no es lo que se ve, sino lo que se esconde.

Tú puedes cambiar tu mente, pero a menos que te liberes energéticamente de las sombras de tu pasado, olvídate de la transformación. Como dice Pancho López con su contundente lema: "Si te cargas el pasado, te recarga la chingada".

¿Cómo no sentirse encantado ante semejante poesía?

Tu pasado está grabado en tu cuerpo, en tu estructura muscular. Esto es lo que tiene que purificarse a golpes de mantra: ¡A La Chingada! ¡A La Chingada! ¡A La Chingada! Gracias a este rezo celestial tu cuerpo al fin puede liberar cuanto le impide ser natural y relajado. Rezando ¡A La Chingada! sin vacilación puedes limpiar tu energía, tu cuerpo y tus emociones del polvo y de las incrustaciones del pasado. Su sonido poderoso es capaz de desintegrar todo lo que te impide ser lo que en esencia eres: o sea, la expresión esplendorosa de la gloria de Dios. Por eso el mantra ¡A La Chingada! es considerado el "santo mantra de la purificación". Todos los días, cuantas veces puedas, reza: ¡A La Chingada! ¡A La Chingada! ¡A La Chingada!, y todos tus traumas sanarán, todas tus represiones serán liberadas, y todos tus pecados serán perdonados.

La culpa...

En realidad, el mantra mexicano ¡A La Chingada! es también llamado el "santo mantra del perdón". Porque, aparte de los traumas y las represiones del pasado que arrastras, tú también estás afligido por las estupideces que hiciste a lo largo de tu vida y que los religiosos llaman "pecados", pero que Pancho López prefiere llamar "pendejadas".

Comiéndose un buen taco de barbacoa, acompañado de un delicioso caldo con garbanzos que sorbe de la cuchara haciendo mucho ruido, Pancho López nos asegura que la naturaleza humana es buena, porque al ser nosotros la expresión de Dios, que es bondad absoluta, ¿cómo podríamos ser malos?

Los humanos se portan mal sólo porque están apendejados, no porque sean malos. Si fueras consciente, ¿cómo podrías hacer todas las pendejadas que continuamente haces? Si fueras consciente, ¿cómo podrías robar, engañar, matar y destruir el planeta? Si fueras consciente, ¿cómo podrías reducirte, sin razón, a una especie de discapacitado existencial, renunciando a toda la libertad y la gloria que Dios te dio? ¡Imposible! Por eso Pancho López prefiere llamar "pendejadas" a los pecados, en tanto que no las cometes porque seas malo, sino porque estás como drogado por tu inconsciencia.

—El hombre no es malo —nos explica Pancho López, tratando de atinarle al bote de la basura escupiendo un huesito de borrego—. El problema es que éste es un mundo de jode y jode: yo te jodo a ti, tú te jodes a él y él me jode a mí... Es un reflejo condicionado. Además, si también te enseñan a joderte a ti solito, ¿cómo resistir la tentación de joder al prójimo como a ti mismo... y amén?

¡¿Cómo no quedarnos extasiados frente a este evangelio según Pancho López?!

Ya sea que tú prefieras llamarlos pecados o pendejadas, el resultado no cambia: cada vez que haces algo contra los demás seres humanos como tú, o contra el planeta, tu cuerpo reacciona. Hacer algo malo es innatural. Cuando haces algo contra la humanidad, contra la naturaleza, contra Dios o contra ti mismo, ya sea que te des cuenta o no, tu cuerpo se tensa en su interior y emana un veneno que contamina tu conciencia. Este veneno se llama "culpa".

En realidad hay dos tipos de culpa: la "culpa real" y la "culpa social".

La primera, la "culpa real", es de la cual acabamos de hablar y llamaremos "culpa existencial". Es una culpa que viene de la conciencia profunda de haber cometido un crimen contra la humanidad, contra Dios. Por ejemplo, te transaste a un amigo, golpeaste a tu hijo, te aprovechaste de la inocencia de alguien, dejaste vivir a miles de personas en situación de pobreza por acumular dinero, envenenaste un río tirando los desechos químicos de tu industria, prendiste fuego a un bosque para construir un fraccionamiento para cinco mil familias, inventaste una enfermedad para vender fármacos... y así por el estilo.

Al segundo tipo de culpa lo llamaremos "culpa social". Se trata de la culpa que la sociedad crea artificialmente para controlarte. Es la culpa que te viene cuando transgredes un mandamiento, infringes una orden, desobedeces los dogmas, rompes las tradiciones o te tocas el famoso pipín... o pipina.

La primera, la culpa existencial, es una culpa sana, natural. La segunda, la culpa social, es el resultado tragicómico de un engaño del cual fuiste víctima. La "culpa social", respecto a la "culpa real", no tiene un impacto tan profundo en tu sistema energético, porque al final, al crecer, todos sabemos que estos mandamientos, normas, dogmas, tradiciones y reglas de comportamiento son formas arbitrarias con las cuales gente cínica y sin escrúpulos ha intentado controlar a una humanidad infantil.

Liberarse de la culpa social es relativamente fácil, pero si conoces el mantra de la purificación incluso se vuelve una cosa de nada y muy divertida. Prueba: cuando sientas que te agarra por los huevos aquella vieja costumbre de sentirte culpable por transgredir las pendejadas que te enseñaron padres, madres, abuelos, curas, papas, maestros, rabinos, braminos, imanes, shankracharyas y muecines, carga el mantra ¡A La Chingada! y, con un sólo golpe, disparado con convicción, verás cómo todas estas tristes figuras de tu pasado huyen revoloteando de susto como un grupito de pichones cuando le haces *¡buuuu!* Y hasta lástima te van a dar.

La "culpa existencial", al contrario, penetra a mucha mayor profundidad porque es el todo que se rebela contra ti. Si la culpa social genera un arrepentimiento político dominado por el miedo y dirigido únicamente a conquistar hipócritamente el perdón de Dios para seguir pidiendo las mismas miserias de siempre, la culpa existencial genera un arrepentimiento que involucra todas las células de tu cuerpo, te estremece de dolor y hace que te quieras morir. Porque cuando haces algo contra la humanidad, contra Dios, lo haces contra ti mismo también.

No se trata sólo de desobedecer a unos polvorientos libros sagrados, cosa que al final puedes finiquitar con un par de avemarías, un *kaddish* o una docena de *salat;* cuando tu acción hiere a tus hermanos o al generoso planeta en que vives, si tienes un mínimo de sensibilidad sentirás la voz de Dios levantarse dentro de ti con su desgarrador e inconsolable grito de dolor. Y en ese punto no habrá avemaría que la calme.

Para la finalidad de tu crecimiento espiritual, ya sea "existencial" o "social", la culpa necesita ser liberada, porque de otra forma se volverá un lastre que imposibilitará tu desarrollo humano.

La culpa es como un cáncer que se esparce en tu sistema energético y te hace pesado como el plomo. Y para alcanzar a Dios necesitas ser ligero como una pluma. Este veneno debe ser soltado. ¿Cuál mejor y más divertida forma de hacerlo que recogerse en plegaria y gritar con toda la pasión: ¡A La Chingada! ¡A La Chingada! ¡A La Chingada!?

Rezando este compasivo mantra con absoluta entrega y total intensidad sentirás un alivio benéfico, serás purificado de la culpa, y tus pecados serán perdonados.

Sentirse culpable no tiene sentido. Sentirse culpable significa cultivar un pasado que no puedes rehacer. Sentirse culpable es tener presentes los actos que cometiste, congelados en la vergüenza de la memoria. Reza: ¡A La Chingada! ¡A La Chingada! ¡A La Chingada!, y libérate de una vez por todas de este lastre.

Si hiciste una pendejada, ¡ya!, ¡ya la hiciste! ¿Para qué flagelarse la vida entera? ¿Qué sentido tiene? No puedes rehacer la historia. Descarga la vergüenza de haberlo hecho rezando: ¡A La Chingada! ¡A La Chingada! ¡A La Chingada! Si agarraste a patadas a tu hijo o lo manipulaste, pedir disculpas alivia un poco el dolor, pero no elimina la humillación de ser agarrado a patadas ni la desconfianza que genera descubrir que fuiste manipulado por las personas que más amas en el mundo.

Siento decirte que no podemos anular las consecuencias de nuestras acciones, pero "el karma no es agua", nos dice Pancho López, echándose de golpe un caballito de mezcal. Sentirse culpable no sirve para nada. La culpa no te transforma: la culpa sólo te hace vivir como si estuvieras en un coma perenne.

Muy diferente es el arrepentimiento.

...El arrepentimiento...

Arrepentirte de tus actos inconscientes es un paso fundamental en el viaje hacia la liberación del espíritu.

La culpa te hace sentir que eres un pecador que merece la expiación de sus crímenes por medio del castigo, creando de esta forma una peligrosa continuidad con tu pasado. Al contrario, el arrepentimiento es una declaración de discontinuidad con tu pasado de "pecador", que rompe el hilo que te une a las acciones criminales que cometiste en un estado de sopor de la conciencia en el cual has actuado como un autómata.

La culpa te mantiene en el mismo estado de conciencia en el cual has "pecado", mientras que el arrepentimiento es el preludio de un despertar de la conciencia que te abre a la transformación.

Como un niño drogado, has robado, engañado, traicionado y matado a tus hermanos, hijos de la Madre Tierra... y de repente te das cuenta de lo que estás haciendo, caes de rodillas al suelo, un gélido escalofrío te recorre la espina dorsal... y en esta estremecedora sensación de dolor empieza la transformación. Cuando tu arrepentimiento es total y profundo, se verifica una separación entre tú, que te arrepientes, y el criminal que ha mentido, manipulado, abusado, torturado... La culpa, al contrario, es una forma de mantener vivo al criminal. Tratamos de explicarnos mejor.

Si el arrepentimiento es sincero y total, el personaje que cometió el crimen desaparece para dejar su lugar a un ser por completo nuevo: el criminal desaparece, el pecador desaparece y apareces tú en un nuevo nivel de conciencia. Sentirse culpable, al contrario, significa mantener una identificación con esta parte de ti que ha cometido los actos criminales. Antes eras simplemente un criminal, ahora eres un criminal que vive golpeándose el pecho en un eterno *mea culpa:* no hay transformación alguna en esto, sólo un cambio formal, un cambio de actitud. En otros términos, antes eras un criminal funcional y ahora eres un criminal en crisis, con sentimientos de culpa… pero siempre criminal.

Pero, ¿qué sentido tiene humillarse toda la vida por algo que hiciste en un estado de inconsciencia? Vivir en la humillación no te quitará la frustración ni el dolor por tus acciones criminales. Al contrario, hará crecer la frustración, y una persona frustrada es más proclive a cometer otras acciones criminales. La culpa es una forma paradójica de cultivar el crimen: antes eras un criminal en acción y ahora eres un criminal en *stand by.*

Completamente diferente es el camino que Pancho López nos quiere indicar al revelarnos el mantra mexicano de la purificación.

Cuando te das cuenta de los hechos absurdos que cometes contra la humanidad, el planeta y contra ti mismo, explota el arrepentimiento. Quémalo de una vez y deja que el fuego trágico de tu desesperación te reduzca en cenizas: tírate al piso; revuélcate en el dolor de haber causado tanto sufrimiento; acepta la desgarradora sensación de sentirte morir por lo que hiciste y que no puedes reparar; llora, grita, vomita… Pero no sólo esto. ¡Esto no es suficiente! Para que la transformación que implica el arrepentimiento sea total y completa, también se deben expresar la furia, el coraje ciego contra la inconsciencia humana de la cual has sido partícipe y protagonista, y que ha causado desde siempre tantos daños al mundo. No te dejes enfriar por la lógica y las justificaciones, sino que déjate arder en el furor, déjate quemar por coraje. El coraje contra ti mismo, contra la vida, contra el mundo, contra Dios: por lo tanto, con el rostro desfigurado por las lágrimas reza, reza con furor: ¡A LA CHINGADA! ¡A LA CHINGADA! ¡A LA CHINGADA! Manda ¡A La Chingada! a todos. Hasta cuando sientas que ni las piernas te aguantan más, hasta cuando tu voz esté completamente rota, tus lágrimas agotadas, tu rostro irreconocible, reza: ¡A La Chingada! ¡A La Chingada! ¡A La Chingada! La energía, en lugar de quedarse en la oscuridad introvertida de la culpa y contribuir a tu miseria, tomará el camino extrovertido de la purificación para abrirte alma y cuerpo al luminoso horizonte del perdón.

¡A La Chingada!: el mantra de la purificación cumple el milagro de hacer desaparecer al ladrón, al mentiroso, al transa, al asesino, al abusador, al manipulador que fuiste, para quedarte tú, puro e inocente, como Diosito te hizo, purificado de tus… "pendejadas". Por eso el mantra ¡A La Chingada! es también llamado el "mantra del perdón".

...Y el perdón

Los dorados mantras mexicanos prometen una transformación, no un cambio. Cambiar significa que tu viejo *tú* se vuelve un poco mejor de como era. Cambiar significa que antes eras un criminal y ahora eres un poco menos criminal: si antes robabas millones, ahora robas pesitos; si antes tus transas eran dignas de las primeras páginas de los periódicos, ahora las encuentras señaladas en el muro de notas del condominio; si antes decías grandes mentiras, ahora dices "casi la verdad".

Transformarse es un fenómeno por completo diferente. La "transformación" es un fenómeno de discontinuidad con tu pasado. Significa que tú mueres y vuelves a nacer. Esto es lo que se propone el mantra ¡A La Chingada!

No se trata de comportarse un poquito mejor; se trata de volver a nacer. Transformarse significa despertar y de repente darte cuenta de que, mientras dormías, hiciste todas las pendejadas que hiciste. Sólo estabas despierto en apariencia. En la realidad tu conciencia estaba dormida: robaste, engañaste, mentiste, mataste, en el estado de sonambulismo que ya mencionamos. No eras tú.

Éste es el verdadero significado de la Biblia cuando dice que Dios está siempre disponible para el perdón, que hasta el último momento de tu vida tienes tiempo de arrepentirte y ganarte el reino de los cielos. Obviamente no se trata de que Dios se siente con paciencia al lado de tu lecho de muerte, hojeando una revista, mientras que tú, solo como un niño en el desierto, te retuerces en el colchón con los ojos desorbitados, peleando contra la "despiadada

Señora", buscando a cualquiera para agarrar y resistir al vértigo que te chupa inexorablemente hacia la nada. Él te mira por encima de sus lentes para vista cansada, esperando a ver si te arrepientes o no. Y si te arrepientes, levanta los brazos al cielo como en el estadio y grita:

—¡¡¡Goooooool!!! —y te entrega el boleto para el paraíso.

Y si, al contrario, no te arrepientes, mientras exhalas el último aliento de vida te da una palmadita sobre la espalda y te dice:

—Te chingaste, compadre, ahora te vas a pudrir en el infierno por la eternidad —y sin dedicarte más tiempo, agarra la revista y se va a sentar a la cabecera de alguien más para ver si es más astuto o afortunado que tú.

No, amigo, no te preocupes, Diosito no es tan cínico ni tan barato.

El arrepentimiento del cual habla la Biblia no es un acto formal de humillación frente a Dios; es una alquimia que te lleva a una toma de conciencia y a la consecuente transformación. El arrepentimiento, como ya dijimos, es como una frontera entre lo que eras antes y lo que eres después de haberte dado cuenta de lo que hiciste.

El arrepentimiento es como cuando te despiertas. El despertar es un punto de frontera entre sueño y vela. El arrepentimiento es un punto de frontera entre la inconsciencia y la conciencia, entre el infierno y el paraíso, entre vivir en una pesadilla y despertarse en la gloria de Dios. Y este despertar de la conciencia que te permite el arrepentimiento está al alcance de quien sea.

—Todos son dignos de ser rescatados de sus pendejadas —nos dice Pancho López, alaciándose los vellos del pecho con el dorso de los dedos—. ¿Cómo puedes mandar al infierno a unos imbéciles que no saben lo que hacen? Es justo como dijo mirando al cielo mi colega Jesús mientras lo colgaban de la cruz: "Padre, perdónalos porque no saben lo que hacen".

No estoy diciendo que quien comete un crimen tenga que ser dejado libre de consecuencias. Estoy diciendo que, si en el tribunal de los hombres hay culpables e inocentes, en el tribunal de Dios hay sólo una categoría: los inocentes.

El perdón de Dios no está sujeto a condiciones. Dios ya te perdonó incluso antes de que tú cometieras un "pecado", porque Dios no es un negociante ni goza ante la humillación de sus hijos: Dios es puro amor. Dios no está a la espera de tu arrepentimiento con la revista en las manos. Decir que hasta el último momento tendrás tiempo para arrepentirte y ganarte el reino de los cielos significa simplemente que nunca es demasiado tarde para despertar y darte cuenta de que tu conciencia se quedó dormida toda la vida, soñando que era víctima y verdugo en el más inhumano de los infiernos.

No se trata de ser un asesino arrepentido, sino de convertirse en un ser completamente nuevo. Y si tú no eres más de lo que fuiste… o, mejor dicho, descubres que nunca fuiste lo que pensabas ser, no sólo la culpa, sino también el perdón, pierden significado. Si a través de la alquimia del arrepentimiento el criminal desaparece, no habrá alguien que siquiera deba ser perdonado.

Por lo tanto, no pierdas el tiempo sintiéndote culpable con la esperanza de merecer un perdón. Ten sólo el valor de arrepentirte, de morir en tu pasado y dejarlo así. Sentirse culpable significa solamente que el criminal está todavía escondido en cualquier lugar dentro de ti, afligido por la culpa, pero listo para entrar de nuevo en acción, como una brasa que espera el soplo del diablo para estallar otra vez y tragarte en sus fauces ardientes.

El camino que nos indica Pancho López, mientras disfruta una nieve de mamey y maracuyá, es el camino de la transformación, no el camino de volverse mejor. Mejorar es bueno, pero no es gran cosa. Mejorar significa que el mismo viejo pinche güey que ha hecho un chingo de pendejadas se vuelve un poco mejor: eso es todo. Pero a través de la práctica ferviente de los mantras mexicanos, el viejo pinche güey simplemente desaparece como una sombra siniestra a la luz de la conciencia, dejando su lugar al fulgor de la efigie de Dios.

Entonces reza, reza con fervor: ¡A La Chingada! ¡A La Chingada! ¡A La Chingada!, y el veneno de tus acciones se derretirá al calor de tu pasión religiosa. ¡A La Chingada! ¡A La Chingada! ¡A La

Chingada!, y todo lo que tu cuerpo ha grabado de tu pasado se disgregará bajo los golpes de tu intensidad. ¡A La Chingada! ¡A La Chingada! ¡A La Chingada!, y toda la energía que estaba bloqueada en forma de culpa dentro de ti empezará a brotar, jubilosa, gritando su incontenible deseo por el Divino.

El santo coraje

Los alcances del multifacético mantra ¡A La Chingada! son increíbles. Esta fórmula mágica de liberación del espíritu no sólo cumple con su misión más típicamente espiritual de purificarte de tus pecados; no sólo es capaz de liberar tu energía reprimida para restituirte la preciosa armonía interior, sino que también cumple con la función de realizar la hermandad universal.

Muchos de los problemas que los humanos encuentran tienen su origen en la represión del coraje. Es aquí donde el santo mantra de la purificación se vuelve un antídoto extremadamente importante para la vida de este planeta.

Las guerras, el egoísmo… incluso muchas enfermedades físicas tienen su origen en el coraje reprimido. Si definimos la culpa como un veneno de la conciencia, el coraje reprimido es un cáncer del alma.

Rezando todos los días ¡A La Chingada! ¡A La Chingada! ¡A La Chingada! te liberarás de tus experiencias negativas sin necesidad de llevarte toda la vida el rencor por las ofensas sufridas, ahogándote sin esperanza en el amargo charco del resentimiento.

El coraje es un sentimiento muy reprimido por la sociedad. De hecho, viviendo en México, donde el catequismo lo tienen muy vivo en las puntas de los dedos, recordé algo que hasta Pancho López había olvidado: "La ira es un pecado capital". ¡No es broma! Si te encabronas, según el código penal del juicio universal, te irás derechito al infierno eterno sin pi ni pa.

Imagínate la impresión que produce en un niño la amenaza de irse al infierno con todos estos diablos pervertidos que te hacen cosas estilo *sadomaso*. Cuando de chiquito se te calienta la sangre por la ira, las imágenes del infierno son capaces de congelártela de inmediato… y si no se te congela con las amenazas del mundo del más allá, como vimos, te lo congelan con las amenazas del mundo del más acá: castigos, prohibiciones, chantajes… Y si esto no basta, hay pellizcos, cachetadas, cocolazos, patadas, cerillazos, cinturonazos, palazos y otras formas creativas de ser criminales.

En realidad, el coraje no es una energía mala. Al contrario. El coraje es una energía buenísima.

—Es mala cuando te sale a lo güey —nos explica Pancho López mientras se bolea los zapatos con extremada precisión—, pero cuando la cabalgas conscientemente, es un tigre que en unas ocasiones te puede hasta salvar el pinche pellejo.

La ira es el regalo que Diosito nos hizo para proteger a las personas que amamos, para defender nuestra verdad, para salvar la dignidad y poner a buen resguardo nuestra integridad contra los ataques del mundo exterior.

Además, cuando te sientes encabronado como una bestia, se siente bien chingón. Nunca te sientes tan fuerte, rápido, ocurrente, caliente ni apasionado como cuando estás en un ataque de coraje.

Hay unos que el domingo están dispuestos a gastar dinero para ir al estadio sólo para sentir la orgásmica sensación de agarrarse a madrazos con "¡¡¡un hijo de la chingada que se atreve a meterse una playera de un color diferente al tuyo!!!" ¿Puedes imaginar algo más estúpido que esto? Al final, si lo piensas bien, la motivación no importa; lo importante es vivir el éxtasis del coraje. Es terapéutico.

El coraje no está mal en sí mismo. El coraje es lo que permitió a los indios de Norteamérica y algunos del sur no someterse a la esclavitud de los europeos. Por eso los mataron a todos…

¡La humanidad es fantástica! Hasta hace un par de siglos se ganaba dinero matando a casi todos los nativos americanos, destruyendo unas culturas y unas tradiciones milenarias. Y ahora se gana dinero cuidando como reliquias a los pocos que se les quedaron vivos, vendiéndolos como atracción turística con lo que queda de sus pintorescas tradiciones.

Sé que en este punto podrías decirme:

—Pero ¿cómo? ¿Por qué hasta ahora nos hablaste mal de las tradiciones y ahora te escandalizas de que los europeos hicieran un poco de "limpieza", destruyendo unas docenas de éstas y matando a unos millones de salvajes?

Pancho López (emperrado con una manchita que se resiste, justo en la punta del zapato derecho, que es la que usa para agarrar a patadas las cosas) desea precisar que está en contra de las tradiciones sólo cuando representan un obstáculo para la evolución humana y el advenimiento de lo nuevo. Pero cuando las tradiciones se proponen como trampolín para brincar hacia nuevos horizontes y hacia lo desconocido, al contrario, Pancho López hace una reverencia, agradeciendo el trabajo de los padres; y mirando con preocupación el tacón del zapato izquierdo, que presenta evidentes signos de desgaste, nos regala una de sus elegantísimas metáforas:

—Las tradiciones no tienen que ser seguidas, sino digeridas. Las tradiciones son como la comida: lo que hay de bueno lo asimilas y se vuelve parte de ti, y lo que no te sirve lo descargas en el escusado y amén.

No hay nada que hacer: ésta es la poética de Pancho López.

Regresemos al coraje. ¿Dónde nos quedamos? Ah sí... El coraje te da la energía que te sirve para defender tu dignidad, tu integridad, tu libertad... El coraje es la energía que te permite rebelarte contra tu condición de esclavo. ¿Entiendes ahora por qué lo pusieron como pecado capital?

Sin embargo, el niño no conoce todas estas cosas. El niño simplemente sigue lo que le viene natural. ¿Diosito le regaló el coraje para defender su verdad y sus derechos? Él lo usa.

Pero, ¿qué pasa cuando, para utilizar este don que Diosito le dio para defenderse, expone confiado su pecho tierno a los vientos gélidos del poder?

Pongamos un ejemplo.

Imaginemos a un niño que siente el impulso más básico y natural del mundo: el apetito.

El niño está por su cuenta, jugando con sus importantísimas pendejaditas, y en un cierto momento siente la sensación del apetito. "¡Guau! ¡Qué sensación tan chingona!", piensa. Todo el cuerpo está abierto y receptivo al recuerdo delicioso de la sensación de comer. Todo el cuerpo se prepara para la fiesta que se genera cuando el olor de la comida llega al olfato y cuando, un momento después, su contacto cálido activa las papilas de la lengua, el sabor se esparce por la boca y la garganta, y mientras los dientes efectúan su rudo ritual con el bocado, sensaciones de placer se irradian por todas partes, generando en el cuerpo una especie de sutil melodía.

El niño, siempre en su dimensión de natural confianza hacia la vida, deja sus juguetes y se dirige hacia el mundo de los adultos, pensando: "¡Qué chido este Diosito que ha sido tan compasivo para embellecer una necesidad del cuerpo con la perla del apetito!"

—Amigos de la familia —empieza, usando el poco vocabulario que la edad le permite—, les tengo una buena noticia: ¡tengo hambre!

Con sorpresa, el niño se da cuenta de que nadie lo pela. Entonces intenta conquistar la atención forzando un poco la voz y terminando la frase cantando:

—Disculpen, amigos de la familia... ¿No me escucharon? ¡Tengo hambreeee-ee!

También este intento cae tristemente en la nada. Todos parecen muy ocupados en cosas importantes.

"Tengo que hacer algo antes de que la situación empeore", piensa el niño. "Diosito nos regaló la perla del apetito, pero nos condenó a la astilla del hambre." Y así el niño, un poco preocupado, intenta una idea creativa: "Ahora se las pongo con música".

—Tengo ham-bre…. tengo ham-bre…. tengo ham-bre…. tengo ham-bre…. tengo ham-bre… tengo ham-bre…

También el intento musical cae en el vacío. La situación se agrava. El niño se da cuenta de que todos los de la familia están ocupados en algo mucho más importante que su hambre: "¡La situación está difícil! Papá está leyendo el periódico por segunda vez, mamá está mirando el episodio cuatromilseiscientoscuarentaytrés de la telenovela, mi hermano Archibaldo (¡qué nombre de la chingada!) está jugando el nivel milquinientosochenta de Masacre en Miami con su Play Station, mi hermana Eva-Samantha (un nombre, un destino) desde la semana pasada está hablando por teléfono 'sobre cosas importantísimas' con una amiga... ¡Puta madre, si aquí nadie me escucha estoy en riesgo de morir!"

Y así se sube en una silla para volverse alto al menos como el hermano, y marcando el compás con una cuchara de palo sobre la mesa, agrega una base de percusiones a su petición musical:

—¡Tengo ham-bre! ¡Bum! ¡Tengo ham-bre! ¡Bum! ¡Tengo ham-bre! ¡Bum! ¡Tengo ham-bre! ¡Bum! ¡Tengo ham-bre! ¡Bum...!

Tampoco esto parece sacudir a la familia de su sopor. En el ínterin, su cuerpo empieza a sentirse raro. El hambre empieza a morderle el estómago con sus dientes afilados, y hasta la cabeza empieza a sentir vacía. Ahora es una cuestión de vida o muerte. Así, el niño, sin pensarlo dos veces, sube con determinación en la mesa y empieza a tirar por el aire todo lo que encuentra, como un pequeño energúmeno fuera de control por el diabólico efecto de una mezcla de alcohol y coca.

—¡Hijos de la chingada! ¡Malditos sean ustedes y todos sus antepasados! ¿Me quieren dejar morir? —grita con toda la voz que le cabe en el cuerpo—. ¿No entienden que tengo hambre? ¡Me tienen hasta la madre con sus pinches periódicos, telenovelas, videojuegos e interminables, inutilísimas charlas telefónicas! ¡¡¿No entienden que yo soy chiquito y no soy capaz de prepararme unos chilaquilitos con huevitos o una quesadillita con salsita, y que ni alcanzo la estufa?!! ¡Los voy a demandar a todos por descuido de un menor, malditos perros desquiciados! ¡Los odio a todos! ¿Por qué me invitaron a este pinche mundo si no tienen tiempo para mí? ¡¡¿Me invitaron para dejarme morir de hambre?!!

Míralo: un niño enojado que pelea por su vida. ¡Es un espectáculo fantástico! Míralo, con el cuerpo todo vibrante, la cara roja de energía, los ojos vivos como chispas de fuego, sin la menor sombra de duda ni de miedo, entregado por completo a la causa de su verdad. Todo burbujea en él. En sus movimientos y en su voz está la misma potencia y la misma belleza que percibes en la repentina erupción de un volcán: la belleza y la potencia de Dios. Cuando un niño se expresa de esta forma, tendría que ser premiado, no castigado. Tendríamos que decirle:

—¡Bravo! Así se hace. Ésta es la forma de defender tus derechos. Esto es lo que necesitas para guardar tu dignidad. Ésta es la forma para defenderte de los abusos y de las injusticias. Si continúas así, nadie te humillará. No te prostituirás por dependencia ni por miedo, y mantendrás toda la vida el respeto hacia ti mismo.

Aun cuando el niño no entienda las razones de los adultos y pelee por algo absurdo, de cualquier forma tendría que ser premiado por su coraje. Aun si está equivocado el objetivo de su petición, de todos modos la forma es correcta, la entrega es correcta, la energía es correcta. Un día, con el tiempo y las pacientes explicaciones de los adultos, entenderá y aprenderá a aceptar con madurez las cosas de la vida.

Pero ¿qué pasa en realidad?

Cuando el niño está en la plena expresión de su poder divino, rompiendo todo, blandiendo orgullosamente la cuchara de palo como si fuera una arma medieval, llega un cabrón o una cabrona que pesa seis o siete veces más que él (cosa que en el box jamás permitirían), y le grita, mirándolo con ojos de asesino, manoteando amenazante con dos cosas que, en proporción a su cara, más que manos parecen raquetas de tenis:

—¡Eh, hijo de chingada! —a veces la propia madre lo llama así—. ¡Si no te bajas inmediatamente te voy a dar una cachetada que dentro de 20 años vas a ir a terapia con Dayal para sanarte el trauma!

Incluso al niño más temerario, al escuchar pronunciar el nombre de Dayal, se le enchinarían todos los pelos que aún no tiene. ¡Y no sólo por esto: lo que le preocupa es esa pinche raqueta lista para el servicio! A él nunca le ha gustado el tenis, en especial cuando la pelota es él.

"Y además", piensa el niño, "es peligroso meterse con esta banda de locos que hacen todas estas cosas raras: te dicen una cosa y hacen otra; después te dicen lo contrario de lo que hacen y hacen lo contrario de lo que dicen; se pelean entre ellos, pero dicen que se aman; uno azota la puerta y la otra lo maldice llorando; la otra rompe los platos y uno la demanda en el tribunal... ¿Quién confía en esta gente? Y también esta raqueta: ¡es del doble de mi cabeza! Si fuera una raqueta de ping pong, todavía se podría discutir, pero con un raqueta de este tamaño... Si este hijo de la puta se inspira, me acomoda un raquetazo que hasta me despega la cabeza del cuello... A veces se lee en los periódicos que hay niños que mueren de accidentes domésticos en circunstancias sospechosas..."

¿Qué puede hacer el pobre niño? Su única posibilidad es congelar su energía vital y bloquearlo todo. Todo este volcán de energía que estaba disponible para su función natural de defenderse de un ataque exterior necesita detenerse de inmediato. Está en peligro su integridad. Por lo tanto, todo el calor se congela, su cuerpo suelto y vigoroso se vuelve tenso e impotente, la pasión de sus ojos se torna odio frío, su coraje se convierte en deseo de venganza, y el orgullo es ahora humillación.

Esto pasa a menudo en la vida de un niño. Esto ha pasado en la vida de casi todos nosotros. A veces en forma menos brutal, a veces en forma mucho más brutal y, para los amantes de la estética, también en forma más refinada. De hecho, hay "alquimistas del plomo" que tienen métodos más "elegantes", pero igualmente eficaces, que provocan más o menos los mismos daños a escala energética: rompen tu resistencia ignorándote o haciéndose las víctimas o burlándose de ti o comprándote... induciéndote al mismo resultado: enfriar tu energía, tragar tu enojo y fingir una bella sonrisa de político.

Sientes que quieres explotar de coraje y matar, pero no puedes: es peligroso… o injusto hacia un papá o una mamá tan "buenos" (léase: "manipulador"). Así, tu cuerpo desarrolla bloqueos energéticos y tensiones para sofocar el enojo y no incurrir en las dolorosas consecuencias de tu santa rebelión.

En la escuela nos enseñan que en el mundo nada se crea y nada se destruye. Esto también es verdadero para tu coraje. El hecho de que te las arregles para esconderlo de los demás, y con la práctica y el tiempo te las arregles para esconderlo hasta de ti mismo, no significa que el coraje desparezca. El coraje se esconde y empieza a pudrirse en tu inconsciente. Y por mucho que estés acostumbrado a reprimirlo, tarde o temprano estarás destinado a fallar en este intento.

Reprimir es innatural. En la naturaleza nada es reprimido. La represión no es una palabra que Dios conozca. Como vimos, Dios puede tener muchos defectos, pero éste no. Nada en la naturaleza se reprime. El ser humano es el único que se reprime. Por eso se vuelve neurótico, por eso pierde el contacto con Dios.

Pero, ¿por cuánto tiempo podemos reprimirnos?

Como ya dije, reprimir es innatural, y tú no puedes hacer algo innatural por mucho tiempo. Tu cultura, tu educación y tu voluntad no pueden ser más fuertes que la naturaleza. Tú no puedes ser más fuerte que Dios. ¿Por cuánto tiempo puedes controlarte? Tarde o temprano pierdes el control y explotas cuando menos te lo esperas, haciendo unas pendejadas de las cuales puedes arrepentirte y avergonzarte toda la vida. Y por lo general explotas contra gente inocente que nada tiene que ver con la basura que le tiras encima.

Por eso es tan importante practicar el mantra mexicano ¡A La Chingada! No sólo es útil para restablecer una paz interior, sino que también es bueno para evitar problemas, sin ensuciar el mundo con tus frustraciones.

¡A La Chingada!, también conocido como el "mantra de la paz", es la verdadera esperanza para la realización de un mundo mejor. De hecho, a Pancho López le querían dar el Premio Nobel, pero dado que le daba hueva ir hasta Suecia a recogerlo, se lo dieron al dalái lama.

Enciérrate en un lugar protegido, respira profundo y, moviendo el cuerpo, golpeando un cojín, pateando como mulo y gritando como loco, suelta todas tus tensiones rezando: ¡A La Chingada! ¡A La Chingada! ¡A La Chingada!

Nuestras frustraciones y nuestros traumas son una cosa privada; no se le tienen que cobrar a nuestras parejas, a nuestros hijos ni a nuestros colegas y vecinos. Ahora que Pancho López, mientras continúa boleándose los zapatos como si estuviera restaurando un fresco de Giotto, nos revela sus misterios gloriosos, ¡aprovechemos! Basta de tirar nuestra basura contra los demás. Reza: ¡A La Chingada! ¡A La Chingada! ¡A La Chingada! con pasión religiosa, sin involucrar a nadie, en la intimidad de un encuentro privado entre tú y Dios... Y si no te gusta rezar a solas, puedes reunirte con otros religiosos, encerrándose en un lugar seguro y mandándose a chingar a su madre uno al otro. Es muy saludable y también tremendamente divertido.

—Y no te sientas mal por chingarte a la madre de alguien —nos tranquiliza Pancho López—, porque siempre habrá alguien que se esté chingando a la tuya.

En la existencia todo está en un equilibrio perfecto.

¡A La Chingada! El mantra de la purificación, también llamado el "santo mantra de la paz", es especialmente recomendado para los que ejercen poder sobre los demás, porque ellos pueden hacer mucho más daño al mundo respecto a una persona común.

Como ya vimos, si tú no tienes ningún poder, lo peor que puedes hacer es chingarte a tus hijos y a tu pareja. Pero si tienes una empresa, por ejemplo, puedes joderte a un chingo de familias. Y si eres el presidente de un Estado poderoso... ¡allí puedes divertirte verdaderamente! Construyes bombas, minas, misiles, siluros... cargas aviones, portaaviones, tanques, barcos, barquitos, camionetas, motonetas... preparas medicinas, goteos, jeringas, anestésicos, vendas, curitas… adiestras soldados, cargas ametralladoras, doblas paracaídas, despliegas banderas, armas marineros… invitas a periodistas, opinionistas, analistas de radio y televisión, misiones humanitarias, a gente que no sabe qué hacer, a bailarinas, enfermeras, putas, damas de la Cruz Roja… y te vas todo contento de viaje a cualquier parte del mundo para chingarte a gente que no tiene nada que ver contigo ni con tu coraje.

¿Entiendes ahora el porqué de la importancia de este maravilloso mantra? ¡A la Chingada! es también conocido como el "santo mantra de la hermandad universal". Si este delicioso néctar de la cultura mexicana fuera practicado a escala mundial, en el lapso de dos generaciones la guerra desaparecería del planeta.

México, como guardián de este preciosísimo secreto, tiene la responsabilidad moral de compartir el mantra mexicano ¡A La Chingada! con el resto del mundo. Su obra misionera es necesaria. Se debe crear la OMC: Organización Mundial de la Chingada. México tiene mucho que compartir con el mundo, mucho. La India, comparada con México, se queda cortita. La humanidad entera necesita ser despertada a la compasión del mantra ¡A la Chingada! Todos tendrían que practicarlo al menos 10 minutos cada día. Y cada año la humanidad entera tendría que dedicar un día a unirse fraternalmente para festejar el Día de la Chingada.

¡A HUEVO!
EL MANTRA DEL PODER

¡Encantador es este mundo de conciencia que nuestro guía Pancho López, entre un cigarro y una cerveza, nos revela! ¿Quién no quisiera mandar a la chingada todas las pendejadas que nos enseñaron, para al fin vivir usando la propia inteligencia? ¿Quién no quisiera subir en las alas de la sabiduría mexicana, y cantando ¡Me Vale Madres! liberarse alegremente hacia los horizontes de la libertad?

Obviamente todos lo quisiéramos. Por lo tanto, surgen espontáneas las preguntas: "¿Por qué, entonces, la humanidad todavía vive constantemente atada a sus instintos más bajos? ¿Por qué, a pesar de las enseñanzas que a lo largo de los siglos maestros como Pancho López nos han regalado, la humanidad vive en tal estado de embrutecimiento?"

La razón es que la humanidad no conoce aún la alegre gallardía del mantra mexicano del poder: ¡A Huevo!

Es increíble cómo los mexicanos sintetizaron en dos palabras tan sencillas un concepto tan determinante en el camino hacia el desarrollo de la conciencia. ¡A Huevo!, con su enérgico sonido, es una expresión multifacética que indica simultáneamente determinación, compromiso, audacia, resolución, propósito, atrevimiento, valentía, ánimo, intrepidez, temeridad, ardimiento, bravura, gallardía, denuedo, agallas, osadía y decisión, todas éstas cualidades irrenunciables para un verdadero buscador de la verdad.

De hecho, sin la religiosa práctica de este "mantra guerrero", todas las teorías se vuelven absolutamente impotentes. Sin el rezo apasionado del mantra ¡A Huevo!, todas las valiosas enseñanzas de los maestros se quedan como estériles ejercicios intelectuales.

—¿Te das cuenta, güey? —nos dice con calma Pancho López, resguardándose del sol a la sombra sutil de un puesto de periódicos—. ¿Te das cuenta de que cuantas más cosas sabes, más pendejo te vuelves?

Por cuanto de nosotros podrán molestarse por esta afirmación (se sabe que a veces los maestros carecen de delicadeza… en especial cuando hace calor), asimismo todos podemos coincidir en lo que quedó magistralmente explicado por nuestro guía en una sección precedente de este relato: cultura e inteligencia no son la misma cosa. De hecho, saber algo amplía tu mente, pero no transforma tu ser. Cuando aprendes algo nuevo, "simplemente eres el mismo pendejo, con unas informaciones más", insiste Pancho López, quitándose ahora la camisa para quedarse en su clásica camiseta blanca. Lo que sabes no es lo que transforma tu vida, sino tu estado de alerta para no caer víctima de tus patrones inconscientes, que te llevan a hacer las pendejadas que siempre haces a pesar de lo que sabes.

En otros términos, entender las cosas es sólo el primer paso en el camino hacia la transformación. El resto del recorrido está hecho de atención, compromiso, decisión y disciplina.

Es aquí donde la sabiduría mexicana hace la diferencia entre arrastrarse por la vida como un sonámbulo o cabalgar con orgullo el caballo de la propia inteligencia y decidir el propio destino.

¡A Huevo! es el "mantra del poder", el mantra que te dará la fuerza y la determinación de pelear sin descanso contra los ataques de todos los fantasmas que habitan tu mente. ¡A Huevo! es el centinela capaz de detectar los viejos patrones cuando intentan colarse en las grietas de tu sentido común. ¡A Huevo! es el arma capaz de desenmascarar las ideas heredadas cuando tratan de despacharse como parte de tu inteligencia. ¡A Huevo! es el viento que dispersa el humo de la lógica que atenta contra la límpida luz de tu intuición. ¡A Huevo! es el grito de batalla con el cual enfrentaremos al verdadero enemigo del ser humano: la inconsciencia. ¡A Huevo!

Pero, ¿a qué cosa nos referimos cuando hablamos de inconsciencia?

La conciencia y la inconsciencia

Antes de embriagarnos con la inebriante energía del mantra ¡A Huevo!, es necesario dar una explicación que nuestro guía, distraído en sus miles de ocupaciones, ya tardó demasiado en regalarnos: ¿a qué cosa nos referimos cuando hablamos de inconsciencia... y, por lo tanto, de conciencia?

Por lo general nos hacen entender que "ser consciente" significa atenerse a unas reglas que alguien más estableció para ti y que cambian de un lugar al otro del planeta, dependiendo de la cultura y la moral. Entonces, si contravienes ciertas reglas, eres considerado un "inconsciente".

Por ejemplo, imaginemos que eres de familia católica y una tarde, viendo estos "malditos documentales que nunca se tendrían que ver porque en lugar de ofrecer claridad confunden aún más la cabeza de quien ya la tiene confundida", te das cuenta de una cosa que ya sabías pero que nunca habías tomado en cuenta: en el mundo existen un chingo de religiones. "¿Y si la mía no fuera la correcta?", te preguntas. Por lo tanto, decides iniciar un tour para practicar otras religiones diferentes a la que te impuso la familia. La opción más cómoda es empezar a frecuentar la mezquita que, a pesar del ostracismo de los fanáticos de otros bandos, al final fue construida en tu colonia. Al día siguiente, colándote con timidez entre los que hasta el día anterior habías considerado tus "enemigos", te pones a rezar en esa rara posición que, en el yoga de Pancho López, se aconseja asumir cuando quieres liberarte de un "renuente gas intestinal..." O como dice de manera menos elegante pero más pragmática nuestro maestro: "Cuando traes un pedo atorado".

Y mientras, agachado en la alfombra, pones a prueba al nuevo Dios, rogándole que el devoto frente a ti no suelte un "gas renuente", con gran sorpresa retumban en tu cabeza las voces de todos los componentes de tu familia y tus ancestros, que entonan a coro: "¡¡¡Inconsciente!!! ¿Cómo se te ocurre juntarte con estos salvajes en tan peligrosa posición? ¡Inconsciente! Después de todo lo que hicimos por ti, ¡¿ahora nos traicionas y te vas con los infieles?! ¡¿Olvidaste que nuestro Dios del amor y de la paz es el más chingón de todos y que el día del juicio universal le partirá la madre a los demás dioses, mandando a todos sus seguidores a chingar a su madre en el infierno?! ¡Eres un inconsciente!"

Obviamente éste no es el tipo de inconsciencia al que se refiere nuestro amado Pancho López mientras, mirando las portadas de las revistas que se exhiben en el puesto de periódicos, se pregunta:

—Pero, ¿cuántos años tiene Maribel Guardia?

Tampoco es, por ejemplo, el caso del joven judío que, tras resistir heroicamente y durante años en la trinchera de la soltería, cede a las insistencias familiares, se somete a los dictámenes de la Tora y acepta casarse. Pese a todos sus esfuerzos para al menos intentar ser un buen judío, en los días que se prepara para seguir el antiguo ritual que lo acompañará hasta el fatídico momento, con creciente insistencia aparecen en su mente la sonrisa traviesa de la cajera de la cafetería bajo la casa de su madre; las pompas de la mesera del restaurante japonés junto a su oficina; las tardes gustosamente pasadas con indolencia en la cama de su amiga Marcela, fumando, tomando cerveza y haciendo el amor; la risa profunda de aquella turista holandesa de tetas exageradamente grandes con la cual aún intercambia cartas eróticas; las esperas impacientes para que el licenciado Ramírez saliera de su casa para entrar en su lugar y quedar envuelto por la sensualidad madura de su esposa; los encuentros prohibidos con su prima, que siempre se resistía con el argumento de que "entre primos los hijos salen mal" pero que todas las veces se ofrecía con desatada disponibilidad al escuchar que nadie tenía la mínima intención de hacer un hijo... Recordando todas estas aventuras, todos esos momentos deliciosos, de repente le llega una iluminación: "¿Por qué chingados debería renunciar a todas las mujeres para dejarme molestar sólo por una?". Luego mira a su prometida y, con la misma compasión de un Buda... o mejor dicho, con la compasión de un Moisés, piensa: "¿Y por qué chingados esta pobre mujer debería renunciar a ser cortejada por todos los hombres para dejarse maltratar por uno solo, o sea yo? ¿Por qué tendría que someterse a la condena de verme bambolear por la casa en calzones, perdiendo progresivamente el encanto, la elegancia, el decoro, la decencia y al final hasta la dignidad? ¿Para qué casarse cuando todos saben que en la mayoría de los casos estos matrimonios terminan en divorcios desgarradores? ¿Por cuál razón hay que gastarse todo el dinero de la familia para una fiesta que siempre tendrá un final amargo?"

Por lo tanto, antes de que sea demasiado tarde, fiel a su intuición, comunica al mundo su decisión de mandar todo a la goma:

—Tora o no Tora, no cometeré la misma estupidez que todos los demás —declara con la típica brillantez que asumen los seres humanos cuando desvían sus ojos de los "libros sagrados" para seguir la autonomía de la propia inteligencia.

Obviamente, como siempre sucede cuando alguien decide hacer las cosas a su manera, la familia entera se le echa encima con extraordinaria vehemencia:

—¡Inconsciente! ¡Eres un inconsciente! —le gritan todos—. ¿Olvidaste que las escrituras dicen que "Dios creó varón y hembra"? ¿Que los sabios dicen que un hombre que no está casado ni siquiera es un hombre? ¿Olvidaste lo que dice Bereshit Rabá: "Ningún hombre sin esposa y tampoco ninguna mujer sin esposo"? ¡Inconsciente! ¡Inconsciente!

Obviamente ésta tampoco es la inconsciencia que nos indica Pancho López, siempre con la nariz pegada al vidrio del puesto de periódicos, preguntándose:

—¿Y Ninel, cuantos años tendrá?

Romper las reglas morales que la sociedad impone para actuar según la propia inteligencia no tiene nada que ver con la "inconsciencia", sino todo lo contrario. Si tomáramos como inconsciencia contravenir las reglas impuestas por las tradiciones, Jesús, Buda, Lao Tse y todos los demás serían los inconscientes más grandes de la historia.

Por estrafalarios que sean tus gustos, tu libertad para seguir tu intuición tiene más que ver con la conciencia que con la inconsciencia. La inconsciencia, y por lo tanto la conciencia, son conceptos mucho más cercanos a la ciencia que a la moral… o mejor dicho: no encajan para nada con la moral. Ser consciente no implica adaptarse a los principios que te imponen tu religión o tus tradiciones, sino simplemente "ser consciente" de lo que es, tal como es. La actitud del buscador espiritual es mucho más cercana a la del científico que a la del religioso. Así como un científico registra los fenómenos del mundo exterior sin esperar que sean diferentes de lo que son, de la misma forma el buscador espiritual necesita registrar los fenómenos del mundo interior tal como son, sin apreciación ni juicio, sin preferencias ni exclusiones.

Ahora, la pregunta que surge espontánea para cualquier novato en el camino de la búsqueda de sí mismo es: "¿Por qué chingado motivo tendría que perder el tiempo mirando el mundo interior, cuando en el mundo exterior hay un chingo de cosas mucho más interesante para mirar? La final del Deportivo Toluca contra los Tiburones de Veracruz, por ejemplo… o la lucha libre… o el trasero de la secretaria". Sin duda, hasta en tu oficina hay espectáculos más interesantes respecto a lo que pasa dentro de ti, pero aquí no estamos buscando el entretenimiento, sino la felicidad. ¿Y cómo podríamos ser felices si nuestras acciones y nuestra forma de vivir son determinadas por factores inconscientes de los cuales no tenemos la menor idea? ¿Cómo podríamos ser felices si nuestras decisiones en la vida son determinadas por los "accidentes" de nuestro pasado?

El accidente del pasado

"Si te cargas el pasado, ¡te recarga la chingada!"

Este lema, típico del zen mexicano, con el cual Pancho López nos invita a liberarnos de la carga emocional de nuestro pasado, también se adapta a la perfección a esta parte de nuestro relato.

Por lo general, distinguimos entre un pasado bonito y un pasado feo: si tu padre te empujaba en el columpio cantándote una cancioncita, hablamos de un "pasado bonito"; si, al contrario, tu papá en el columpio te empujaba a golpes de pala, lo consideramos un pasado "de la chingada".

Desde el punto de vista de la conciencia, el pasado es siempre un accidente. Aun cuando es hermoso, desde la perspectiva de la transformación de la conciencia tu pasado siempre será un obstáculo, porque se interpone entre tú y la realidad, y te quita la inocencia que te permite verla tal cual es: tú no miras más la realidad por lo que es, si no la interpretas de acuerdo con tus experiencias del pasado. Pero todos sabemos que la vida nunca se repite y que la realidad cambia a cada instante. Por lo tanto, si tomas el pasado como referencia, nunca te saldrán las cuentas.

Ahora, alguien puede decir:

—Pero ¡¿qué chingados dices, pinche italiano?! ¡El pasado del ser humano es nuestro tesoro más grande! ¡Es gracias a las experiencias del pasado que el hombre evoluciona! Esto sucede en todas las especies animales.

Correcto, correcto. Efectivamente, todos los animales evolucionan a lo largo de un lento almacenamiento de las experiencias del pasado, y es obvio que esto también aplica para los humanos, porque todos sabemos que en parte somos animales. Sin embargo, dado que los seres humanos no son sólo animales, necesitamos tomar en cuenta la otra parte, la que los animales no poseen: la conciencia.

Mientras que los animales son puro instinto e inconsciente, los humanos, aparte de ser instinto e inconsciente, son también conciencia. Podríamos decir que, si para nuestra evolución como animales el pasado es un tesoro, para nuestra evolución como seres conscientes el pasado no es relevante en lo absoluto... Al contrario: es un obstáculo.

Tratemos de entender. En el aspecto lógico-matemático de la vida, el conocimiento del pasado es fundamental: si no tomaras en cuenta el pasado, cada vez que ves observaras el fuego tratarías de agarrarlo, quemándote las manos; por ejemplo, si no recordaras una sencilla tabla de multiplicar, sería imposible calcular complicados algoritmos; si no conocieras la psicología humana, sería difícil analizar las consecuencias de los fenómenos de masa, o intuir "qué está haciendo" tu pareja cuando no está en casa.

En estos asuntos, tomar como referencia el pasado es totalmente correcto, porque el fuego, la matemática, la psicología humana y tu esposo se portan siempre de la misma manera. Pero si tomas como referencia el pasado en las áreas a las cuales los animales no tienen acceso, te encontrarás en problemas. Por ejemplo: cuando pretendas crear algo, nunca serás capaz de obtener algo nuevo si tomas como referencia el pasado, porque lo nuevo, como dice la propia palabra, es nuevo. Si quieres amar a tu segunda esposa como amaste a la primera, tampoco te funcionará, porque ellas no son una fotocopia y con cada una la alquimia será diferente. La experiencia pasada podrá ayudarte en el matrimonio, pero no en el amor, porque el matrimonio es un arreglo social gobernado todavía por las necesidades de nuestra sobrevivencia animal, mientras que el amor es un asunto que pertenece al divino y se presenta siempre de forma única y absoluta. De hecho, si quieres amar a tus hijos pequeños de la misma forma que amas a los grandes, convenciéndote ingenuamente de poder realizar aquel ideal de justicia parental que obliga a considerar a todos los hijos como iguales, no te saldrán las cuentas... Y si, al contrario, tienes la ilusión de haberlo logrado, significa que no amas a ninguno de ellos, pues no hay dos seres humanos perfectamente iguales, ni siquiera entre tus hijos. Por lo tanto, ¿cómo podrías amarlos de la misma forma, tomando como referencia un concepto generado con base en una experiencia pasada tuya o de tus padres? Si procedes así, el amor se volverá un concepto abstracto... Y de hecho es lo que suele suceder: todos hablan de amor, y lo que ves alrededor es odio, egoísmo, abuso y mentira... Empezando con las familias.

En los asuntos animales, como la matemática, la ciencia y la política, el pasado es el "más grande tesoro". Pero en las cosas de Dios, como el amor, la música y la poesía, el pasado es el más grande obstáculo: no se debe tomar en cuenta. En el amor y en el arte se necesita el valor para ser frágil, vulnerable y expuesto como un bebé recién nacido, que no tiene pasado alguno.

Por lo tanto, si no queremos limitarnos a vivir tan sólo como animales sin pelos, tendremos que desarrollar aquella conciencia que nos libere de nuestros patrones inconscientes, los cuales, al atarnos a nuestro pasado, nos condenan a vivir por debajo de nuestra inteligencia.

El problema es que, incluso si entiendes el concepto de que "no se debe tomar en cuenta el pasado para vivir el presente", esto no será suficiente para que vivas en forma inteligente, porque tu pasado se insinúa en tu vida sin que te des cuenta. Tus experiencias pasadas se almacenan en tu inconsciente y te manejan a oscuras... a menos que no te vuelvas consciente.

Para anticipar algo que, al menos así lo esperamos, Pancho López no se olvidará decir después, es importante entender que nuestros pensamientos y nuestras emociones (que son las que determinan qué decimos, qué hacemos y nuestra toma de decisiones) sin que nos demos cuenta, son condicionados por la forma en que fuimos educados y por las experiencias que vivimos. Todos éstos son factores accidentales que no tienen alguna relación con nuestro verdadero ser. Son "accidentes" en los cuales nuestro verdadero ser tropieza a lo largo del camino, y que dan forma a nuestra personalidad.

Para simplificar, incluso si tu ser natural tiende a la inteligencia, la sensibilidad, la intuición, la flexibilidad, la creatividad y el compromiso, como son todos los niños, si fuiste educado por una familia de fanáticos religiosos serás propenso a desarrollar una personalidad rígida y una mente lerda o, como reacción, rebelde e intolerante hacia las reglas. Si de niño tuviste que asumir responsabilidades antes de tiempo, es probable que te vuelvas intolerante hacia la pereza de tu hijo o, como reacción, seas incapaz de aceptar cualquier tipo de compromiso. O si has vivido en una situación muy conflictiva, es posible que desarrolles una personalidad miedosa o paranoica, y que veas al mundo como un lugar habitado por enemigos... Y así por el estilo. Estos aspectos de tu biografía, que llamamos "accidentes", forman tu personalidad y constituyen la base de tu estructura psicológica y emocional.

Y si los "accidentes" de tu pasado no parecen tan accidentales porque tu familia era como la de la publicidad, la cosa no cambia demasiado. Tomar tu pasado "bonito" para interpretar la realidad, de cualquier forma te impedirá mirar el mundo por lo que es, exponiéndote siempre al mismo riesgo de ver cosas que no existen y no ver las que sí existen. Así, en lugar de considerar a todos como enemigos, verás a un amigo en cada uno: en ambos casos no estarás en contacto con la realidad, que como todos sabemos está hecha de infinitos colores.

De nuevo debemos constatar que el valor más importante para la liberación del espíritu no radica en aprender mejores formas de comportamiento, sino en la conciencia. La conciencia te permite ver la realidad por lo que es.

Para resumir todo el relato (o relajo) de Pancho López, podemos decir que, cuando vives interpretando la realidad siguiendo robóticamente tus pensamientos y tus emociones, que son efecto de los "accidentes" de tu pasado, de manera inevitable tenderás a transfigurar lo que esté frente a ti, creando un mundo de fantasía desconectado de la realidad. Por eso en la vida de todos siempre llega el momento en que, mirando a tu pasado, te dices: "Pero ¿cómo chingados le hice para no ver lo que estaba pasando? ¿Cómo pude ser tan ciego para no ver el abismo que se me había abierto frente a los pies? ¿Cómo pude ser tan miope para no entender que la solución estaba justo frente a mis ojos, en su descarada obviedad?".

De aquí la importancia de tomar conciencia de nuestro mundo interior.

Si te vuelves consciente de tus pensamientos y de tus emociones, los verás como algo ajeno a ti, que simplemente viene y va: como un eco del pasado. Esta conciencia te regala la cosa más bonita que un ser humano pueda obtener: la libertad. En lugar de seguir sin inteligencia los mismos pensamientos y reacciones emocionales de siempre, estarás ante la posibilidad de decidir tu vida de manera creativa.

Como ya dijimos, para nada te sirven los *flashazos* de conciencia si inmediatamente después regresas a dormir. Para transformar tu vida se necesita estar despierto. De ahí la tremenda importancia del mantra ¡¡¡A Huevo!!! Ésta es la herramienta que nos llevará a alcanzar un estado de constante lucidez.

Para que la conciencia se vuelva nuestro estado natural del ser, es necesaria una práctica constante. ¡¡¡A Huevo!!! Los mantras mexicanos necesitan funcionar justo como una gota china, que en su incesante caída escarba la roca antigua de nuestra inconsciencia, hasta que un constante estado de alerta dispersa las imágenes irreales de tu fantasía, hasta que reduces a la impotencia los fantasmas de tu pasado.

—¿Qué pensabas, que bastaba con que te cayera un pinche veinte para librarla en la vida? —nos grita Pancho López, que finalmente halló un lugar ventilado bajo un crucero del periférico—. ¡Ni madres, güey! ¡No te puedes apendejar ni un instante! ¡Es toda una batalla, cabrón!

Lo que quiere decir nuestro guía con su labia tan colorida es que no podemos pensar que la oscuridad de toda una vida desaparecerá ante un fugaz chispazo de conciencia. Este chispazo debe ser alimentado con paciencia, día tras día, hasta que la "conciencia" se convierta en el estado normal de tu ser.

La adicción a la inconsciencia

Ser inconsciente es como una adicción. Al final las adicciones son el resultado de un adormecimiento de la consciencia, porque tú no puedes hacerte mal a ti mismo en forma consciente. La existencia no se autolesiona, y al ser parte de la existencia tú tampoco eres propenso por naturaleza a dañarte a ti mismo.

Por ejemplo, ¿cómo podrías fumarte una cajetilla de cigarros si estuvieras consciente? Imposible. Sólo si eres inconsciente puedes hacer una pendejada de ese tamaño. Sólo una persona distraída, inconsciente, puede llegar al punto de hacer la estupidez de gastar a diario un chingo de dinero para inhalar veneno, cuando se puede respirar gratis aire puro... o al menos soportablemente contaminado. De hecho, si lo notas, los fumadores se pueden fumar una cajetilla de cigarros sólo si están haciendo otras cosas: trabajan y fuman, hablan y fuman, miran la película y fuman, cagan y fuman, caminan por la calle pensando en sus pendejadas y fuman... Tienen que distraerse haciendo o pensando otra cosa. De lo contrario, sería imposible fumar tantos cigarros. Prueba a decirle a un fumador: "Por favor, cuando fumas no hagas otras cosa que fumar". Verás que le será imposible siquiera terminarse un solo cigarro. De hecho, en los lugares como los aeropuertos, donde hay un área para fumar, es más fácil que los fumadores se pregunten: "Pero, ¿qué chingados estoy haciendo aquí, con este pinche cigarro entre los dedos? ¿Por qué, mientras todo el mundo es libre de ir por donde quiera, divirtiéndose, mirando tonterías en las tiendas, yo tendría que estar encerrado con estos pobres diablos como yo en esta pinche caja de vidrio angosta, apestosa y sin aire, donde todos pueden verme y sentir pena por mí?"

Sí puedes gozar algunas bocanadas, pero es imposible quedarte cinco o siete minutos, que es el promedio que dura un cigarro, simplemente fumando, concentrado única y exclusivamente en el cigarro, sin hacer nada, sin trabajar, sin hablar, sin cagar ni distraerte con cualquier pensamiento pendejo que te permita fumar sin darte cuenta. Y aun si te la arreglas para fumarte tu bendito cigarro, desafío a cualquiera para que después de media hora detenga todas las actividades y se dedique exclusivamente a fumar otro, y luego de media hora otra vez otro, y otro… y otro… y otro… ¡Imposible! ¡Sería una hueva tremenda!

Y pasa lo mismo con el alcohol, la marihuana o la cocaína; son lo mismo. Empiezas a tomar, a fumar o a consumir cualquiera de este tipo de sustancias, ya sea por curiosidad, por imitación o porque tu vida te parece tan mediocre que, al menos en unos esos momentos, quieres aflojar la correa con la cual tu mente te trae cortito, cortito, y tener la experiencia de sentirte libre, atrevido, creativo, intrépido, relajado, energizado, ocurrente… y todo el resto de las otras diferentes sensaciones que estas diferentes sustancias proporcionan.

Las primeras veces que las pruebas, es probable que las disfrutes muchísimo: las drogas son así, y por lo tanto las quieres probar otra vez y otra vez y otra vez y otra vez… hasta que se vuelven simplemente tu manera de ser, sin que siquiera puedas jamás imaginar que una noche pueda divertirte sin reducirte a tal grado de embrutecimiento que da lástima tan solo verte. Y el día después estás crudo, te sientes de la chingada y decides que nunca más en la vida lo harás. Pero en la noche, o el viernes siguiente, te invitan otra vez al bar… y están las chicas, están los chicos… y otra vez tomas, fumas, aspiras, tragas, te inyectas y terminas como todas las otras noches, diciendo pendejadas, haciendo cosas de las cuales luego te avergüenzas, perdiendo tu dignidad, dejándote coger por un animal medio embrutecido como tú, apoyada contra el escusado maloliente del baño de la discoteca, o cogiéndote a una pendeja que nunca volverás a ver en el asiento trasero de tu coche… Y si las primeras veces te divierte la idea de tener al menos unas manchas de color que animen los tonos grises de tu biografía, para tener algo divertido que contarle a tus nietos, con el paso de los días y de los meses, a pesar de lo que aparentas en público, empiezas a odiar tu vida. Por lo tanto, ni siquiera esperas ya que te inviten al antro o a la cantina: también cuando estás solo y te resulta intolerable tu propia compañía, empiezas con los tragos solitarios. Y a pesar de saber que estás haciendo una pendejada, igual la haces. ¿Por qué? Porque eres inconsciente. Tu consciencia está dormida y tú estás dominado por un patrón, una idea, una costumbre… una adicción.

Ahora, la pregunta verdadera respecto al problema de la adicción es: ¿cuál es el verdadero problema, el alcohol, la marihuana, la cocaína, la metanfetamina, o la inconsciencia?

Es obvio que el verdadero problema no son las drogas, sino la inconsciencia. Dado que si estás consciente no puedes hacer algo tan absurdo como perderte el respeto a ti mismo, la verdadera batalla no tendría que ser contra el uso de las drogas, sino contra lo que lo determina: la inconsciencia. La verdadera adicción que se debe combatir es la inconsciencia.

Los más sencillones de ustedes dirán:

—¡Ándale! ¡Ya entendí el mantra del poder! Cuando estoy por hacer algo estúpido como prender otro cigarro, rezo: ¡¡¡A Huevo!!! y lo tiro por la ventana.

—¡Bravo, pendejo! —se ríe, para no llorar, Pancho López—. No entendiste ni madres. ¡A Huevo! no es el mantra de la voluntad, sino el mantra del poder. ¡Cabeza de chorlito! ¿Qué pedo contigo? En lugar de fumarte la marihuana, te fumaste la llanta del camión. ¿Dónde encaja la voluntad? —continúa, tapándose los ojos del sol con una mano mientras observa una gasolinera en el horizonte—. ¡Cualquier pendejo puede tener voluntad! Para rezar el mantra del poder, para hacer temblar todos los vidrios de tu colonia gritando ¡¡¡A Huevo!!! ¡¡¡A Huevo!!! ¡¡¡A Huevo!!!, la voluntad no es suficiente: ¡necesitas inteligencia! Recuerda que si los pendejos con iniciativa son un peligro, los pendejos con voluntad son un desastre, porque insisten una y otra vez con la misma pendejada.

Esta compasiva aclaración de nuestro maestro, aun cuando es desconcertante, nos puede ayudar a entender un error común de perspectiva en cuanto a la forma en la que consideramos las adicciones.

Por lo general exigimos al adicto un esfuerzo de voluntad para pelear contra el enemigo equivocado: se pelea contra la cocaína, contra el alcohol, contra el tabaco… sin darnos cuenta de que nuestras adicciones son simplemente el síntoma de una enfermedad del espíritu que se llama "inconsciencia"; y, como se sabe, combatir los síntomas no elimina el problema.

—¡No creas que si reprimes el estornudo se te sana la gripa! —termina, acalorado, Pancho López, mojándose la cabeza con la bomba de agua de la gasolinera.

Por lo tanto, el verdadero problema a enfrentar es la adicción a la inconsciencia. Porque esta pinche inconsciencia no sólo nos lleva a gastar un chingo de lana para envenenarnos, sino que ella misma es el veneno que contamina todas las acciones comunes de nuestra vida. Por ejemplo, ¿qué te obliga a mantener tu jeta patológica cuando caminas por la calle, aun cuando te gustaría sonreírle a la gente? Es tu inconsciencia: en lugar de actuar según la espontaneidad de tu ser, actúas con base en la costumbre heredada por la familia o la sociedad en general. ¿De qué depende que, a pesar de que amas a tus hijos, no seas cariñoso, paciente ni comprensivo con ellos? De tu inconsciencia. Lo haces sin siquiera darte cuenta.

La inconsciencia nos condena a comportamientos absurdos, comportamientos dementes, como las peleas durante los divorcios. ¿Te imaginas algo más estúpido?

—¡Es como darse un balazo en los huevos! —nos dice Pancho López, sacudiéndose el pelo igual que los perros—. Todos salen perdiendo…

Es absolutamente ilógico y carece de sentido. Disculpa: si no amas a tu pareja, y un día él o ella se largan, te sentirás feliz de que esto suceda y no harás nada para impedirlo, porque no lo amabas más. Si, al contrario, "amas" a tu pareja y ésta se larga, ¡entonces sí! Justo porque la "amas", ahora la quieres muerta: la demandas en un tribunal, le quitas a los hijos, tratas de derrumbarle el negocio, la agredes físicamente, le destruyes la reputación, y usas todos los recursos a tu alcance para hacerle la vida imposible... Justo porque la amas.

Disculpa, pero ¿te parece un comportamiento inteligente? Dado que "amas" a la pareja que te está dejando, destruyes su vida, tu vida, la vida de tus hijos, de tus padres, de tus suegros... ofreciendo por algunos meses o incluso años un entretenimiento agradable para toda esa banda de sanguijuelas de tus vecinos, amigos y parientes que, aparentando interesarse en tus penas, en realidad se nutren con tu desdicha para llenar el vacío de sus propias vidas, chismeando sobre ti. ¿Puedes imaginar un comportamiento más "brillante" que éste? ¿Y de quién es la culpa? De tu inconsciencia. Estás tan acostumbrado a rodearte de imbéciles que al final tú también terminas comportándote como tal, a pesar de que eres una persona inteligente.

Estos mantras que México regala al mundo son herramientas infalibles para despertarse del largo sueño de la conciencia y, como todas las herramientas, necesitan usarse.

—¡No basta comprar el desarmador para que el tornillo se destornille! —sentencia Pancho López sentado en una vieja silla de mimbre de la gasolinera—. ¡No basta comprar el chile para que te salga bien la salsa macha! ¡No basta comprar el papel de baño para tener la cola limpia!

¡Qué elegancia! ¡Cuánta sutileza! Lo que nuestro guía quiere decirnos con estos dichos populares, que se inventa solito, es que no basta conocer los mantras mexicanos para que tu vida se transforme, sino que se necesita practicarlos a diario, "a huevo". De aquí el origen del mantra ¡¡¡A Huevo!!! El rezo de este simpático mantra te evita aplatanarte a cada rato, olvidándote de la gran sabiduría que los mantras mexicanos te enseñan; te da el poder para mantener siempre despierta tu conciencia y actuar en forma inteligente en vez de hacerlo "a lo pendejo".

Sucede justo como cuando fumas un cigarro. Por ejemplo, después del café, o cuando vas al baño, o cuando chismeas por teléfono con tu prima, estás acostumbrado a repetir todos los gestos que terminan con la empañadora sensación que proporciona la primera bocanada de humo caliente cuando se cuela por los recovecos de tus pulmones. Lo haces sin siquiera darte cuenta, y sin darte cuenta te lo acabas y prendes otro. Ahora, por lo general, la gente que intenta dejar de fumar entabla una batalla contra el cigarro.

—¡¡¡Pero ésta es una pendejada monumental!!! —insiste Pancho López, exhibiéndose con la señorita del Oxxo—. El problema no es el pinche cigarro, ¡sino tu puta inconsciencia! Si en vez de quitarte la inconsciencia te quitas el cigarro o lo que sea, resulta que en lugar de ser un pendejo que fuma serás un pendejo que todo el día masca chicles a lo güey o que a cada rato se tira una chaqueta en el baño.

Dejando de lado sus metáforas atrevidas, que divierten tremendamente a la señorita del Oxxo, Pancho López tiene toda la razón. No va por allí: la clave de la libertad no está en pelear contra algo, sino en nutrir lo que se opone a este "algo".

No pelees contra la inconsciencia: nutre la conciencia. ¿Cómo hacerlo? Ya lo dijimos, y no nos molesta repetirlo: rezando el mantra ¡¡¡A Huevo!!! Cuando sientas que tu consciencia se está adormeciendo, llevándote a hacer todas las cosas que son incompatibles con tu inteligencia, grita: ¡¡¡A Huevo!!! ¡¡¡A Huevo!!! ¡¡¡A Huevo!!!

Además, pelear contra la inconsciencia no sólo es equivocado, sino imposible, porque la inconsciencia ni siquiera es un "algo", sino la ausencia de "algo": es la ausencia de conciencia. La inconsciencia es como la oscuridad: no puedes pelear contra la oscuridad, sino que sólo necesitas llevar contigo una lucecita. Una pinche lucecita y la oscuridad habrá desaparecido.

Por lo tanto, cuando estés a punto de prender un cigarro… o de chaquetearte por cuarta vez, ten cuidado: si tu conciencia está al menos un poco despierta y con un mínimo de arraigo, tendrás una posibilidad, la posibilidad de elegir. Puedes elegir entre dejar tu poder en manos de una estúpida costumbre o retomarlo; así que, en lugar de prender el cigarro e inhalar veneno, continuarás respirando aire puro.

Si dejas ganar a la consciencia, sucede que en lugar de nutrir tu inconsciencia y darle aún más poder sobre ti, nutrirás tu conciencia y le permitirás volverse un poco más fuerte; y si la siguiente vez, en vez de prender un cigarro, echarte un trago o meterte un arponazo, de nuevo le permites ganar a tu inteligencia, tu conciencia agarrará un poquito más de vigor. Y si continúas así, luego de unos días tu conciencia tendrá menos dificultad para establecer su supremacía... Y después de unas semanas (quien ha dejado una adicción lo sabe), en tu mente será cada vez más rara la idea de fumarte un cigarro o de mirar porno en internet... hasta que con el tiempo desaparezca por completo. Pero la cosa más extraordinaria no será tanto que hayas dejado de fumar o de tomar, sino que te habrás transformado. No serás más un ex fumador o un ex alcohólico. Simplemente serás una persona diferente.

Este procedimiento funciona igual en todas las áreas de tu vida donde la inconsciencia te somete a un comportamiento compulsivo, inconsciente, robótico y sin inteligencia. Así como hace el fumador cuando agarra el cigarro, tú también, antes de contestar como acostumbras hacerlo, detente y reflexiona un momento: "¿Es en verdad esto lo que quiero decir?". Antes de reaccionar a las cosas como siempre has reaccionado, detente y reflexiona un momento: "¿Es en verdad ésta la forma más inteligente de lidiar con el asunto que tengo frente a mí?". En el momento de actuar, pregúntate: "¿Es en verdad ésta la forma correcta de actuar para mí? ¿O estoy simplemente repitiendo lo que hacen los demás, lo que me ha sido enseñado y que me hace seguir cabizbajo el trasero de la oveja que me precede?". Y si te das cuenta de que la palabra que estás por decir, la acción que estás por realizar, o la reacción que está por estallar, no pertenecen a tu inteligencia, sino a tu costumbre, igual que el fumador que regresa el cigarro a la cajetilla, tápate la boca, detén la acción, enfría tu reacción y permite que la conciencia gane sobre tu inconsciencia.

Al principio te resultará difícil pasar la noche en un bar sin estar pedo; pero si continúas alerta, al igual que los cigarros desaparecen despacito, despacito de la mente del fumador, muy pronto tú también verás desaparecer de tu cabeza las ideas tontas y los comportamientos ridículos que por tantos años han transformado nuestras vidas en guiones de personajes de caricatura. Despacito, despacito, día tras día tu conciencia se volverá más fuerte y luminosa, hasta que con el tiempo tu vida no esté por completo modificada, hasta que tú no seas más "tú", hasta que tu miseria se disuelva para siempre junto con tus hábitos, tus costumbres, tu personalidad... y tu adicción a la inconsciencia.

¿Entiendes ahora la importancia del mantra ¡¡¡A Huevo!!!? Si en verdad quieres aprovechar la divina influencia de los mantras mexicanos, es necesario practicarlos, y para practicarlos debes cargarte con la electrizante energía de este mantra de combate: ¡¡¡A Huevo!!!

Esta plegaria breve, pero expresiva, con su sonido contundente, es capaz de sacudirte el torpor de tu mente y restituirte el poder sobre tu vida. ¡No quites el dedo del renglón! Apenas sientas que te estás sentando en tus viejos patrones, reza: ¡¡¡A Huevo!!! ¡¡¡A Huevo!!! ¡¡¡A Huevo!!! Apenas te agarre la pereza que te hace perder la determinación de vivir en forma inteligente, reza: ¡¡¡A Huevo!!! ¡¡¡A Huevo!!! ¡¡¡A Huevo!!! Apenas tengas la sensación de rendirte y dejarte arrastrar por tu pasado como si carecieras de poder, reza: ¡¡¡A Huevo!!! ¡¡¡A Huevo!!! ¡¡¡A Huevo!!! Ni un momento de distracción está permitido: se requiere disciplina.

Disciplina: ¿condena u oportunidad?

Sé que a la mayoría de ustedes, con sólo escuchar la palabra "disciplina", se le revolverán las vísceras y empezarán a contorsionarse cual babosa cuando por pura maldad le echan encima unas gotas de limón.

Hay gente que viene a pedirme ayuda, diciéndome que está al borde de la locura, que incluso a veces tiene "malos pensamientos", y que está dispuesta a hacer cualquier cosa para salir del hoyo en que se encuentra... y cuando yo le digo:

—*Okay*, empieza a venir todos los días para practicar la meditación dinámica —abre tanto los ojos y me responde con desconcierto:

—¡¿Todos los días?!

Y cuando empieza a considerar la lejana posibilidad de intentar practicarla y le digo que es a las siete de la mañana, con mayor desconcierto exclama:

—Pero ¡es muy temprano!

Somos refractarios a la disciplina. Hay gente que, en lugar de intentar entregarse a una disciplina para ver qué pasa, prefiere dejarse envenenar por los fármacos que le imponen para que, sedado, no moleste más a su familia, dejando a la sociedad como única incumbencia la de esperar que se lo lleve la muerte, quitando al mundo la molestia de su presencia.

La palabra "disciplina" hasta de malhumor nos pone, porque se asocia con la idea de la privación de la libertad. Nos parece un castigo, y de hecho la consideramos así durante todo el periodo de nuestra niñez y adolescencia. Todos sentimos una repulsión instintiva hacia esta palabra.

Con sólo oírla pronunciar es inevitable evocar la imagen de lugares infaustos como el cuartel, la escuela, las cadenas de ensamblaje, las megaoficinas de los megacorporativos chinos... o, incluso peor, las cárceles y los campos de concentración... Todos los lugares donde la dignidad humana haya sido y es humillada, donde el individuo pierde sus derechos fundamentales, donde simplemente, en lugar de un ser humano, te conviertes en un número, donde tu individualidad es sacrificada en aras de un diseño colectivo.

En este punto algunos de ustedes podrían decirme:

—Pero, ¡esto es absolutamente justo y necesario! ¡Sin la disciplina, esta sociedad no funcionaría en lo absoluto! ¡La verdad es que esta sociedad necesita más disciplina!

Tienen absolutamente toda la razón: se necesita mayor disciplina, pero de la buena. No la disciplina que nace del miedo a la prepotencia de aquel que tiene el poder, sino la disciplina que nace espontáneamente de la conciencia, que nace del amor, de la compasión y la simpatía hacia los demás. No la disciplina que se impone a golpes de bastón para obtener algo de los demás, sino la disciplina que cada uno elige de manera autónoma para ofrecerse a uno mismo y al mundo como un ser humano mejor, que actúa inspirado por sus virtudes y no por sus debilidades.

Tenemos que distinguir entre el ¡A Huevo! interior y el ¡A Huevo! exterior. En el caso del primer mantra, ¡Me Vale Madres!, especificamos ya que no se trata de un mantra para rezar hacia el exterior, sino hacia el interior. Lo mismo debemos hacer con el mantra ¡A Huevo!

Por lo general, "a huevo" es una expresión que se usa para imponer una conducta a alguien: "¡Me lo entregas a huevo! ¡Te lo terminas a huevo! ¡Me cumples a huevo! ¡Te callas a huevo! ¡Te me largas a huevo...!", y así por el estilo. Usado de esta forma, el sagrado mantra mexicano ¡A Huevo! se convierte en blasfemia, porque en lugar de indicar una libre toma de responsabilidad hacia algo, revela los demonios de la prepotencia y del abuso que se esconden detrás de todas las relaciones humanas que implican una expectativa del otro. Obviamente no va por allí, porque las enseñanzas de nuestro amado Pancho López son absolutamente incompatibles con cualquier actitud que le falte al respeto al individuo.

Desafortunadamente, la humanidad aún no aprende a impostar las relaciones humanas sobre la base de la conciencia y del respeto, sino que es todavía víctima de una impostación social influida por el esclavismo, donde este tipo de disciplina basada en la prepotencia aparece como algo totalmente lógico.

De hecho, para retomar un argumento que ya tocamos, si tienes a un grupo de esclavos que debe trabajar a huevo para cosechar el café de tu cafetal, extraer la plata de tu mina o tener limpio tu centro comercial, es necesaria una disciplina férrea, porque sin disciplina nadie se partiría el lomo para entregarte un producto del cual no se beneficiará, ni limpiaría el escusado de una tienda en la cual jamás podrá comprar nada.

Con esta premisa, es evidente que para obtener lo que quieres de los demás, necesitas someterlos a una disciplina. Y este tipo de disciplina está siempre conectada con la amenaza y el chantaje: "Si no trabajas duro, te agarro a palazos, te reduzco el salario, te corro y te morirás de hambre junto con tus pinchurrientos hijos". Por lo tanto, pese a que odias esta palabra, intentas atenerte a la disciplina, permitiéndote gozar la única forma que tiene un esclavo para desquitarse: hacer mal su trabajo, valerle madres los demás e incluso dañar a quien le dé trabajo. En un mundo de esclavos, chingarse a los demás resulta inevitable, porque te da una sensación de poder. En un mundo de esclavos, "chingarte a los demás" es un triste sustituto de la libertad.

No es que todas las sociedades que han sufrido más la ofensa de la esclavitud funcionen mal. Entre más el pueblo ha sido maltratado, menos las cosas funcionan y mayor es la tendencia a tratarse mal entre ciudadanos. Pareciera que cuanto más se impone a palazos la disciplina, peores son los resultados. Y no es sólo una cuestión entre ricos y pobres. El mismo concepto de disciplina que hace esclavos a los pobres es usado por los ricos para volverse esclavos uno del otro.

Basta con que tengas alguna expectativa sobre los demás para que les impongas la disciplina requerida para que funcionen como tú esperas. Y cuanto más fuertes son las expectativas, más dura y dolorosa será la disciplina ¿Te imaginas a alguien más desgraciado que a los hijos de una familia real? Si tú eres un simple pinche güey, no hay demasiada gente que te controle, pero cuando eres el heredero al trono, ¡imagínate!, hasta cuando vayas al baño te controlarán para que "lo hagas de la manera apropiada".

Esta idea sobre la disciplina es un desastre que envenena el espíritu y la inteligencia humanas. De hecho, cuanto más estricta es la disciplina, menos inteligentes se vuelven los individuos, porque necesitan adaptar la elasticidad de su inteligencia a la rigidez de las reglas; y el problema de volverse rígido es que la existencia es flexible, y si tú eres rígido en un mundo flexible, tarde o temprano estarás destinado a romperte.

Entonces, ¿qué hacer? Simple: basta usar el precioso mantra mexicano ¡A Huevo! en la justa perspectiva, mirando a la disciplina no como una condena que viene del exterior, a la cual estás sometido dócilmente, sino como una oportunidad para hacer una elección autónoma que afirme el triunfo de tu inteligencia sobre tus letárgicos patrones.

Así como la disciplina que te imponen los demás te humilla hasta el nivel de un manso animal de granja, la que eres capaz de darte por tu cuenta es la orgullosa afirmación de tu poder sobre tu vida. La disciplina no es el yugo de tu esclavitud, sino la manifestación de tu libertad.

La capacidad de ofrecerte una disciplina es la demostración de que tienes poder: el poder de derrotar la costumbre de dejarte arrastrar por la vida por patrones inconscientes, y de conquistar la libertad de actuar con base en lo que verdaderamente quieres.

Si no eres capaz de darte una disciplina, significa que no tienes poder sobre tu vida. Y de hecho, por lo general, no tenemos casi ningún poder sobre nuestras vidas: ni siquiera tenemos el poder de llegar puntuales. Nótalo: aunque decidas encontrarte con alguien a las ocho, y aun cuando te cague llegar tarde, hacer esperar a la gente, pedir disculpas e inventar siempre una nueva y piadosa escusa que nadie creerá, llegas a las ocho y cuarto. Esto significa que ni siquiera tienes el poder de llegar a la hora en que te gustaría llegar. Ahora, si ni siquiera tienes el poder de ser puntual, que es una cosa bastante sencilla de lograr, olvídate del poder de resolver cualquiera de tus problemas.

Es aquí donde el maravilloso mantra del poder puede hacer la diferencia entre vivir una existencia de invertebrado o recuperar el orgullo de ser quien eres. Reza con pasión: ¡A Huevo! ¡A Huevo! ¡A Huevo!, y no permitas que tu costumbre, tus patrones nacionales ni tus hábitos familiares decidan por ti. No te rindas a perder la dignidad, exponiéndote a la impaciencia, al desprecio ni la burla de los demás.

Quien tiene poder sobre los demás no es nadie comparado con quien tiene poder sobre sí mismo. Un Napoleón o un César Augusto son microbios comparados con personajes como Buda o Lao Tse. Y para tener poder sobre uno mismo se requiere compromiso, responsabilidad, disciplina: ¡A Huevo!

Una vez más debemos enfocar el problema bajo la perspectiva correcta. El problema no es la falta de disciplina, sino la falta de conciencia que la determina.

Si enseñáramos a nuestros hijos a ser conscientes, en vez de a ser disciplinados, el mundo produciría seres humanos bastante maduros, que no necesitarían vivir bajo amenazas ni chantajes para entender que las cosas se deben hacer bien y en los tiempos justos. No se necesitaría torturarlos desde niños para acostumbrarlos al valle de lágrimas al que su Dios de la compasión los condenó; no se necesitaría mantener el orden amenazando. Una sociedad de personas conscientes encontraría las formas justas y eficientes de convivencia, basadas en el respeto al individuo y a la confianza, donde la organización humana no estuviera dominada por el egoísmo ni la prepotencia, sino por la compasión y la hermandad. Porque la compasión y la hermandad, cuando un ser humano se vuelve consciente, son su verdadera esencia, así como el egoísmo y la prepotencia son las características del mundo animal, al cual el ser humano se adecua cuando está cegado por la inconsciencia.

El problema es que la sociedad educa a sus hijos empujando el pedal del egoísmo y la prepotencia. Incluso las religiones, al crear a un Dios de fantasía que impone sus reglas con las armas de la amenaza y el chantaje, han creado los cimientos de una psicología que se ha olvidado por completo de la confianza y la hermandad.

El manual del odio

El mismo extraterrestre que me visitó y que se llamaba Xπt2μ Ω3kkçå228ßœ me contó que, en sus viajes por las galaxias, alguna vez llegó a un planeta verdaderamente absurdo, donde los padres odian a sus hijos y, por lo tanto, aprovechan cada ocasión para torturarlos y hacerles la vida imposible.

—¡Imagínate! —me dijo, tragando caballitos de gasolina con sangrita uno tras otro—. Empiezan de inmediato: la primera cosa que hacen cuando nace un bebé es agarrarlo y darle una buena madriza de bienvenida. Después, en lugar de dejarlo con la mamá, lo encierran con los otros niños en una especie de acuario, donde los puedes mirar a través de un vidrio. Al crecer no los hacen comer cuando ellos quieren, sino cuando deciden los padres, y si no comen, de todas formas insisten para que lo hagan, reprochándolos, haciéndoles tragar la comida a la fuerza y llegando incluso... esto no lo vas a creer, ¡incluso a golpearlos! Después los educan como se hace con los animales, castigándolos o incluso torturándolos si hacen las cosas mal, y dándoles premios si las hacen bien. Como si esto no bastara, se burlan de ellos: se ríen cuando lloran, se divierten al mentirles e inventarles historias de cosas que no existen... y esto verdaderamente no lo vas a creer: se aprovechan de su ingenuidad, inventando personajes malos como el Coco, el Diablo y otros, para espantarlos y controlarlos con el miedo. Pero esto es nada respecto a lo que pasa cuando llegan a los seis años. Allí el asunto se vuelve más cruel: empiezan a atormentarlos muy temprano, antes que se levante el sol, despertándolos a las seis de la mañana, cuando todavía están durmiendo como piedras; los obligan a lavarse aun cuando haga frío, a vestirse y a comer, para deportarlos todavía medio dormidos a una especie de cárceles *part-time* que llaman "escuelas". Allí los obligan a quedarse siete horas, inmovilizados en una especie de instrumento de tortura que llaman "pupitre". Y esto no lo hacen de vez en cuando, ¡sino todos los días! ¿Imaginas una crueldad mayor que encadenar a estos pobres niños siete horas al día para aburrirlos con cosas que no les interesan? ¡Y la cuestión no termina aquí! En la tarde los obligan a hacer la tarea, metiéndoles tal presión que empiezan a sentirse mal, a volverse deprimidos, apáticos, violentos, crueles... Y cuando en la noche finalmente empieza la diversión, los obligan a irse a dormir. El domingo...

Como a veces pasa con huéspedes que tuviste la mala idea de invitar a tu casa, me vi obligado a chutármelo por horas, hablando de algo que yo conocía muy bien, porque, con todos los caballitos de gasolina con sangrita que se echaba alegremente, estaba claro que en su cabeza con forma de pera tenía tal confusión, que galaxias, planetas y sistemas solares se entremezclaban en un variopinto y cósmico desmadre.

Aparte de la confusión de Xπt2μΩ3kkçå228ßœ, no se puede negar que en realidad la forma en que tratamos a nuestros hijos parece un "manual del odio". No tocaré todos los asuntos abordados por nuestro amigo interestelar, pero al menos viene al caso decir unas palabras más sobre la escuela, porque junto con los diferentes reglamentos familiares, ésta es una de las causas más profundas de nuestra actitud infantil hacia la disciplina.

La escuela es una institución que más o menos se ha mantenido igual desde hace siglos. A lo largo de los años ha cambiado la manera en que trabajamos en las oficinas y en las fábricas; hay viejos trabajos que han desaparecido y otros nuevos que han surgido;

han cambiado los medios y los tiempos de transportación, la comunicación ha dado un salto cuántico… pero la forma en que educamos a nuestros niños, en la mayoría de los casos, no ha cambiado casi para nada. Prácticamente mandamos a nuestros niños a formarse para volverse adultos en la misma institución que no ha cambiado desde los tiempos oscuros en que la humanidad era tan ignorante que veía al progreso tecnológico como una obra del demonio, o cuando los derechos de los seres humanos no eran ni tomados en cuenta, desde que existían la esclavitud y las mujeres eran consideradas como ciudadanas inferiores.

Dado que la escuela es el lugar donde preparamos a las generaciones que crearán el mundo del futuro, me parece evidente que el recorrido hacia la evolución humana se comienza con el pie izquierdo. Lo que me sorprende no es tanto la mirada corta de la sociedad hacia este asunto, sino la total ausencia de compasión hacia nuestros hijos. Porque, si bien es común sentir horror frente a la imagen de niños que trabajan en las minas o que viven empotrados a las máquinas textiles de Pakistán, a todos nos parece normal torturar a nuestros hijos amarrándolos durante siete horas al día en un pupitre escolar.

¿Le has visto la cara a un niño el primer día de escuela? Con el cuerpo encogido, los movimientos alterados por el miedo y la preocupación, la expresión desorientada y la mirada extraviada que parece decir:

—No mames, ¿me tengo que quedar aquí siete horas? ¡Madre de Dios! No siete minutos, que ya serían un chingo de tiempo, sino ¡siete horas!

¿Y qué pretendes que aprenda un niño en siete horas? En siete minutos el niño ya entendió todo. Más aún el niño es inteligente, más pronto aprende y más pronto se distrae. ¡Es obvio! El mundo es tan variopinto, tan rico en cosas interesantísimas… como el mosco que pelea contra el vidrio para salir de la ventana haciendo un zumbido chistoso, el amiguito que te hace las bromas pegándose en la cara unos bigotes de papel, el dibujito del maestro disfrazado de mujer para pasar al compañerito de atrás, las muecas chistosas para hacer reír a esa niña con las trenzas que parece tan buena pero ¡es tan traviesa!...

Los niños son tan ocurrentes y llenos de fantasía, ¡que es normal que se distraigan con todas las cosas infinitas que se producen en su volcánica creatividad! Es normal. Todos podemos entenderlo, ¿correcto? Pero en realidad, si un niño es así, te dicen:

—¡Oh, oh, oh, oh, oh! Este niño sufre de déficit de atención. Este niño no es normal. ¡No le gusta que lo torturemos! Tenemos que mandarlo con el psicólogo. Tenemos que medicarlo.

Pero ¿cómo? ¿Si al niño no le gusta ser torturado lo mandas al psicólogo? ¡Tendría que ser al revés! Si me diera cuenta de que a mi hijo le gusta ir a la escuela y que lo torturen por siete horas al día, entonces sí que me preocuparía: "¡Puta madre!", me diría. "El niño está mal: ¡le gusta que lo torturen! Necesito llevarlo con el psicólogo".

Es un mundo al revés. Damos por sentadas cosas absurdas, sólo porque estamos acostumbrados desde hace siglos a repetir las mismas estupideces. El hecho de que una multitud de gente ignorante haga las mismas cosas no basta para conferirle a las cosas el estigma de "la verdad". El hecho, por ejemplo, de que en la mayor parte del mundo todavía la mujer, de forma más o menos explícita, sea considerada socialmente (y a veces incluso espiritualmente) un ser inferior, no significa que la costumbre de discriminar a las mujeres sea correcta. Tú, que estás leyendo este libro, de seguro estás diciendo:

—¿De qué hablas? ¡Está claro que las mujeres son iguales a los hombres!

Pero ve a platicar con los hindúes, ve a platicar con todo el mundo musulmán, con los chinos o los japoneses, y pregúntales si sus esposas gozan de sus mismos derechos. Para ellos es totalmente "normal" someter a las mujeres y castigarlas como animales, justo como para nosotros es absolutamente "normal" enviar a nuestros hijos siete horas al día para que los torturen en las escuelas.

¿Es posible que nadie se dé cuenta del horror que casi todos los niños del mundo sufren constantemente? Aparte de rarísimos casos y de escuelas muy particulares, ¡a ningún niño jamás le ha gustado ir a la escuela!, en especial a las seis de la mañana. Y lo que me parece verdaderamente increíble es que a nadie le haya surgido la duda de que puede ser que no todos los niños de todo el mundo y de todas las generaciones estén equivocados, si no que algo está equivocado en las escuelas. Desde que el mundo es mundo, todos saben que a los niños no les gusta la escuela, pero tú, en lugar de cambiar la escuela, ¿qué haces? Mandas a los niños al psicólogo. Es como si tú, por equivocación, compras un zapato chico y, en lugar de cambiar el zapato, llevas el pie al cirujano plástico para que te reduzca el pobre pie y entre en el pinche zapato. Es como si vivieras una pinche vida que no te gusta vivir y en lugar de intentar cambiarla, intentaras modificar tu naturaleza para adaptarte a la pinche vida que tienes que vivir; justo como hicieron nuestros pobres padres, abuelos y tatarabuelos, demostrándose a sí mismos que eran fieles a una idea sentada en la tradición…

—… Pero demostrando a todo el mundo ser una familia de pendejos —remata sin piedad Pancho López, ejercitándose para mantenerse en equilibro sobre un solo pie.

Ésta es la situación en que vivimos: a pesar de que desde siempre todos los niños odian la escuela, siempre que uno de nuestros hijos se resiste a ir a la escuela nos asombramos, lo criticamos, lo avergonzamos y lo obligamos a meterse aquel zapato chico, o incluso lo llevamos con el cirujano plástico.

Claro, es muy cómodo quitarse de los huevos a los hijos y entregárselos a otro pobre güey que se los chute todo el día en tu lugar, o a una pobre incauta que, para sobrevivir a esta banda de galeotes, que de todo tienen ganas menos de estar allí, se la pasa chismeando por Facebook, chateando por WhatsApp, pensando en lo que necesita del súper, en los pantalones nuevos de la maestra de tercero, que le parecen demasiado pegados (pero que en el fondo le gustaría lucir a ella misma si no tuviera las nalgas planas como su mamá), en el maestro de segundo año que "se ve bien guapetón" pero que le tira la onda a su colega (la del traserón), preguntándose si es justificable tener una relación extraconyugal cuando el esposo no te coge desde hace tres años… Y mientras los niños allí, sentados, silenciosos, atentos: aprendiendo…

—Pero, ¡¿qué chingados quieren que aprendan en esas condiciones?! —continúa gritando Pancho López, manteniendo el equilibrio sobre las puntas.

De hecho, ¿qué cosa quieren que aprendan? Está comprobado que en casi todas las partes del mundo la mayoría de los chavos salen de la escuela completamente ignorantes.

Sin embargo, la sociedad continúa echándole la culpa a los jóvenes y nadie se toma la molestia de cuestionarse acerca de cómo fueron educados, dando por sentado que los niños y los adolescentes no están interesados en aprender las cosas. Pero no es para nada así. ¡Todo lo contrario! ¡A los niños les encanta aprender cosas! Es el juego que más aman. Pero se necesita encontrar formas aptas a sus características individuales y a sus diferentes fases de desarrollo: y más que cualquier otra cosa tienen que sentir que les quieres enseñar las cosas porque los amas, no porque después pretendas usarlos.

Esta forma de someter a los jóvenes humanos a la disciplina tiene consecuencias nefastas en su inteligencia y en su madurez. Porque cuando has sido humillado durante años para que hagas cosas que no te interesan, de una forma aburrida, en tiempos, formas y ritmos incompatibles con tus exigencias y tu nivel de crecimiento, resulta inevitable que el resto de tu vida te mantengas alterado. Cuando estás acostumbrado a hacer "a huevo" cosas de las cuales no entiendes la utilidad ni el sentido, o que incluso no tienen ningún sentido, es inevitable que a lo largo de la vida intentes evitar cualquier cosa que te imponga una disciplina. Y cuando no la puedes evitar de ninguna forma, haces las cosas sin la pasión ni el entusiasmo de una persona madura, que aprovecha su trabajo para expresar su propia creatividad, aprender, crecer y hacer el mundo más bonito. Al contrario, te quedas con la actitud infantil de aquel estudiante al que no le interesa lo que hace, sino que simplemente intenta sobrevivir a aquel tormento, cumpliendo su tarea con el mínimo objetivo de obtener unas calificaciones bastante decentes para no incurrir en el deshonor escolar ni sufrir las sanciones familiares.

No enseñamos a los niños y los jóvenes el amor por lo que hacen, sino que simplemente les enseñamos a cumplir una tarea, humillándolos con nuestra prepotencia. El resultado es una humanidad infantil que confunde la responsabilidad y el compromiso con la pérdida de la libertad. Sin embargo, como vimos, es exactamente lo contrario, y aquí quiero reafirmarlo: mientras que la disciplina infligida por el exterior es la expresión de tu esclavitud, la disciplina que viene del interior es la expresión de tu libertad.

Es a esta disciplina a la que se refiere nuestro amado Pancho López cuando nos señala el divino mantra mexicano del poder.

Cuando veas que te estás apendejando, renunciando a lo que sientes que es justo para ti, reza: ¡A Huevo! ¡A Huevo! ¡A Huevo!, y sentirás una descarga eléctrica que te despierta de tu viejo aturdimiento. Cuando tomes la decisión de hacer algo para ti y te encuentras titubeando ante la tentación de entregarte a la flojera de tus viejos hábitos, reza: ¡A Huevo! ¡A Huevo! ¡A Huevo!, y sentirás tu espina dorsal enderezarse y recuperar intacta tu dignidad. Cuando veas que, a pesar de saber lo que es correcto para ti, te dejas arrastrar por la corriente de tus patrones, reza: ¡A Huevo! ¡A Huevo! ¡A Huevo!, y tu valor y tu inteligencia desbaratarán tus patrones inconscientes con la misma contundencia con que una manada de elefantes se abre paso en la selva. ¡A Huevo!

—¡Depende de ti, güey! —concluye Pancho López, ensayando el paso del pingüino—. Tienes que hacer las cosas con intensidad: ¡A Huevo! Depende de ti cómo quieres vivir tu pinche vida: ¿quieres dejarte inspirar por la pasión con que Janis Joplin agarra su micrófono o por la pasión con que la licenciada García agarra su torta de tamal? ¡No te hagas güey! Y recuerda: mejor vivir un día como Freddie Mercury que cien como Alfredo Mercurio.

¡NO ES MI PEDO!
EL MANTRA DE
LA DESIDENTIFICACIÓN

Con el cuarto mantra mexicano verdaderamente México se pasó, es donde sin duda alcanzó la cumbre de la poesía. El cuarto mantra mexicano es: ¡No Es Mi Pedo! ¡Maravilloso! Basta repetirlo unas veces para darse cuenta de que es poesía pura: ¡No Es Mi Pedo!, ¡No Es Mi Pedo!, ¡No Es Mi Pedo…! Como una canción. Ningún pueblo, en ninguna parte del mundo, se había aventurado de forma tan atrevida en el uso de la metáfora.

Sé que todos ustedes no ven la hora de sumergirse en la sublime poesía del cuarto mantra, pero antes de empezar a exponer las delicias de esta joya de la cultura mexicana, siento necesario hacer una aclaración para todos los que, ante esta última fórmula mágica para la liberación del espíritu, digan:

—Pero, ¡¿cómo que "no es mi pedo"?! ¡Lo que pasa en esta porquería de mundo es de seguro *nuestro pedo!* ¡Es *pedo* de cada uno de nosotros!

Nada más verdadero y sacrosanto. Lo que pasa en el mundo es asunto de todos, y sólo la participación, el interés y el involucramiento real de todos nosotros pueden frenar la famélica avidez del egoísmo de unas cuantas… o unas muchas personas. Pero no olvides que el argumento que estamos tratando aquí no se refiere a las manifestaciones del mundo exterior, sino a las del mundo interior. Mientras que decir "no es mi pedo", en referencia a las cosas del mundo material, es sinónimo de egoísmo y miopía, rezar ¡No Es Mi Pedo! en el ámbito de tu búsqueda espiritual, como en el caso del mantra ¡Me Vale Madres!, representa un cierto síntoma de previsión, responsabilidad, conciencia y madurez.

Por lo tanto, dejaremos que nuestro incansable Pancho López, mirando a los transeúntes de la calle desde la ventana de la casa del cuñado, nos guíe un poquito más por las profundidades del misterioso mundo de la liberación del espíritu.

¡No Es Mi Pedo!, también conocido como el "mantra diamante", es la espada filosa con la cual cortaremos en definitiva las neblinas de la inconsciencia que nos impiden ver el rostro de Dios en su deslumbrante esplendor.

El filo de esta última arma que empuñaremos contra las tinieblas de la ignorancia es tan fino que incluso podrías tener dificultad para ver. De hecho, la materia en que Pancho López nos introducirá es tan refinada, al punto de que su significado podría resultar oscuro para algunos. Si así es, deja un momento el libro y no te preocupes. La práctica de los primeros tres mantras te dará el material suficiente para mantenerte entretenido por un rato. En cuanto te sientas listo, toma el libro de nuevo para intentar hacer tuyo este último y extraordinario instrumento para el despertar de la conciencia, que es el mantra ¡No Es Mi Pedo! Y si también en ese momento no entiendes ni madres, es aconsejable que te hagas una cura de fósforo, o que busques a alguien que te lo explique, o que regales el libro a alguien a quien quieras hacer un desaire.

Desde lo alto de su compasión hacia nosotros, extenuado por la fatiga que sus intensas jornadas le procuran, Pancho López nos comunicará los últimos secretos desde un estado de trance... pero no propiamente trance... mejor dicho, sueño. Como las palabras no se acercan ni de lejos al mensaje sublime que nos desea comunicar, intentará con los ronquidos. Por eso se pondrá directamente a dormir, tras beberse media botella de vino tinto de Baja California que le regaló un amigo italiano. Y desde ese estado de trance me dictará sus palabras... o mejor: sus ronquidos de sabiduría.

Por lo tanto, demos las buenas noches a Pancho López y empecemos por contestar la pregunta que nos abrirá el camino hacia la suprema comprensión de este misterio glorioso: ¿qué cosa significa "buscar a Dios"?

¿Quién demonios es Dios?

Si tomamos a la letra la expresión "búsqueda de Dios", es inevitable caer en la trampa que ha originado problemas muy graves y demasiados retrasos en el desarrollo espiritual de la humanidad.

¿Por qué? Porque la idea de "buscar a Dios" te da la impresión de que debes buscar algo que no eres tú y que está fuera de ti, dándote la ilusión de que un día al fin lo encontrarás y le apretarás la mano, diciéndole:

—¡Hijo de tu santísima madre! ¿Dónde te habías metido? Te busqué por todas partes.

Por eso te encuentras a cada rato levantando los ojos al cielo y hablando con Él, a la espera de una respuesta que, si no estás bajo el efecto de las drogas o alucinando, nunca llegará, porque:

—¡Dios no puede estar en un solo lugar y no en todos los demás, cabeza de chorlito! —nos grita Pancho López desde la cama—. Y sobre todo, ¡¡¡Dios no puede estar fuera de ti!!!

Vamos. ¡¿Cómo podríamos no darle la razón?! Si Dios es omnipresente y omnicomprensivo, ¿cómo puede el ser humano quedar excluido de su omnicomprensión? Si el cielo, las plantas, los animales, el agua y la tierra son parte de Dios, obviamente también el ser humano es parte de Él. Entonces, la idea de buscar fuera de ti algo de lo cual ya formas parte resulta absurda. ¿Por qué alejarse en busca de algo que está dentro de ti?

Hay una historia bonita sobre la mística sufí Rabya Al Basri.

Un día Rabya iba por la calle, mirando al piso como si buscara algo muy pequeño. Por tratarse de una mujer muy respetada y una maestra reconocida, unos conocidos se acercaron para preguntarle qué estaba buscando.

—Perdí una aguja.

En poco tiempo un montón de gente estaba agachada buscando la aguja de Rabya. Después de un buen rato alguien le preguntó:

—Rabya, ¿de casualidad tendrás una remota idea sobre dónde puedes haberla perdido?

Rabya contestó inocentemente:

—La perdí en mi casa.

"¿En tu casa? ¡Pinche vieja media loca! ¿Y le haces perder el tiempo a toda esta gente, que tiene un chingo de cosas importantes que atender, buscando en la calle lo que perdiste en casa?"

Esto es lo que el pobre güey pensó pero no tuvo el valor de decir. A final de cuentas sentía mucho respeto por aquella anciana señora que, además, tenía un carácter impredecible del cual nunca se podían imaginar las reacciones. Por lo tanto, conteniendo la irritación y templando sus palabras, dijo:

—Disculpa, Rabya, ¿si lo perdiste en casa, por qué lo buscas en la calle?

—Porque en la casa está oscuro y aquí fuera hay un poco de luz.

"¡Oh, Dios mío!", pensó el señor. "¡A la pinche vieja se le fulminó el cerebro!", y con un poco de menor templanza le dijo:

—¡No mames, Rabya! Disculpa, ¿si perdiste la aguja en casa, cómo piensas que la encontraremos en la calle?

—¡Ah, cabrón! ¡¿Esto lo entiendes?! —le dijo Rabya, mirándolo derechito a los ojos de una manera que daba miedo—. ¿Entonces por qué chingados, cuando te digo que no busques afuera lo que perdiste adentro, no entiendes ni madres?

Los místicos no te explican la verdad mediante conceptos. Al contrario, te la indican creando una situación en la que tengas una experiencia directa con ella.

Por eso los maestros como Rabya Al Basri o Pancho López parecen algo excéntricos y a veces te ponen en situaciones que te provocan ganas de matarlos a palazos. Pero debemos entender su dificultad. Ellos saben algo que no nos pueden decir directamente, porque las palabras y la mente lógica no son los instrumentos aptos para vivir una experiencia de la verdad. Por eso necesitan inventarse mil y una diabluras.

La verdad no se puede expresar a través de la lógica, sino a través de la poesía. Ningún tratado ha sido capaz de ofrecer una definición de la verdad, pero muchos místicos, con sus excentricidades, la han transmitido de corazón a corazón a miles de discípulos y a lo largo de generaciones.

La lógica funciona a la perfección para lidiar con problemas matemáticos, pero no con la búsqueda de la verdad ni con la búsqueda de Dios. La búsqueda de la verdad tiene mucho más que ver con la poesía que con las matemáticas. La realización de la verdad es el efecto de una intuición improvisada y no el resultado de un proceso lógico. El intelecto sirve para moverse en el territorio de lo "conocido"; al contrario, la intuición es el instrumento para penetrar el mundo de lo "desconocido".

La lógica te lleva inevitablemente a identificar la verdad en una "tesis" (lógica) que se contrapone a una "antítesis" (lógica ésta también): si la verdad es "blanco", el "negro" no es la verdad. Pero, ¿cómo puedes pensar que algo esté excluido de la verdad? ¿Cómo puedes pensar que Dios esté contenido en la "tesis" y excluido en la "antítesis"? ¿Que esté contenido en el blanco y no en el negro?

Desafortunadamente para la gente lógica, Dios no es lógico, sino paradójico. La vida no es lógica, sino paradójica. Dios, o la vida, como quieras llamarlo, incluye todo: "tesis" y "antítesis", blanco y negro, bien y mal, paraíso e infierno, Tom y Jerry, Viruta y Capulina… Todo está incluido en Dios. ¿Cómo puedes pensar que haya algo que viva fuera de Dios, fuera de la verdad?

La lógica es el lenguaje de los filósofos, de los matemáticos, pero no el lenguaje de los místicos, porque el lenguaje de Dios es la poesía. Dios pertenece al misterio, a lo incognoscible, y todo lo que pertenece a Él es imposible expresarlo con la lógica. Ésta es la dificultad que tienen Jesús, Buda, Pancho López, Lao Tse…

¿Puedes explicar en prosa qué es el amor? Imposible. El amor no puede ser explicado; sólo puede ser provocado, porque el amor es una expresión directa del mismo misterio de la vida al cual pertenece Dios. Por eso, los que han querido comunicar algo sobre el amor escriben poemas, componen música, pintan cuadros, proyectan un Taj Mahal, danzan, cantan… Ningún filósofo ha sido capaz de describir exactamente el amor, pero cualquier hombre o mujer sensible y sin cultura que haya tenido el atrevimiento de adentrarse en el territorio inseguro del amor ha gozado de la perfecta y absoluta percepción respecto a qué cosa es… incluso si no pueden explicarlo. Lo expresan naturalmente en la forma en que caminan, hablan, sonríen… pero nada más allá de eso.

Es el mismo caso con Dios. Dios no puede ser explicado. Dios sólo puede ser provocado. Puedes vivir la experiencia de Dios, pero no conocerlo directamente. La verdad no se puede escribir en un libro, sino que sólo se intuye mediante una canción.

De hecho, ningún maestro ha escrito nada. Jesús no escribió libros. Buda no escribió libros. Tampoco escribieron libros ni tratados Bodhidharma, Sócrates, Chuang Tzu, Mahavira… y menos que nadie Pancho López, que ni siquiera sabe escribir. Puedes encontrar a un san Francisco o un Mahoma que te dejaron un poema, pero no un tratado. El único que escribió algo fue Lao Tse. Pero a él lo forzaron a escribir el *Tao Te Ching*, por orden del emperador, antes de que saliera del país, llevándose consigo los secretos de la sabiduría que brotaba de sus palabras y acciones. Aun así, el *Tao Te Ching* empieza diciendo:

El Tao que puede ser dicho
no es el eterno Tao.
El nombre que puede ser nombrado
no es el eterno nombre.

Que más o menos significa: lo que estoy escribiendo no es la verdad, porque la verdad no puede ser dicha así como es ni tiene un nombre.

Dios es una experiencia que puede ser vivida, mas no entendida. Puede ser provocada, pero no enseñada. Está hecha de poesía y no de prosa, de imágenes y no de conceptos, de metáfora y no de historia, de paradoja y no de lógica. La propia palabra "Dios" es una forma poética para indicar algo que no se puede nombrar.

Entonces, dejemos de lado la expresión "búsqueda de Dios", pues corremos el riesgo de que nos lleve al peligroso mal entendimiento de buscar fuera de nosotros, y escuchemos el consejo de Rabya: miremos adentro.

Sustituyamos por un rato la expresión "búsqueda de Dios" con la un poquito más sofisticada "búsqueda de ti mismo". Las dos expresiones son, en sustancia, la misma cosa, porque tú eres parte de Él y Él es parte de ti. Por lo tanto, si tú sabes quién eres tú, también lo habrás conocido a Él.

¿Quién demonios soy yo?

La pregunta correcta para ponerse en la búsqueda de la verdad es: ¿"Quién soy yo?" Pero si tú eres un verdadero buscador y no un intelectual a la caza de un nuevo argumento para pavonearse en las mesas redondas, si estás animado por una sincera pasión religiosa, si sientes todo tu ser comprimido por una pulsión febril hacia la verdad, si tu deseo para encontrar a Dios es como la desgarradora sed de un explorador perdido en el desierto, la forma correcta de poner esta pregunta es la siguiente expresión que Pancho López nos indica, mientras, regenerado por el sueño, pasea en huaraches a la sombra de un bonito jardín de la ciudad:

—¿Quién chingados soy yo?

Esta pregunta es el alfa y la omega de la búsqueda espiritual, el principio y el fin de este viaje por el interior de ti mismo, en busca de tu verdadera esencia.

Ramana Maharshi, un maestro hindú (otro que iba en huaraches como Pancho López), basó toda su enseñanza en "torturar" a sus discípulos con esta simple pregunta:

—¿Quién soy yo?

La búsqueda espiritual no consiste en buscar a un Dios con unas connotaciones particulares, según los libros que consideres sagrados. Para cualquier persona inteligente, o intelectualmente honesta, es obvio que cualquier definición de Dios será arbitraria y, las más de las veces, infantil.

Unos te dicen que Dios tiene barba blanca; otros, que gafas y bigotes; unos te dicen que va descalzo y otros le ponen botas; otros te lo pintan como un elefante y otros como un tlacuache platea-do... Hay quien te dice que va a caballo, que va en motocicleta, que vive en el cielo; hay quien lo busca en los bosques, en el fondo del lago... Es obvio que todas éstas son simplemente proyecciones de fantasías colectivas que gente de diferentes partes del mundo ha creado en función de sus creencias.

La búsqueda espiritual consiste simplemente en descubrir en ti mismo el rostro de Dios; descubrir cuál era el proyecto que la existencia tenía para ti antes de que la sociedad te programara a su antojo, y llevarlo a la luz. La espiritualidad no tiene nada que ver con las varias religiones ni con ser parte de un rebaño, una vaquería u otra manada. Al contrario, la espiritualidad es un recorrido individual para bestias solitarias; un recorrido que requiere mucha entrega, responsabilidad, valor y espíritu de aventura; un recorrido que dura hasta cuando todas las contaminaciones de las ideas heredadas hayan desaparecido, dejándote otra vez limpio, libre e inocente.

"¿Quién soy yo?" es la pregunta fundamental en la búsqueda de tu realización humana, porque ya vimos que, a menos que encuentres quién eres y vivas en función de lo que eres y no de lo que los demás quieren que seas, tu vida será simplemente un desperdicio.

Pero, ¿qué cosa nos impide saber simplemente quiénes somos y vivir tranquilamente nuestras vidas? La trampa más insidiosa en el camino hacia la liberación total son las identificaciones, que en otros términos significa creer en la ilusión de que eres alguien que no eres. Esta ilusión, de la cual todos somos víctimas, es muy tramposa, y si no se le desenmascara, puede hacernos perder años o vidas tanteando en la oscuridad.

Por lo tanto, antes de profundizar en la comprensión de la pregunta fundamental "¿Quién soy yo?", debemos entender bien qué cosa es la identificación. Sólo entonces podremos practicar con éxito este diamante de la sabiduría mexicana: ¡No Es Mi Pedo!, y volar hacia las cumbres más inexploradas de la conciencia humana.

¿Boca Juniors o Real Madrid?
El opio de la identificación

El ser humano siempre se está identificando con algo. Cuando alguien te pregunta quién eres, por lo general respondes: "Me llamo Fulanito de tal, soy mexicano u holandés, abogado o empleado del Seguro Social, católico o judío, del Boca Juniors o del Real Madrid...", y otras tonterías por el estilo. Todas estas definiciones nada dicen de ti, porque no nacieron contigo. Esto ya lo vimos. Todas estas etiquetas te las pusieron arbitrariamente los "excelsos" alquimistas "Patas Pa' Arriba" para distraerte de tu verdadero ser... o te las pusiste tú solito en reacción a la prepotencia de quien pretendía imponerte ideas que considerabas estúpidas o primitivas; o sea: en lugar de aceptar la etiqueta que querían pegarte en la frente, en un momento dado dijiste:

—¿Quieren que sea "amarillo"? ¡Pues chínguense! ¡Yo seré siempre "azul"! —creyendo ingenuamente haber conquistado con esto la libertad.

Siento decirles a cuantos se creen rebeldes que no es suficiente cambiar una etiqueta por otra para conquistar la libertad.

El problema es que, por efecto de tu inconsciencia, por lo común tú en verdad crees ser cristiano, republicano, panista, barrista o shintoísta... exponiéndote al ridículo ante los ojos de Dios.

—¡Tú eres lo que Dios ha creado, no lo que la sociedad ha hecho de ti! —te grita nuevamente Pancho López, retorciéndose, el muy incauto, por haber mordido una paleta de menta—. ¡¿Cómo puedes pensar que Dios sea tan miserable como para hacerte hindú, musulmán, católico o judío?!

¿Cómo no darle la razón? Un católico o un hindú son fenómenos limitados, y Dios te hizo como un fenómeno ilimitado. Pero de esto hablaremos después... siempre y cuando la sensación de hielo, que ya le paralizó media cabeza, no le haga perder a Pancho López el hilo del discurso.

Entonces, confiando en que ninguno tenga mayores dudas en cuanto al hecho de que tú no eres mexicano, alemán, japonés, cristiano, hindú, musulmán, comunista, milanista ni contorsionista, siempre surge la pregunta que nos tiene hasta la madre: ¿quién demonios soy?

Como ya el maestro Pancho López nos explicó en su magistral exposición del capítulo anterior, tú naces como *tabula rasa,* y con el pasar de los años te programan para pertenecer a uno de esos clubes. Y dado que nuestro sentimiento de pertenecer a una cultura, a una filosofía, a un sistema de creencias, a un equipo de futbol o a un grupo religioso es absolutamente casual y arbitrario, desde el punto de vista existencial nadie corresponde a ninguna de las definiciones que normalmente proporciona de sí mismo.

Lo siguiente es que, cuando dices que eres canadiense o católico, estás diciendo una pendejada. Tú no eres canadiense ni católico. Al contrario, tú *crees* ser canadiense o católico.

Ésta es la primera toma de conciencia necesaria: darse cuenta de todas las cosas que piensas ser, pero que no eres. A menos que tomes conciencia de que no eres todas las cosas que piensas ser, tu vida estará expuesta al peligro de quedar sacrificada por ideas que son simplemente ridículas, encontrándote en la tragicómica situación de defender con la espada desnuda el honor de tu patria, de tus ideas y de tu religión, sin darte cuenta de que no son tu patria, tus ideas ni tu religión.

Un ejemplo.

Tú naces puro e inocente y te hacen creer que eres mexicano: te cantan el pacífico himno nacional; te cuentan sobre Pancho Villa, María Félix y los Niños Héroes; te dan de comer chamoy y Miguelitos; te dicen que un mexicano es así y asado, que los mexicanos son los más chingones, ¡que viva México, cabrones!… y tu papá cree ser mexicano, tu mamá cree ser mexicana y tus abuelos, tus tíos, tus primos… ¡todos creen ser mexicanos! Resulta inevitable que tú también, al final, te convenzas de ser mexicano. No sólo mexicano: orgullosamente mexicano.

Y un día, mientras caminas pacíficamente por la calle jugando al licenciado con tu Nextel en la mano, llega un pinche francés y con su típica "r" gargajeante grita:

—¡Los mexicanos son todos culerrros!

—¡¿¡¿Mexicanos culerrros?!?! —justamente sientes que la sangre te hierve en las venas—. Pero, ¿cómo le permiten a este puto francés ofendernos de semejante forma? ¡Ahora le enseñaré algo de educación a este hijo de su chingada madre!

Y estás listo para acomodarle una putiza de película, arriesgando tu integridad física, las consecuencias legales o cualquier otra cosa, con tal de defender el honor de tu querido México, cueste lo que cueste.

Todo parecería normal, de no haber un pequeño problema:

—¡¡¡Tú no eres mexicano!!! —nos grita Pancho López, arrancándose los bigotes por la desesperación—. ¿Qué te importa que un pinche francés o un puto italiano ofendan a los mexicanos? ¡¡¡No es tu pedo!!!

Y, efectivamente, el *pedo* es de los pobres güeyes que piensan ser mexicanos, franceses o italianos, y que se agarran a madrazos sin razón.

Pero si tú rezas: ¡No Es Mi Pedo! ¡No Es Mi Pedo! ¡No Es Mi Pedo!, fácilmente lograrás la tranquilidad y el desapego de un Buda; podrás evitar la riña y podrás tomarte una bonita chelita y disfrutar el espectáculo de mexicanos, franceses, españoles e italianos que se agarran a palazos pensando ser algo que no son. ¡Hasta cómico es!

Rezar el mantra ¡No Es Mi Pedo! puede ser muy divertido, porque, antes de que te ganen la lástima y la compasión, puedes gozar el espectáculo de todos estos pobres diablos que destruyen su vida sin razón.

Es como la historia de alguien que se pelea en la calle con otro güey porque no le cedió el paso en un crucero. De inmediato vuelan las palabras pesadas, y cuando el otro güey le insulta a la familia y lo llama pendejo, empiezan a agarrase a madrazos: cachetadas, puñetazos, rodillazos, cabezazos, codazos, patadas en los huevos mordiscos… Se revuelcan en el piso, detienen el tráfico… Hasta que llega la policía, los separa, les pide las identificaciones, se los lleva a la delegación, al hospital para medicarlos… y finalmente dejan a nuestro héroe regresar a casa.

Cuando la esposa lo ve entrar, todo sucio, con la cabeza vendada, un ojo morado y una oreja medio despegada, le pregunta, aprehensiva:

— ¡¿Qué pasó?!

—Me peleé.

—¿Y por qué?

—¡Me dijo pendejo!

—¿Te dijo pendejo? Disculpa, ¿cuántos años tienes? Un pendejo te dice pendejo ¡¿y tú terminas en el hospital?! Además, el güey ni te conoce: ¡¿cómo puede saber que eres un pendejo?! Yo, que soy tu esposa, sé muy bien que ERES un pendejo… y perteneces a una familia de pendejos. Pero, ¿él qué sabe?

Vivimos identificados con aspectos como el orgullo por el propio nombre, el nombre de la familia, el emblema de armas, la bandera… reduciéndonos a comportamientos infantiles que interpretamos como algo maduro e inteligente. Obviamente, viviendo en un mundo mediocre, nuestros modelos son mediocres y nosotros también; al final es inevitable terminar portándonos como hombres o mujeres mediocres.

Una vez Buda, al pasar por un pueblo, encontró a alguien que comenzó a insultarlo de una manera que ni un Buda habría tolerado. Pero Buda, que era más Buda que un Buda, se quedó allí a escucharlo: 10 minutos, media hora, una hora de feroces improperios que el agresor gargajeaba con baba en la boca hasta que no encontró más expresiones originales para ofenderlo. En cierto momento, Buda miró el bonito reloj que un discípulo le había regalado y se dio cuenta de que se estaba haciendo muy tarde, así que le dijo:

—Disculpe si lo interrumpo, señor, pero hay gente que me está esperando en el pueblo vecino y no quisiera retrasarme demasiado. Si no le molesta, tomémonos un descanso y, cuando pase de vuelta, podrá continuar insultándome con calma y como quiera. Además, también tendrá tiempo para preparar nuevas formas para ofenderme a gusto.

¡Éste es un hombre! ¡Éste es un ser humano maduro! A Buda ¡Le Vale Madres! Él sabe que ¡No Es Su Pedo!

Buda conocía muy bien los mantras mexicanos y, de hecho, los historiadores están buscando esta línea de contacto entre Gautama el Buda y Pancho el López.

Entonces, cuando dices que eres el ingeniero González, el licenciado Pérez, que eres musulmán o testigo de Jehová, colombiano, republicano, aeroplano, tailandés o ajedrez, das una definición que no explica quién eres, sino al contrario: sólo explica el tipo de condicionamientos de los cuales has sido víctima; indica con qué te identificas, en qué te ha convertido la sociedad, tu función social en el mundo… Para no dar tanto rodeo, indica la "forma en que te han jodido".

Todas estas definiciones no dicen nada de ti. Tú eres lo que Dios creo, no lo que la sociedad ha hecho de ti. Y al ingeniero González, al colombiano y al aeroplano no los creó Dios, sino la sociedad.

Sin embargo, como ya vimos, tú vives de acuerdo con estas identificaciones arbitrarias, y no según tu naturaleza, aquello que verdaderamente eres. ¿Y cómo puedes encontrar la felicidad si vives de acuerdo con algo que no eres?

Karl Marx dijo que "la religión es el opio de los pueblos". Pancho López dice que "la identificación es el opio del espíritu". No es exactamente la misma cosa pero, al final, Pancho y Karl no están tan distantes. La única diferencia es que uno tiene barba, y el otro bigotes. Uno habla de religión y el otro, de identificación.

Pero al final la religión no es otra cosa que la más dañina de las identificaciones, porque es como una droga de la conciencia que te impide ver las cosas como son.

Una vez establecido que tú no eres nada de todas las cosas que puedes pensar ser, resulta absurdo continuar viviendo tu existencia adaptándote a lo que tus identificaciones te imponen. Por ejemplo, si entiendes que estás identificado con la idea de ser un cristiano o un musulmán, sólo porque heredaste esta religión de tu familia a una edad en la cual no tenías ningún espíritu crítico, conocimientos ni la posibilidad de elegir, ¿qué necesidad tienes de comportarte todavía como cristiano o musulmán?

Es aquí cuando este bellísimo mantra puede ayudarte a vivir con inteligencia, en vez de hacerlo como esclavo de ideas que no te pertenecen.

Cuantas veces te das cuenta de que tu mente, como un disco rayado, te induce con su voz monótona a repetir robóticamente lo que debes hacer y decir, no la escuches y reza: ¡No Es Mi Pedo! ¡No Es Mi Pedo! ¡No Es Mi Pedo! Y en lugar de decir siempre las mismas cosas, reaccionar siempre de la misma forma y actuar siempre de la misma manera, se abrirá ante ti un nuevo horizonte donde, despacito, las viejas ideas empezarán a desaparecer, para de nuevo quedarte tú, otra vez fresco, vivo, libre e inocente, dueño de tu vida y de tus acciones.

De la misma forma, si fuiste educado como católico y quieres liberarte de la esclavitud de tu mente, la cual te impone comportamientos según la doctrina católica y no según tu inteligencia, reza: ¡No Es Mi Pedo! ¡No Es Mi Pedo! ¡No Es Mi Pedo!, ¡y que te valgan madres todas las doctrinas! Si el viernes santo te quieres comer un bello corderito de Dios, ¡adelante! ¡Cómetelo hasta crudo, si tienes el valor! ¿Quieres ser malhablado y grosero? ¡Adelante! ¡Lo peor que te puede pasar es que la gente te evite! ¿Quieres coger como conejo con quien sea? ¡Adelante! ¡Diviértete! Más temprano que tarde te cansarás de hacer siempre las mismas operaciones hidráulicas en la cama. ¿Quieres usar condón? ¡¡¡Úsalo, úsalo, por favor!!!

(Con todo respeto para el papa, aun si es el representante de Dios en la Tierra, pero sobre este asunto, con millones de casos de sida en el mundo, se equivoca a lo cabrón.) Si te das cuenta de que sentirte brasileño o suizo es sólo el resultado de condicionamientos que nada tienen que ver con tu naturaleza, eres libre de soltar los patrones derivados de tales identificaciones. De esta forma el suizo, si quiere, podrá ponerse un bello pareo y pasar el día bailando samba, descongelando el frío de los Alpes, y el brasileño podrá quitarse el traje de baño, peinarse el cabello, si todavía puede, y volverse ordenado y preciso como un reloj… suizo.

Al rezar el liberador mantra mexicano ¡No Es Mi Pedo! finalmente quedarás liberado de la obligación de adecuarte a las ideas y tradiciones de familia: si te gusta festejar las fiestas, las festejas, y si no, reza todo junto: ¡Me Vale Madres! ¡A la Chingada! y, sobre todo, ¡No Es Mi Pedo! ¡No Es Mi Pedo! ¡No Es Mi Pedo!, sintiéndote libre de hacer con tu vida lo que quieras y demostrando que eres un auténtico religioso. Si eres comunista, en cualquier momento puedes decidir poseer propiedades privadas sin sentirte culpable, y si eres capitalista puedes decidir compartir lo que tienes con los demás, probando qué se siente ser un san Francisco. Y si eres monógamo, puedes cambiar de idea y tener ocho mujeres (si las aguantas), y si tienes ocho mujeres, puedes quedarte sólo con una o incluso liberarte de ella y fundar una nueva religión… Porque, al final, tú no perteneces a ninguna religión: tú perteneces a Dios y basta. Y Dios no espera nada de ti. Dios te acepta como eres, adornado con la cresta variopinta que te hace único.

El problema que puedes encontrar en el aprendizaje del mantra ¡No Es Mi Pedo! es que la mente está programada para proponerte siempre las mismas ideas, y tú estás tan acostumbrado a creerle que continúas siguiendo reglas y patrones en los cuales no crees más, sin siquiera darte cuenta.

Es aquí donde el divino "mantra de la desidentificación" hace la diferencia entre vivir como un ser humano libre, en acuerdo con la inescrutable voluntad de Dios, o vivir como un pobre diablo, víctima de la tiranía de su mente condicionada, acomodando su existencia con base en lo que le dicen voces que él cree que son la suya.

Cuando la mente se disfrace de tu madre y te diga: "Todos los hombres son unos cabrones", reza: ¡No Es Mi Pedo! ¡No Es Mi Pedo! ¡No Es Mi Pedo!, y la luz de Dios aparecerá para aclararte que ésta no es una idea tuya, sino suya: esto te restituirá la confianza y la inteligencia para relacionarte con los hombres, liberada de opiniones arbitrarias que han creado la realidad en torno a ti por mucho tiempo. Cuando tu mente se disfrace de tu padre y te torture diciéndote: "La vida es una cosa dura, es un sacrificio", reza: ¡No Es Mi Pedo! ¡No Es Mi Pedo! ¡No Es Mi Pedo!, y Diosito, con su sonrisa pícara, te indicará compasivamente el lado divertido y ligero de la vida. Cuando, en un encuentro romántico, se aparezca tu abuelita y diga: "Cuidado, no la sueltes a la primera", reza: ¡No Es Mi Pedo! ¡No Es Mi Pedo! ¡No Es Mi Pedo!, y Diosito aparecerá con ojos amorosos y te dirá: "Suéltala cuando te dé la gana… ¡¡¡ y usa el condón!!! ¡Chingada madre! ¡No escuches a este güey vestido de blanco!" Si tu mente se disfraza de tus compañeros de secundaria, que en los baños de la escuela se burlaban de ti por haberte hallado mientras dibujabas en el muro un corazón con el nombre de una muchachita flaca, flaca y los ojos grandes, grandes, de la cual te enamoraste, reza: ¡No Es Mi Pedo! ¡No Es Mi Pedo! ¡No Es Mi Pedo!, y Dios tocará para ti la fanfarria del amor, para que de nuevo seas capaz de expresar tus sentimientos y entregarte en cuerpo y alma a quien tenga el honor de conquistar tu corazón. Cuando veas que tu mente levanta el dedo y, como moralista vestido de negro y cavernosa voz sentencie: "No te toques el pipín", en lugar de escucharla o de pelearte con ella para después sentirte culpable, simplemente reza: ¡No Es Mi Pedo! ¡No Es Mi Pedo! ¡No Es Mi Pedo!, y Diosito te tomará de la mano y te la pondrá precisamente allí, diciéndote con su voz amorosa: "Yo te di la mano y yo te di el pipín. Tócate hasta que te salgan callos… o te aburras", pues tarde o temprano todo aburre.

El mantra ¡No Es Mi Pedo! es también llamado el "luminoso mantra de la libertad". Rezándolo con devota constancia te llevará a un bellísimo espacio de saludable vacío de la mente donde finalmente podrás manifestarte libre de las ideas y los condicionamientos del pasado, además de responder a la realidad en forma inteligente, auténtica, y ya no más como un fenómeno de masa, sino con el orgullo de tu individualidad.

Quítate la camiseta y ven a mí

Una vez establecido que cualquier tipo de identificación te impide saber quién eres, analicemos las consecuencias de estar identificado con algo que no eres.

Cuando dices: "Soy italiano, evangelista, brasileño o mosquetero", creas una definición de ti mismo, y las definiciones son zarpazos del demonio que confunden las huellas que te llevan a Dios. Tratemos de entender.

El verbo "definir" viene del latino *de-finis*: "poner fin", "poner un límite". Prácticamente, definirse significa de manera literal ponerse limitaciones a uno mismo, o como elegantemente dice Pancho López mientras intenta recordar dónde dejó la bicicleta:

—"Cortarse los huevos solito".

Cuando te identificas con algo y te defines como cristiano, musulmán, judío o tapatío, desde el punto de vista espiritual justamente te estás cortando los huevos. Porque tú naces como un ser ilimitado, como parte del todo, y en lugar de quedarte abierto a la gloria de Dios, disponible para las infinitas facetas que Dios te ofrece, te encierras en el ámbito sofocante de un sistema de creencias, y renuncias a la más típica de tus características divinas: la de ser, precisamente, un ser indefinido y, por lo tanto, ilimitado.

Uno nace como expresión pura de la gloria infinita del misterio de la existencia, expandido, completo, sin limitaciones, totalmente libre, y se vuelve un pobre católico, musulmán, calvinista, argentino, comunista, cubista, perfumista... En otros términos, un pobre diablo.

Te parecerá raro lo que Pancho López predica mientras está acostado en el sofá de su prima sin hacer nada, porque desde siempre nos dijeron que tú tienes que saber quién eres: ¿eres blanco o eres negro? ¿Conservador o progresista? ¿Ateo o creyente? Y es obvio que tú no eres nada de esto. Estas definiciones son como una casaca que te pones, que sin embargo no dice nada de ti. Y mientras más definiciones asumes, más limitaciones te pones, menos libre eres, más te alejas de Dios y más jodido estás.

Cuando te defines como algo, inevitablemente excluyes algo más. Si dices: "Yo soy amarillo", excluyes los demás colores. Pero tú, como parte de Dios, contienes todos los colores, porque Dios no es tan miserable para crear a alguien que sólo sea amarillo sin que también contenga el verde, el rojo, el morado y el azul. Si te defines, inevitablemente excluyes algo, y para encontrar a Dios, o la verdad, necesitas ser un humano completo, íntegro y, por lo tanto, sin definiciones.

La palabra en inglés *whole*, "entero", tiene la misma raíz que la palabra *holy*, "santo". Para encontrar a Dios tienes que ser santo, *holy,* que en otros términos significa que debes ser *whole,* entero. ¿Y cómo puedes ser santo, entero, si elegiste una parte y rechazaste las demás? ¿Si adoptaste unas creencias que te impiden vivir la multidimensionalidad de Dios?

Como ya vimos, Dios es un fenómeno universal que incluye todo: el blanco y el negro, al alto y al bajo, lo sagrado y lo profano, el bien y el mal, Chaf y Kelly, el gordo y el flaco, Simon y Garfunkel… Todo es divino. ¡Hasta el demonio es divino! Porque no hay nada que esté excluido de la omnicomprensión de Dios. Si Dios es el creador, también Satán es parte de Él.

Olvídate de encontrar a Dios como hindú, musulmán, budista, oshista, porrista o trapecista, porque éstas son ideas fragmentarias que humillan tu naturaleza divina. Sólo puedes encontrar la verdad, o a Dios, si eres tú mismo, inocente, incontaminado de cualquier idea. Tal como dijo el pobre Jesús: "Sólo si eres inocente como un niño, podrás entrar en el reino de los cielos". Y cuidado, Jesús no dijo: "Sólo si eres cristiano o católico", sino: "Sólo si eres inocente". ¿Y cómo puedes ser inocente si eres cristiano, hindú, judío, musulmán o alacrán? Como conclusión lógica de este argumento, podríamos decir que cuando bautizas a alguien en una religión, aunque sea la del alacrán, estás ratificando su separación de Dios. Lo estás condenando al conflicto, a la miseria, al dolor, a la separación y a la guerra, que son los aspectos que componen el elemento en el cual la humanidad ha vivido a ciegas hasta ahora, gracias a la educación religiosa que ha sufrido durante tantos siglos de historia barbárica. Si la situación en que el mundo occidental se encuentra es el resultado de dos mil años de educación católica, un papa honesto tendría que cerrar el Vaticano y poner un letrero para los turistas: CERRADO POR FRACASO. ¿Dos mil años no son bastante tiempo de prueba? ¿Cuántos siglos necesita todavía perder la humanidad detrás de dogmas polvorientos y creencias ridículas? ¿Y la aclamada y congénita hipocresía que le ha causado ya tantos daños?

Es posible que estos argumentos ofendan a alguien, pero Pancho López, que inesperadamente se sienta, advierte que si estos argumentos ofenden a tu ser católico, judío, internista, comunista, italiano o cuadrumano, éste es exactamente el momento perfecto para empezar a rezar: ¡No Es Mi Pedo! ¡No Es Mi Pedo! ¡No Es Mi Pedo! Si tus creencias, como una fea enfermedad, te impiden relajarte y gozar de los chistes de Pancho López, levántate un momento, siente cómo las voces de tus antepasados gritan dentro de ti a la herejía, y reza: ¡No Es Mi Pedo! ¡No Es Mi Pedo! ¡No Es Mi Pedo! De inmediato experimentarás el efecto benéfico de este mantra sanador: te sentirás ligero, libre, de buen humor, y en lugar de pelear por tus ideas, tradiciones y fantasías de varios tipos, tendrás ganas de abrazar a quien sea, agradeciendo a Dios por haber sido tan lindo al crear a tanta gente diferente de ti, haciendo el mundo tan variado y permitirnos amarnos más allá de lo que hacemos y pensamos… incluso al dar la libertad a un loco como yo de escribir un libro.

¿Quién te dio esta estúpida idea de ser polaco, puertorriqueño, sunita, bautista o fantasista? Y además, ¿qué necesidad tienes de ponerte una etiqueta? ¿No puedes simplemente ser quien eres y basta?

Ponerse una camiseta es una forma de crear divisiones, y Dios no quiere divisiones. Dios no puede preferir a nadie que tenga la camiseta de un color, porque no puede ofender a todos los que tienen camisetas de otros colores… o que no tienen camiseta. Dios no tiene preferencias. Desde toda la eternidad Diosito nos está diciendo:

—¡Quítense estas pinches camisetas… y quítense también los pantalones y vengan a mí así, como yo los hice, a mi club de nudistas!

Y si te gusta ponerte una camiseta, y sentir la alegría infantil de ser parte de un club, no hay nada de malo: siempre hay tiempo para madurar. Pero, ¿por qué pelearse con los que tienen camisetas de otros colores? Al contrario, tendrías que apreciarlos aún más, porque enriquecen al mundo con nuevas intuiciones, nuevas hipótesis, nuevos colores. Si todos dieran vueltas con la misma camiseta, sería un mundo muy monótono. ¡Si todo el mundo tuviera una sola religión, el mundo sería tan aburrido como para tirarse por la ventana! ¡Imagínate un mundo donde todos fueran como Jesús, llevando la cruz por el Gólgota, o un mundo donde todos son pelones y con la panza como Buda! Sería una hueva a la enésima potencia.

Cuando una vez le preguntaron a Pancho López si no sería mejor que todos los humanos tuvieran la misma religión, él contestó:

—¡No mames, güey! ¡Qué pregunta tan pendeja! ¿Por qué chingada puta razón seres humanos diferentes tendrían que ser forzados a profesar la misma religión? Piénsalo un poco, cabeza de chorlito. ¡Tendría que ser exactamente al revés! Cada uno tendría que inventarse su religión personal.

¡Esto sería un mundo verdaderamente rico y divertido! Y éste, justamente, es el propósito del mantra mexicano ¡No Es Mi Pedo!: encontrar tu propia religión.

Si practicas el mantra cotidianamente, rezando con devoción: ¡No Es Mi Pedo! ¡No Es Mi Pedo! ¡No Es Mi Pedo!, día tras día aprenderás a reconocer los mensajes de tu mente condicionada, y en lugar de ser víctima de una programación que te ha humillado y limitado a ser un fenómeno de masa, recuperarás la dignidad y el orgullo de ser un individuo y encontrar finalmente tu propia verdad.

Para sacarle jugo a esta ambrosía de sabiduría mexicana, aún tenemos que gastar unas palabras para entender algo que nos facilitará mucho la comprensión del críptico mensaje que nuestro infatigable guía intenta transmitirnos a cada momento de su intensísima vida.

¿Vives en el centro o en la periferia?

Hay un centro y hay una periferia. La periferia la puedes ver; el centro, no. No me pregunten por qué, pues a veces los maestros como Pancho López son misteriosos en la forma que nos transmiten sus gemas de verdad. Por el momento, contentémonos con saber que el simple hecho de que percibamos una periferia, implica inevitablemente la existencia de un centro. Y dado que todo lo que vemos está en la periferia, se deduce que el sujeto que observa se encuentra inevitablemente en el centro.

Para evitar precipitarnos, demos un paso a la vez.

En primer lugar, dijimos que todo lo que ves, por el simple hecho de que lo puedes ver, significa que está en cualquier lugar alrededor de ti; por consiguiente, la conciencia capaz de ver lo que está alrededor (o sea tú) está en el centro, muy separada de lo que ve. Por lo tanto (disculpen la banalidad del argumento), cuando ves el cielo, el sol, los árboles, los animales, a los otros seres humanos, las casas… en otras palabras, el mundo exterior, es obvio que todo lo que ves no eres tú. El simple hecho de verlos demuestra que él que ve no es lo que es visto.

Con la misma lógica, en forma menos obvia pero entendible, podemos afirmar que si tú puedes mirar tu cuerpo con tus ojos físicos (o percibir sus sensaciones internas con tu tercer ojo, que es el ojo virtual a cargo de esta función), significa que también tu cuerpo está en la periferia, y quien está observando, o sea tú, está separado de este cuerpo que ves y percibes. Esto significa que tú y tu cuerpo no son la misma cosa, o para decirlo de manera más contundente: tú no eres tu cuerpo. Por el simple hecho de que tú puedes verlo y percibirlo, significa que quien ve y percibe está separado de lo que es visto y percibido.

Ahora, atención, porque lo mismo pasa con la mente y sus "importantes" contenidos. Si puedes observar tus pensamientos, es evidente que el que observa los pensamientos está separado de ellos. En otros términos, significa que tú eres algo diferente de tus pensamientos, porque si puedes observarlos significa que tú, que los observas, estás en el centro, y ellos, que son observados, están separados de ti y flotan en la periferia.

Y si, adentrándonos más en la profundidad, puedes ver también tus emociones, quiere decir que éstas también se encuentran en la periferia, mientras que tú, que eres consciente de ellas, te hallas en el centro. Por lo tanto, también están separadas y no son parte de ti; de lo contrario, ¿cómo podrías verlas?

Sé que éste es un pasaje un poco más difícil porque nuestras emociones tienen un reflejo tan directo en nuestro cuerpo y alma que parecen ser parte de nuestra misma carne. Si reflexionas con atención, te darás cuenta de que las puedes observar a éstas también. Puedes ver, por ejemplo, que tu coraje se monta como en una ola roja e impetuosa y después se va. Tú estabas antes de esta ola y te quedaste después; por lo tanto, ese coraje no eras tú.

Existe el relato sobre uno de tantos güeyes de las historias que va con un maestro a preguntarle qué hacer con su temperamento explosivo.

—Maestro, cuando me encabrono, veo rojo y no entiendo nada. Es muy incómodo, porque pierdo por completo el control de mí mismo. Mis hijos me tienen miedo y la gente se burla de mí.

El maestro le contestó:

—Muy bien, hijo, enséñame ese coraje.

—¿Cómo que te lo enseñe? ¿Ahora?

—Ahoritita.

—Pero... ¿cómo le hago? Ahora no me siento enojado.

—Entiendo. Entonces haz así: la próxima vez que te enojes, ven acá y enséñame.

—Pero ¿cómo puedo hacerlo? El coraje me agarra de repente y tú vives en casa de la chingada... En cuanto tome el camión y llegue aquí, ya se me habrá bajado.

—Y entonces —le contestó el maestro—, si este coraje viene y va, significa que no es parte de ti. Por lo tanto, no es tu pedo. ¿Cuál es el problema? Escúchame, hijo, no me hagas perder el tiempo. Ve a la escuela de otro que de tiempo tiene un montón, mi colega Pancho López, y haz que te enseñe el mantra mexicano de la desidentificación. Así, cuando te agarre el encabronamiento otra vez, en lugar de dejarte poseer por él y hacer pendejadas, reza: ¡No Es Mi Pedo! ¡No Es Mi Pedo! ¡No Es Mi Pedo!

Si observas con atención, cuando eres presa de un ataque de coraje u otra emoción, hay una parte fresca dentro de ti que se queda separada de esta emoción y que puede ver. Si pones atención, verás con facilidad que tu coraje, tu dolor y cualquier otra emoción están separados de ti.

De hecho, cuando estás enojado o triste sería mucho más correcto decir que "hay enojo", en vez de decir: "Estoy enojado". Más correcto sería decir que hay alegría, tristeza, dolor o excitación, que decir: "Estoy alegre, triste, dolido o excitado". El simple hecho de usar esta nueva forma de hablar te ayudará a acercarte más a la verdad, a este espacio incontaminado donde el mantra de la desidentificación ¡No Es Mi Pedo! pretende llevarte.

Si puedes ver tu coraje o tu tristeza, significa que también tus emociones están inevitablemente en la periferia, como tu mente, tu cuerpo, tu refrigerador, tu esposo o cualquier otro aparato doméstico. Por lo tanto, si estás muy atento al momento en que te quemas a merced de tus emociones, existe un lugar fresco dentro de ti, desde el cual puedes observarlas y darte cuenta de que estás separado de ellas.

Ante cualquier cosa que te identifiques, reza: ¡No Es Mi Pedo! ¡No Es Mi Pedo! ¡No Es Mi Pedo!, porque si la ves, significa que no es parte de ti. Entonces, ¿cuál es el pedo? Cualquier interferencia del mundo exterior que sufras, ya sea que venga de tu licuadora o de tu esposa, de tu cuerpo, de tu mente o de tus emociones, reza: ¡No Es Mi Pedo! ¡No Es Mi Pedo! ¡No Es Mi Pedo!

Hay otra consideración importante que debemos hacer y que resulta evidente ante la simple observación del fenómeno que estamos analizando: la periferia es impermanente y el centro es estable. La periferia cambia continuamente: lo que está ahora, un momento después no estará más, mientras que el centro es siempre el mismo.

En tanto que la periferia está sujeta a los continuos cambios determinados por el paso del tiempo, el centro, o sea esta entidad capaz de ser consciente de lo que se mueve en la periferia, es estable, permanente, indiferente al paso del tiempo. Puedes notar que tu cuerpo engorda o adelgaza, mientras que la conciencia que está consciente de que tu cuerpo engorda o envejece se queda siempre igual… En otros términos, tu cuerpo es el que engorda y adelgaza, no tú. Si estás consciente, también notarás que tu cuerpo envejece, aunque la conciencia que atestigua el envejecimiento de tu cuerpo no envejece, sino que se queda igual. De igual manera puedes observar que tu cuerpo se enferma, pero tú, que observas tu cuerpo enfermo, eres siempre el mismo y estás sano, como siempre estuviste. La consecuencia lógica es que, si puedes ver tu cuerpo crecer, engordar, adelgazar, enfermar, sanar y envejecer, si permaneces consciente, algún día también podrás verlo morir.

—¿Entiendes ahora a qué se refieren mis colegas cuando dicen que la muerte es una ilusión? —nos pregunta Pancho López, tocándose el cuello para checarse la temperatura.

Efectivamente, no es una cuestión de creencias, sino de lógica. Si puedes observar los cambios del cuerpo, y si participar en éstos significa que no eres tu cuerpo, por lo tanto, cuando "mueres" no eres tú el que muere, sino sólo es tu cuerpo el que muere. Al contrario, si tú no eres consciente de esto y te identificas con tu cuerpo, cuando tu cuerpo muera, tendrás la ilusión de morir con él. Por eso hay maestros que llaman a la meditación "el arte de morir".

Mientras que la periferia vive en la dimensión temporal, el centro (o sea tú) vive en la dimensión atemporal que llamamos "eternidad". Este centro, si lo piensas bien, es exactamente lo que todas las religiones prometen: la famosa "vida eterna".

El problema es que las religiones (sí, siempre las religiones), siempre han ilustrado la vida eterna como algo que viene después, como algo que te debes ganar; al contrario, los místicos de cualquier parte del mundo han sabido desde siempre que la búsqueda de la "vida eterna" se refiere a algo que ya está presente *aquí y ahora*, en este momento, y no a algo que sucede en el futuro.

Las religiones organizadas, que toda la vida han estado contra los auténticos místicos, han enseñado a la humanidad a prepararse a una vida eterna que viene después. Y no lo han hecho sólo para controlarnos y ejercer poder sobre nosotros; no lo han hecho sólo para mantener a la humanidad ignorante, de manera que ésta sea cómodamente víctima de los aparatos del poder que desempeñan desde siempre este servicio, sino que también lo han hecho por pura ignorancia, por falta de inteligencia, porque los que crean las religiones no son los que por lo general brillan más en esta cualidad divina.

No se ofendan, por favor, y sigamos el razonamiento:

—La historia de las religiones —nos explica Pancho López, mientras procura evitar una mosca que lo sigue por todas partes— implica que hay un maestro que crea una escuela, y cuando el maestro muere, los profesores de la escuela, que son los más inteligentes, van por el mundo para que el mensaje del maestro continúe difundiéndose y manteniéndose vivo; mientras que los conserjes, que no tienen nada que difundir, toman el mando de la escuela y fundan la religión… ¡Y no sólo eso! —continúa Pancho López, que está tan ocupado en pelear con la mosca, que hasta se le olvidó expresarse a golpe de groserías—. ¡No sólo esto! Si uno de los mejores discípulos del maestro regresa con ideas nuevas, germinadas en el terreno fértil que el maestro sembró en su alma, de seguro quedará marcado con la infamia de la herejía. Siempre ha sido así. Es la desgracia de este planeta: que aquellos que no tuvieron la fortuna de desarrollar las cualidades humanas más elevadas, como el amor, la creatividad, el sentido de lo divino, de la estética, de la justicia, del valor y de la honestidad... al no poder gozar de todas las características que hacen feliz a un ser humano, debieron contentarse con el "poder", sustituyendo la inteligencia con la astucia —declama Pancho con una pausa dramática, sorprendiendo a todos con su insospechada oratoria, mientras intenta huir corriendo de la mosca para encerrarse en la recámara del sobrino—. Es así como el mundo terminó para ser gobernado por los hombres de más bajo perfil humano, y cuyos efectos se notan. El mundo no ha sido gobernado por Sócrates, san Francisco, Leonardo da Vinci, Albert Einstein, Martin Luther King, Rabindranat Tagore, Kalil Gibrán, Bertrand Russel, Krishnamurti, Isaac Newton... El mundo ha estado siempre en manos de gente como Julio César, Bonifacio VIII, Napoleón, Mussolini, Hitler, Jomeini, Bush, Mao Tse-tung, Stalin, Reagan, Gaddafi, Pol Pot, Videla, Pinochet, Richelieu, Amin Dada... No tengo nada contra estos pobres diablos que han hecho sufrir a la humanidad con su ignorancia, egoísmo y crueldad. Se trata de gente desafortunada que ha usado sus grandes cualidades para destruir el mundo y generar tormento, en lugar de usarla para generar amor y creatividad. Y al final, ¿con quién podemos quejarnos? —apremia nuestro irreconocible orador, mientras se exhibe en una rapidísima secuencia de karate para derrotar al diabólico insecto—. Al final, la mayoría de estos criminales que ha gobernado el mundo ha sido elegida por el pueblo, demostrando de manera incontrovertible que Winston Churchill tenía razón cuando dijo que "la democracia es un sistema imperfecto, pero es el mejor que conocemos". Y aun si estoy de acuerdo con él por el hecho de que "es el mejor que conocemos", debo precisar algo que el gran político inglés olvidó explicar: ¿por qué "es un sistema imperfecto"? La democracia es un sistema imperfecto ¡¡¡porque una puta mayoría de pendejos elige por todos los demás pendejos!!! —sintetiza Pancho López, regresando por un momento a su consabida oratoria, pensando que finalmente logró espantar al terrible animal con sus artes marciales, antes de darse cuenta de que la mosca sólo se escondió para agarrarlo de sorpresa—. Casi siempre la historia confirma esta triste consideración. Obviamente nada tengo contra nosotros, pobres pendejos, que elegimos a las personas equivocadas, como tampoco nada tengo contra esas personas equivocadas, pues todos estamos afligidos por la misma enfermedad: la ignorancia, cuya raíz está en nuestra educación. Si no cambiamos el sistema educativo desde sus cimientos, éste será el mundo que nos merecemos: un mundo que no es gobernado por los que tienen el mejor proyecto, sino por los que te la saben vender mejor; no un mundo en manos de quien tiene las capacidades, la inteligencia y la honestidad para realizar el sueño de una humanidad feliz, sino por los que tienen la astucia, la prepotencia, los recursos y el cinismo para venderte con descaro una mentira —se enfervoriza nuestro héroe, escondiéndose detrás del armario, preparando una emboscada—. Entonces, ¿podemos de casualidad decir que la democracia es un sistema civilizado? ¡Ni en sueños! Como máximo, podemos decir que es el mejor sistema que una humanidad ignorante y dominada por el egoísmo se puede permitir. Pero yo no veo nada de civilizado en un sistema donde diferentes grupos, con intereses egoístas opuestos, se confrontan numéricamente en una competición donde gana quien sea más capaz de manipular a una multitud amorfa. El sistema democrático... tiene un sentido... sólo en función... de la idea primitiva... de que los humanos... tengan intereses diferentes... —jadea Pancho López, todo sudado, tomando un pequeño descanso estratégico—. Pero cuando la humanidad en su conjunto se dé cuenta de que tiene los mismos problemas y las mismas oportunidades, el sistema democrático se volverá una bonita bicicleta de época para guardar en el sótano. Allí aparecerá un sistema completamente nuevo, más humano, más inteligente, más justo. La justicia no es el resultado de una cuenta numérica entre diferentes bandas, sino la realización de la hermandad universal. Y no me confundan con un moralista, por favor, no me confundan con una persona "buena". Considerar a los seres humanos como hermanos no es un producto de la moral ni de la bondad, sino de la inteligencia, de la conciencia. ¡¡¡Chingada madre!!! —termina Pancho López, aplastando a la maldita mosca con un golpe tremendo en su propia frente, finalmente recuperando sus sentidos y su forma normal de expresarse.

Dejemos descansar un poco a nuestro vate y regresemos a donde estábamos... si es que somos capaces de recuperar el hilo.

Decíamos que la periferia cambia continuamente y no es permanente, sino que está sujeta a las ofensas del tiempo; mientras que el centro (o sea, tú, que estás consciente de lo que cambia en esta periferia) es estable, permanente y se halla fuera de la dimensión temporal. Nótalo: todo lo que se escurre en la periferia de tu ser cambia continuamente, mientras que la conciencia capaz de atestiguar aquello que cambia es siempre la misma: nunca cambia. Este "Tú" que mira lo que fluye y pasa alrededor de ti, como tus pensamientos, tus emociones, enfermarse o envejecer, no tiene edad, no tiene nacionalidad, no tiene religión, no tiene nombre ni tiene historia: siempre eres nuevo... En otros términos, te encuentras fuera de la concepción espacio-temporal con que estamos acostumbrados a considerar cuanto sucede a nuestro alrededor, o sea, la periferia. Si miramos bien, de todo este gran relajo sale que tú (*tú*, no las manifestaciones accidentales de tu ser, como tu personalidad, identidad social y biografía) no eres de ningún lugar ni estás en ningún tiempo: eres eterno.

El objetivo de la búsqueda espiritual es precisamente el de encontrar en nosotros mismos esta dimensión de la eternidad que llamamos Dios o verdad... o, justamente, "vida eterna". Y la única experiencia real que podemos tener de la eternidad, de Dios o de la verdad, consiste en volvernos conscientes de este centro; o sea, tu ser permanentemente capaz de estar consciente de cuanto cambia alrededor de ti, quedándote relajado en un espacio de eterna inmutabilidad. Por eso el mantra ¡No Es Mi Pedo! es también llamado "la sagrada puerta de la eternidad".

Los caprichosos vientos de la mente

Pero ¿cómo se le hace para relajarse en este centro?

La clave de esta bóveda la expresamos ya en el capítulo "El presente: la dimensión de la eternidad". Como el divino mantra ¡Me Vale Madres!, también el santo mantra ¡No Es Mi Pedo! tiene el poder de arrojarte al presente. Estas dos fórmulas mágicas te arrancan de las garras de la mente que, entre todas las cosas que transitan en la periferia, es la más transitoria que hay. Si te haces raptar por la periferia, eres víctima de las leyes del tiempo y del espacio; por lo tanto, estás destinado a envejecer y a morir. Si, al contrario, puedes quedarte en el centro, evades estas leyes y entras en la dimensión del presente, que corresponde, como ya vimos, a la dimensión de la eternidad.

El mantra ¡No Es Mi Pedo! tiene el poder de protegerte del riesgo de hacerte tragar por la realidad ilusoria que escurre en la periferia, condenándote al eterno ciclo de muerte y renacimiento que los hindúes llaman *samsara,* para quedarte simplemente en el centro, en el presente.

En un sentido es muy, muy sencillo lograrlo: basta con no involucrarse en todas las cosas transitorias que pasan alrededor de ti, rezando con corazón devoto: ¡No Es Mi Pedo! ¡No Es Mi Pedo! ¡No Es Mi Pedo! ¿Para qué tanto rollo por algo que es transitorio? ¡Ya sabes qué pasará! Entonces, ¿cuál es el pedo? ¿Para qué involucrarse con lo que está destinado a pasar en el tiempo de un batido del ala de una mariposa? (Siempre estos mismos malditos animalitos, que Pancho López indica como los responsables de huracanes por todo el mundo.) Ahora hay lluvia: ¿cuál es el pedo?, en un momento saldrá el sol. Algo muere, mientras que al mismo tiempo algo más nace. ¿Cuál es el pedo? Y también tu cuerpo: un momento siente dolor de cabeza y un momento después siente un sueño regenerador; un momento tiene hambre y un momento después le da comezón. Todo pasa. ¿Cuál es el pedo? Y con las emociones es lo mismo. Cuando alguien me dice que está triste, es fácil decirle:

—Aprovecha a estar triste ahora, porque la tristeza al ratito se irá, y la profundidad, la sensibilidad que te da la tristeza no te la proporciona la alegría. Y lo mismo es con las otras emociones. Todo pasa. Entonces, ¿cuál es el pedo?

Por lo que concierne a la mente, podemos decir que es el fenómeno más transitorio que te puedas imaginar. Lo que nos pasa por la mente es tan fugaz que no tendríamos ni que tomarlo en cuenta. Si le creemos cada vez que nos sugiere algo, terminamos viviendo como hojas, a merced de las caprichosas corrientes que, en forma de pensamientos, soplan continuamente en la tierra expuesta de nuestra cabeza. Un momento sopla el pensamiento de que eres un gran chingón y se te infla el pecho, te sientes capaz de grandes empresas y todos los demás te parecen una bola de pendejos; en ese momento te lo crees de verdad y estás seguro de que es totalmente cierto. Pero un momento después entra en ti la idea de que el pendejo eres tú: tu pecho se desinfla, te sientes incapaz para cualquier empresa y cualquier don nadie es más sabio y adecuado que tú. Y también esta vez te lo crees y estás tan convencido de que es cierto que piensas que todo se acabó… Sin embargo, pasa apenas otro momento y recibes una llamada que te dice que tu propuesta de trabajo fue aceptada. Tu pecho se infla otra vez en la certidumbre de tu grandeza. Un momento después piensas que tu esposa es una santa digna de las atenciones más cariñosas… y sólo un ratito más tarde piensas que es una pinche perra traicionera y la quieres matar a golpes. Y si alguien te dice que estás bonita, la vida se vuelve maravillosa; y si un momento después pasa alguien que no te pela, la vida se vuelve una porquería asquerosa; y si uno te felicita, te sientes fuerte, y si inmediatamente después otro te dice que estás pálido, piensas que necesitas ir al doctor…

Esto significa no tener un centro, esto es vivir en la tierra inhóspita de una mente que continuamente es batida por los engañosos vientos de tu fantasía… o como dice Pancho López con mayor pragmatismo:

—Eso es vivir a lo pendejo.

El problema es que de esta mente inestable dependen nuestro humor, nuestra forma de movernos, nuestras elecciones, nuestro comportamiento, las palabras que elegimos para relacionarnos con los demás…

—¿Y después te maravillas de que tu vida sea un desmadre y se vaya alegremente a la chingada? —pregunta Pancho López, ensayando frente al espejo una nueva forma de peinarse.

¿Cuántas veces somos víctimas de un pensamiento que nos tortura? ¿Un pensamiento que sabemos que resulta idiota o inmaduro, pero del cual no podemos liberarnos? ¿O cuántas veces somos víctimas de un pensamiento que nos parece genial y nos lleva a tomar grandes decisiones que más tarde se revelan como pendejadas que ni un adolescente en estado de euforia se habría atrevido a pensar? Y después, agarrándonos los pelos, nos decimos: "Pero, ¿cómo, cómo es posible que mi inteligencia se haya dejado cegar por un pensamiento tan demente?"

La verdad es que nuestra vida está a merced de lo que accidentalmente nos pasa por la cabeza. No tenemos un centro.

Practicando el mantra mexicano y rezando con devoción: ¡No Es Mi Pedo! ¡No Es Mi Pedo! ¡No Es Mi Pedo!, tú también podrás volverte como un Buda sentado en la cima de una montaña, insensible a los llamados seductores de las ilusiones. Rezando: ¡No Es Mi Pedo! ¡No Es Mi Pedo! ¡No Es Mi Pedo! tú también estarás al fin sentado en tu centro.

—¡Pero ahora, por favor, no te pongas a buscar ese pinche centro! —dice Pancho, trazando con el peine una bonita raya en medio—. Ya te vi hacer tantas pendejadas que no me maravillo más por nada.

Recuerden que el divino mantra no se reza con la idea de encontrar *algo*, porque la realización que conlleva esta joya de la sabiduría mexicana es una revelación, no un logro. Es un "despertar", no un "encontrar".

Buscar tu centro resulta tan estúpido como buscar al burro mientras estás sentado encima de él. Porque estás ya en el centro, porque tú *eres* el centro: ¡tú eres el burro! Estamos tan identificados con todas estas cosas que se hallan en la periferia, como nuestro nombre, nuestras ideas, nuestra identidad nacional, que nos olvidamos por completo de quiénes somos y dónde vivimos. Nosotros somos un centro que sueña con vivir en la periferia.

¿Cómo puedes vivir fuera de tu centro? ¿Cómo podrías vivir como parte de la periferia de alguien más? La periferia, por definición, sólo existe en relación con un centro. Sin embargo, hacemos tantas estupideces que al final es justo lo que nos pasa: vivimos como partes accesorias de la vida de alguien más. Hacemos tantas cosas sin sentido que al final es justo lo que terminamos haciendo: vivir como una parte accesoria de alguien más.

Esto nos pasa porque vivimos con la idea de no estar en nuestro centro. Una idea absurda que sólo tenemos porque estamos continuamente identificados con algo de la periferia que no somos, como nuestro nombre, nuestras ideas, nuestras emociones, etc., etc. En otros términos, tú eres alguien que está en el centro y sueña con estar en la periferia. No se trata de buscar a Dios, se trata de despertar y verlo.

Es precisamente esto lo que promete el rezo cotidiano del mantra ¡No Es Mi Pedo!

Pero, ¡cuidado!, el rezo debe ser constante. No se trata de encerrarse una hora entre cojines hindúes e imágenes exóticas, rezar y después salir de allí para continuar viviendo a lo pendejo, como siempre hiciste. Eso sería simplemente absurdo.

Al contrario, es justamente en la vida cotidiana cuando necesitas permanecer alerta.

Cuando, por ejemplo, quieres hacer algo y tu mente te dice que eres un perdedor, ¡no te dejes convencer! Reza: ¡No Es Mi Pedo!

¡No Es Mi Pedo! ¡No Es Mi Pedo!, y continúa con lo que estás haciendo, abierto a la aventura. Cuando tu corazón quiera decir "te amo" y tu mente se cuestione si tiene caso decirlo ahora o mañana en el desayuno, reza: ¡No Es Mi Pedo! ¡No Es Mi Pedo! ¡No Es Mi Pedo! y sigue a tu corazón, permitiendo que tu vida se convierta en una atrevida poesía. Y cuando la mente te diga que eres un chingón, lo mismo reza: ¡No Es Mi Pedo! ¡No Es Mi Pedo! ¡No Es Mi Pedo!, y te evitarás todos los dolores que sufrimos por las caídas desde el alto pedestal de la arrogancia.

Rezando el "mantra de la desidentificación" en todas las acciones de tu vida, las ilusiones de tu mente, tus identificaciones momentáneas con una cosa o con la otra, tu creencia de ser algo que no eres, se disolverán lentamente para al final dejarte libre. Allí tendrás los primeros vislumbres de ti mismo. Allí recibirás las primeras señales de la deslumbrante luz de Dios.

Un *Koan Zen*

Por lo general, cuando te haces la pregunta: "¿Quién soy yo?", empiezas a buscar algo con la idea de que un día dirás: "¡Ándale! ¡Por fin lo encontré! ¡Esto soy yo!", para finalmente organizar una fiesta con amigos y parientes para celebrar el éxito final de tu viaje espiritual y tu consecuente iluminación.

Lamentablemente, las cosas no son así de sencillas. La celebración no acaba de empezar cuando cualquiera puede llegar con un argumento que arruinará la fiesta. El argumento es: si tú dices que "esto" eres tú, ¿quién es el güey dentro de ti que está diciendo que "esto" eres tú? Si tú dices: "Yo soy el azul", significa que el que está diciendo que eres el azul es alguien diferente del azul, porque si no, ¿cómo podría ver el azul y decir: "Yo soy esto"?

Éste es un argumento suficiente para helar la sonrisa hasta del anfitrión más optimista. Por lo tanto, la fiesta termina en un tono menor, y mientras empiezas a recoger vasos de plástico, bocadillos medio mordidos y a patear unos globos inútiles, saludando a los últimos amigos, te encuentras preguntándote: "Y entonces, ¿quién chingados soy yo?". Por lo tanto, empiezas a preguntarte, rascándote la cabeza: "¿Quién es entonces este pinche güey dentro de mí que pensaba que era el *azul*... y que además me convenció de organizar esta estúpida fiesta?" Es obvio que este "pinche güey" tienes que ser justamente tú.

Entonces te encuentras, punto y aparte, con la misma maldita pregunta: "¿Quién chingaos soy yo?"

Y un bonito día, con la ayuda de oraciones y bendiciones, pacientemente encuentras quién era *este pinche güey* que sostenía ser el "azul", y declaras triunfalmente: "¡Finalmente sé quién soy! ¡Yo soy el rojo! ¡El rojo que pensaba ser el azul!"

No se necesita organizar otra fiesta para entender que te arriesgas a que otro pinche aguafiestas se te acerque para hacerte la misma pregunta aguafiestas:

—¿Quién es este güey que dice ser el "rojo" y que pensaba ser el "azul"?

Si no eres muy inteligente, corres el riesgo de organizar muchas fiestas con un final amargo; pero si eres inteligente, te detendrás de inmediato, porque te darás cuenta de que es un mecanismo en cadena que no te llevará a ningún lugar.

Entonces: ¿qué hacer? Parece un problema sin solución, y de hecho, en un sentido, lo es. La pregunta: "¿Quién soy yo?" es un *Koan*, que no tiene una respuesta. Y para quien no tenga claro que cosa es un *Koan Zen*, citaré textualmente un preciosísimo discurso que Pancho López ofreció a un grupo de holgazanes, cuando el sol estaba en su hora pico, sentado en una pila de llantas de camión en el bellísimo y polvoriento patio de un deshuesadero de un amigo suyo, contando su experiencia de la práctica del *Koan Zen* "El ganso está fuera":

—El *Koan Zen* es una de las tantas maneras con las cuales un maestro espiritual se divierte en torturar a sus discípulos. ¿Qué hace este hijo de la chingada? Te plantea una pregunta a la cual te parece que puedes contestar, pero que en realidad no puedes, ¡y te deja allí hasta 20 años para devanarte el cerebro buscando una respuesta que no existe! ¡Putísima madre! En este caso, por ejemplo, ¿qué hace él? Mira la perfidia de este cabrón: él va por un gansito inocente, chiquito, chiquito, que está todo feliz, por su cuenta, en el corral, jugando con sus primos al "gallito" (un juego de moda entre los pollos jóvenes), y atrayéndolo hacia sí, ofreciéndole estos famosos dulcecitos que nunca se tendrían que aceptar, lo agarra en la pendeja y lo ensarta a traición en una botella. Después, pacientemente, cada día le da de comer al gansito, y cuando el gansito está bien gordito, viene y pretende que le saques al gansito de la botella, sin romper la botella ni matar al gansito. ¡¡¡Yo mataría al maestro!!! Veinte años me hizo pasar este hijo de su chingada madre tras el pinche gansito ¡Me vale madres el ganso! ¡Me lo comería al pinche ganso, con todo y la botella y el maestro incluido! ¡¿A mí qué chingados me importa el pinche ganso?! Y ahora el ganso está gordo, el maestro está más gordo que el ganso ¡y yo estoy más flaco que el cuello de la botella!

Está claro que el sol abrasador de aquel día memorable confirió un *pathos* muy especial a este histórico sermón, conocido como "el sermón del deshuesadero". Entre el polvo y los relumbres del sol sobre la chatarra retorcida, nuestro maestro recordó las penas y los dolores de sus prácticas espirituales, aunque el extremo calor y el humo de las llantas quemadas le hicieron olvidar por completo la magnitud de la comprensión que le regaló la experiencia de esta bellísimo *Koan Zen*.

La práctica de un *Koan Zen* no sirve para encontrar una respuesta, sino para cansarte de buscarla. La mente trabajará durísimo para buscar la respuesta, porque la mente está hecha para eso, y cuando está hasta el tope, se quiebra y te deja finalmente libre de su tiranía, restituyéndote la inocencia necesaria para ver las cosas tal cual son en su sencillez.

Como ya vimos, la mente es un instrumento fantástico para arreglar la secadora, hacer un plan de negocios o resolver crucigramas; sin embargo, es un fracaso para lidiar con el misterio de la vida. La mente simplemente no es la herramienta correcta.

—Buscar a Dios con la mente es como tratar de comerse una sopa con el tenedor —nos explica Pancho López.

No es el instrumento adecuado: tenemos que resignarnos.

La mente se adapta para lidiar con lo que conoce, pero es impotente para relacionarse con el misterio. El intelecto es el instrumento para explorar el mundo conocido, aunque para explorar el mundo de lo desconocido el instrumento correcto es la intuición, no la mente.

Desde el punto de vista existencial, nosotros somos simplemente un misterio sumergido en otro gran misterio. Es imposible definir a un ser humano, así como es imposible definir el universo.

Obviamente, dado que la única cosa que conocemos y en la cual ponemos toda nuestra seguridad es la mente, cuando llegamos a esta conclusión nos sentimos perdidos. La mente enloquece cuando no puede definir algo, al punto de que está dispuesta a inventarse cualquier chorrada con tal de no quedarse sin respuesta.

La mente no puede entender que las cosas relevantes de la existencia pertenecen al misterio y son indefinibles. El amor pertenece al misterio, la creatividad pertenece al misterio, Dios pertenece al misterio y tú perteneces al misterio. Pero la mente continúa proponiéndonos teorías y argumentos, a veces ridículos, que nos desvían de la simple realización de lo que está frente a los ojos de todos, que no tiene nombre ni forma, pero que vibra en el corazón de cualquier ser humano. La mente no se rinde. La mente pretende siempre poner las cosas en claro; se desespera por entender las cosas y clasificarlas, definirlas y etiquetarlas. Y no nos damos cuenta de que, aun si esta actitud es sacrosanta en el ámbito de la ciencia, resulta injustificable en el ámbito de la religión. No entendemos que, si pudiéramos entender, calificar, catalogar y etiquetar una cosa como el amor, ya lo habríamos matado. No entendemos que no podemos entender, clasificar, catalogar ni etiquetar a Dios, para luego ponerlo en la arrogante repisa de nuestros conocimientos, ¡porque así lo mataríamos! Y en realidad es lo que hicimos: lo matamos. Friedrich Nietzsche tenía toda la razón: *¡Dios ha muerto!* Lo matamos nosotros, encajándolo entre teorías y dogmas. Lo matamos por la cobardía de no tener el valor de salir al descubierto, fuera de la obtusa fortificación de nuestra mente, para decir: "No sé".

No sé quién soy, mucho gusto

Pero, ¿cómo puedes pensar en definir a un ser humano? ¿Cómo puedes pensar en definirte a ti mismo?

Cada uno de nosotros es un ser indefinible, no sólo porque, al ser únicos e irrepetibles, no caemos en ninguna categoría, sino porque también somos parte de un universo en continua transformación. Y al formar parte de este universo, tú también te transformas continuamente. ¿Cómo se puede definir algo que continuamente cambia?

El viejo y buen Heráclito, otro de esos ignorantes como Sócrates, lo dijo desde hace dos mil quinientos años: *panta rei*, que en griego clásico significa "todo escurre", "todo fluye". Él dice: "No puedes entrar en el mismo río dos veces", porque obviamente el río nunca será el mismo y tú tampoco serás jamás el mismo. Pancho López, a quien le gusta siempre exagerar, dice:

—No puedes entrar en el mismo río ni una sola vez —porque apenas acabas de entrar, el río ya cambió y tú con él.

Al final es tal el desmadre que te vienen ganas de mandar a todos a la chingada.

Pero es aquí donde se ve si eres un verdadero buscador. ¡Cuando se encuentran los obstáculos se descubre de qué tela estás hecho!: si eres alguien que ante las primeras dificultades te retiras en el acogedor microcosmos de la ignorancia, o si tienes el valor de continuar en el camino a pesar de las incógnitas de una noche que parece que nunca terminará, manteniendo la confianza de que, un día o el otro, todo se tornará claro como estos ilustres maestros aseguran.

Tampoco podemos enojarnos con los pobres sabios sólo porque perturban nuestro sueño desvelándonos la realidad como es. Ya sucedió muchas veces. Cuando llega alguien con la sangre caliente como Jesús Cristo o Pancho López, que nos sacuden de nuestros sueños, mentiras e ilusiones, nos molestamos muchísimo. "Maldita sea", pensamos. "¡Estábamos durmiendo tan a gusto, con la cabeza apoyada en nuestros libros sagrados! ¡Y ahora llega este cabrón a revolverme todas las ideas claras que tenía tan bien organizadas en mi cabeza!"

¡La gente se pone furiosa cuando le perturban el sueño! Y ya vimos que toman venganza de manera cruel, según las diferentes tradiciones culturales: a Jesús lo crucificaron, a Sócrates le dieron cicuta, Giordano Bruno terminó en la hoguera, a Hal-Hillaj Mansur lo cortaron en pedazos, y Pancho López de seguro terminará crucificado en una planta de nopal.

No importa la pena que te espera: cuando hay amor por la verdad, no hay suplicio que te detenga…. tampoco el suplicio del nopal.

Y al final la culpa tampoco es de estos santos hombres cuando las cosas son tan complicadas; la culpa es de este torbellino de Dios. Sí, Dios: este Diosito que nunca se está un poquito quieto. Si Dios, en lugar de ser todo un creativo, hubiera sido un corporativo, un contador, un abogado o un ingeniero, el mundo sería mucho más ordenado: el río sería tranquilo, siempre lo mismo; el cielo allí, inmóvil; los planetas, en lugar de moverse, estarían en su lugar, y tú serías tú y basta… ¡Pero a Él, a Diosito, le gusta crear! ¡Es como un niño que no se está quieto un momento! ¡Nos cambia continuamente las cartas en la mesa! Y nosotros estamos condenados a vivir entre esta confusión cósmica, donde no puedes estar seguro de nada. ¡Ni de tu nombre puedes estar seguro! Porque incluso cuando te presentas: "Mucho gusto, Mario", no puedes estar seguro de que lo que estás diciendo sea cierto.

De hecho, la única cosa de la cual puedes estar seguro es de que tú eres todo menos lo que piensas ser.

Tú dices: "Yo soy Mario". ¿Estás seguro de lo que dices? Piénsalo bien. Tú no naciste como Mario. Mario vino después, como resultado de tu historia casual. Mario es el resultado de todas las cosas que aprendiste y que hiciste. Mario es un contenedor que se ha llenado de todas las ideas que casualmente se formaron en tu cabeza y también de las acciones que casualmente te has encontrado a cumplir. *Mario* no dice nada de ti ni de tu esencia; no dice nada acerca de quién eres verdaderamente tú.

Si escribes un libro, lo puedes publicar usando diferentes tipografías, como Arial o Helvética; puedes ponerle una cubierta dura o suave, verde o naranja; puedes utilizar páginas blancas o sepia; papel normal o reciclado, *bond* o couché; puedes publicarlo en español o en francés… Ahora, si te pido que me hables acerca de tu libro, ¿tú qué haces? ¿Me hablas sobre la cubierta, del tipo de papel y de la tipografía? Obviamente éstas no son las características del libro. La característica del libro es el espíritu del artista que se expresa a través de la tipografía y el papel; no debemos confundir el contenedor con el contenido.

Es como la historia de aquella señora a la cual mi mamá le prestó un libro que le había gustado, en el intento de inducirle el amor por la lectura. Cuando, después de unos días, le preguntó hasta qué punto del libro había llegado, le contestó:

—A la página 28.

Cuando te presentas diciendo:

—Mucho gusto, soy Mario, soy arquitecto, mexicano, católico y de las Chivas —es como si dijeras: "Mucho gusto, Helvética, couché, rígido, reciclable, sepia, francés, página 28".

Tú no eres tu historia, porque tu historia nada tiene que ver con tu esencia. Tú no eres tu biografía. Tu biografía es sólo el resumen de las cosas que hiciste, no de ti.

Si tienes un burro y lo llamas Agustín, le enseñas a ir para arriba y para abajo por la montaña cargado como… como un burro, a veces bajo la lluvia y a veces bajo el sol, y un día está enfermo y otro día rebuzna feliz, ¿puedes decir que las cargas que ha lleva-do, los caminos que ha caminado, el sol y la lluvia que ha tomado, sus enfermedades y sus rebuznos de júbilo definen su esencia como burro? Obviamente no. Todos estos acontecimientos son parte de su historia, pero no de su esencia, porque si al mismo burro lo hubieras llamado Silvestro, y en lugar de vivir en el monte cargando cosas hubiera sido usado para cargar a los nietos del ranchero los domin-gos, y en lugar de comer paja hubiera comido forraje, su cara sería diferente, su pelo sería diferente, pero no su esencia. La historia del burro define el tipo de vida que ha hecho, su personalidad, pero no define quién es, no define su esencia.

De la misma forma, tú naciste como un ser misterioso, ilimita-do e indefinible; después, a través del nombre que te pusieron, la educación que recibiste, los caminos que caminaste, los niños que cargaste, las experiencias que tuviste y unos rebuznos de felicidad mientras te bañas por la mañana con el agua caliente, te acostum-bras a la idea de ser Mario, Lupita, Juan o Pilar.

Entonces, cuando te presentas y dices: "Yo soy Mario", no estás hablando de ti, sino de todas las cosas que componen este cuadro que estás acostumbrado a definir como "Mario". No estás dicien-do nada acerca de quién eres verdaderamente tú... incluso porque la única cosa que sabes de ti es justamente tu biografía, tus ideas y tus costumbres, que en conjunto son cosas que has reunido en el camino y no tienen nada que ver con tu verdadera esencia.

Por lo tanto, cuantas veces te presentes, para ser precisos, estás diciendo una mentira. Y mientras más orgulloso estés de ser Mario, Lupita, Juan o Pilar, más refuerzas tu identificación con algo que no eres, alejándote de esta forma, más y más, de tu verdadero ser, alejándote más y más de Dios.

Me doy cuenta de que, desde el punto de vista social, es incó-modo vivir aceptando la penosa verdad de no saber quién eres... También parecería absurdo presentarse diciendo:

—Hola, no sé quién soy, mucho gusto.

—Yo tampoco, encantado.

Pero ésta es la única forma de conocerse sin empezar a decir tonterías de inmediato. Y si lo piensas bien, si la gente se presentara:

—Hola, no sé quién soy, mucho gusto.

—Yo tampoco, encantado —todos se volverían inmediatamente más humanos, se pondrían a reír y se abrazarían, sintiéndose hermanos y parte de este mismo e irresoluble misterio.

Se volverían todos como Sócrates.

Cuando uno se presenta fingiendo saber quién es, no inspira confianza.

Si la primera cosa que dices es una mentira, ¿cómo puedes pretender que el otro confíe en ti o que le caigas bien? De hecho, entre más altisonante sea el nombre con que alguien se presenta, más fácil es que nos caiga mal. Si uno se presenta como Juan Pérez, resulta soportable, pero si uno se presenta como Juan Emanuel Álvarez Peralta de la Peña de Bernal, o te ríes o lo mandas a la chingada o, tras mirarlo un momento, le dices simplemente:

—¡Ay no maaames!

Al final las mentiras, aun si son socialmente aceptadas, no le gustan a nadie. Si desde el punto de vista social este tipo de mentiras son un pecado venial, desde el punto de vista espiritual pensar en que se es el licenciado García o la licenciada Hernández equivale a un pecado mortal.

Obviamente no hay nada de malo en presentarte como el licenciado López, pero, por favor, no lleves al licenciado López a la cama con tu esposa. Nadie quiere ir a la cama con el licenciado López ni con la licenciada Pérez. No lleves al licenciado López ni a la licenciada Pérez con tus hijos, porque ningún niño quiere como papá ni mamá a unos licenciados. Los niños te quieren a ti, no a tus títulos, ni a tu personalidad, ni a tus ideas ni a tus estupideces sociales. Cualquier mujer, hombre o niño quiere relacionarse con el bellísimo ser que eres y no con esta máscara de carnaval con la cual te presentas al mundo. Lo que es aceptable desde el punto de vista de las relaciones sociales resulta inaceptable desde el punto de vista del *amor,* desde el punto de vista de Dios. La sociedad puede aceptar pequeñas mentiras; la existencia, no.

¿Empiezas a darte cuenta ahora de la importancia de este mantra de la desidentificación? ¿Empiezas a darte cuenta de la responsabilidad que tiene México al compartir este *sanalotodo* del espíritu con el mundo entero?

Rezando ¡No Es Mi Pedo! ¡No Es Mi Pedo! ¡No Es Mi Pedo!, despacito, despacito, todas las identificaciones y las mentiras se evaporarán, dejando tu verdadero ser libre para manifestarse en todo su esplendor. Todas las veces que estés poseído por una idea que te limite, reza: ¡No Es Mi Pedo! ¡No Es Mi Pedo! ¡No Es Mi Pedo!, y los horizontes sin límites de la conciencia se abrirán ante ti. Todas las veces que te des cuenta de que un pensamiento influye en tu vida conforme a lo que aprendiste y no conforme a lo que eres, reza: ¡No Es Mi Pedo! ¡No Es Mi Pedo! ¡No Es Mi Pedo!, e inmediatamente regresarás en contacto con el silencio armónico de la conciencia. Todas las veces que tu mente te induzca a comportarte como un licenciado, reza: ¡No Es Mi Pedo! ¡No Es Mi Pedo! ¡No Es Mi Pedo!, y tus seres queridos, tus hijos y tus amigos gozarán otra vez de tu divina espontaneidad. Rezando todos juntos: ¡No Es Mi Pedo! ¡No Es Mi Pedo! ¡No Es Mi Pedo! la humanidad, un bonito día, se despertará en el jardín del Edén, para darse cuenta de que nunca había salido de allí.

En este punto me podrán decir:

—¡Maldito Dayal, tú y tu pinche maestro nos están confundiendo las ideas!

No se preocupen: esta confusión es buena. Hasta la Biblia lo dice: "Al principio era el caos". La confusión es siempre un hecho positivo. Porque de la confusión está destinado a nacer algo nuevo. Del orden nunca nace nada nuevo. Por eso la mayoría de los adolescentes son patológicamente desordenados: necesitan el desorden para encontrar un orden nuevo y personal que refleje su individualidad; no se contentan con el orden de los padres. El orden es cómodo, pero también de hueva.

Y de hecho gracias a esta confusión dimos un paso adelante, porque por lo menos empezamos con darnos cuenta que no somos nuestras ideas, no somos nuestra nacionalidad, ni nuestra religión, ni nuestra historia. Puede ser incómodo reconocerlo, pero si tú te rindes al hecho que no sabes quién eres, tienes al menos la posibilidad, tarde o temprano, buscando y afinando tu inteligencia, de poder penetrar el misterio de la existencia y descubrir finalmente quién archidemonios eres. Al contrario, si crees firmemente que eres algo que en realidad no eres, estás bien jodido. No tienes esperanza. Porque en lugar de buscar quién eres, te quedarás pegado a una definición ficticia; y sin dedicar ningún tiempo ni energía a la búsqueda de la verdad, tu inteligencia se atrofiará en una mentira, y desperdiciarás tu vida viviendo de una manera que no es la tuya. Por eso la gente se siente a disgusto con su propia vida. No porque la vida esté mal, no porque nosotros estemos mal, sino porque vivimos en función de lo que creemos ser y no en función de lo que somos.

Entonces, si estás dispuesto a aceptar en definitiva la embarazosa pero evidente realidad de que no eres lo que siempre pensaste ser, estás finalmente listo para dar el último paso hacia la comprensión definitiva de la magia del mantra ¡No Es Mi Pedo! y, descubriendo sus secretos, proceder derechito hacia la iluminación.

Lo que sabes pero no puedes conocer

Si todavía te caben dudas, es mejor decir las cosas claras, tal como son: no hay forma de contestar a la pregunta: "¿Quién soy yo?" en la forma clara y directa que nos gustaría hacerlo. Como vimos en el capítulo "Un *Koan Zen",* el problema de la búsqueda de la verdad (o de Dios o de ti mismo, que son la misma cosa) es que la verdad no puede excluir nada; todo está incluido en ella, incluso tú, que la estás buscando. Si tú dices que la verdad es "esto", se crea el problema de que, si tú puedes ver la "verdad" e indicarla, tú, que puedes verla e indicarla, te quedas fuera de ella. En otros términos, en la búsqueda de ti mismo no podemos indicar la verdad directamente, porque cuando tú indicas algo que puedas definir como "tú", se presenta el problema de que la conciencia capaz de decir "esto soy yo" se queda fuera de la experiencia. El problema es que lo que estamos buscando es precisamente esta conciencia que se queda fuera.

Esto es un problema irresoluble, sobre el cual es necesario explayarse un poco más a costa de repetirnos.

No puedes ver tu misma conciencia, justo como tampoco puedes ver tus propios ojos. Es imposible. A través de tus ojos puedes ver cualquier cosa menos a tus ojos mismos. De igual forma, con tu conciencia puedes estar consciente de cualquier cosa menos de tu misma conciencia, porque, repito, si dices: "Ésta es mi conciencia", ¿quién es esta conciencia que es consciente de tu conciencia? Es como si dijeras: "Éstos son mis ojos". Pero, entonces, ¿de quién son los ojos que los están viendo?

Sé que alguien podrá objetar que los ojos podemos verlos en el espejo, pero los ojos que tú ves en el espejo no son exactamente tus ojos, sino un reflejo de los mismos. Cuando te miras en el espejo, lo que ves en realidad es un vidrio que refleja tus ojos, no tus ojos reales.

Es lo que pasa cuando estás ante un maestro. El maestro funciona como un espejo. A través de él puedes ver un reflejo de tu conciencia, que no puedes ver de forma directa. Igual como pasa con tus ojos. A través del maestro ves el fenómeno de realización de la conciencia al cual tú también perteneces potencialmente, pero que no puedes ver directamente en ti mismo.

Pero, cuidado: cuando encuentras a un Lao Tse o a un Pancho López, no te olvides de que lo que ves no es la verdad, sino sólo un reflejo de ella. La verdad no tiene que ser vista ni conocida; la verdad tiene que ser encarnada.

Ésta es una trampa en la cual muchos discípulos caen en su apego al maestro, confundiendo el reflejo de la verdad con la verdad. Por eso hay miles de personas que imitan a Pancho López andando en huaraches, perdiendo el tiempo asomados a la ventana o sentados afuera de la cantina, comiendo paletas de menta y diciendo un montón de groserías. Las mismas cosas que en Pancho López son bellas y estéticas, porque son la expresión espontánea de su unicidad, en todos sus imitadores se vuelven sencillamente ridículas y vulgares.

El maestro no tiene que ser imitado, sino bebido, comido. Éste es el sentido del ritual cristiano de la hostia consagrada y del vino, que representan el cuerpo y la sangre de Cristo. Es un gesto bellísimo que recuerda el precioso mensaje que Jesús da a sus discípulos: "No escuchen, no se apeguen a mis palabras, sino cómanme, bébanme… nútranse de mí". Lástima que este bellísimo mensaje haya terminado en las manos de gente disfrazada de forma rara que ha transformado un mensaje de sabiduría en un ritual vacío del cual nadie entiende el significado. Y, de hecho, lo que te dicen es exactamente lo contrario de lo que predicaba Jesús. Ellos te dicen: "Escucha lo que te digo, pero no me comas ni me bebas, porque te vas a intoxicar". En esto son honestos, porque prueba a tomarte un refresco de cardenal y verás si no terminas en el hospital. Es triste decirlo, pero el mensaje de Jesús se perdió completamente por culpa de la gente que se jacta de custodiarlo.

El maestro es un punto de partida, no un punto de llegada. Con su presencia despierta en ti la conciencia de algo que tú tienes, pero que no puedes ver. Este reflejo de ti mismo que ves en el maestro sólo tendría que darte el deseo de iniciar la búsqueda de algo que tienes, porque lo ves reflejado en él; no tendría que inducirte a colgarte de su falda ni a quedarte la vida entera con el pulgar en la boca... ni humillado por la eternidad con el rango de oveja. El encuentro con un maestro tendría que darte ganas de llenarte la boca y el corazón de Él, para huir a la búsqueda de Dios.

Regresemos al delicado mecanismo que el mantra ¡No Es Mi Pedo! determina. Una vez que nos rendimos al hecho de que no es posible ver directamente la verdad, que no es posible vernos directamente a nosotros mismos, probamos a cambiar la perspectiva; en lugar de enfocar nuestra atención para conocer directamente lo que "somos", intentamos enfocar nuestra atención en lo que "no somos".

Cuidado, porque ésta es la clave que abre el camino hacia la meta final de este largo viaje en que nuestro maestro Pancho López nos está llevando. Si no puedes volverte consciente de "lo que eres", al menos puedes volverte consciente de lo que "no eres". Si no es posible saber quién eres y verte directamente a ti mismo, al menos de una cosa puedes estar seguro: todo lo que puedes ver no eres *tú*. En otros términos: si no puedes contestar a la pregunta: "¿Quién soy yo?", sin duda al menos puedes contestar a la pregunta "¿Quién no soy yo?" Quitando de en medio todo lo que "no eres", lo que se queda eres "tú".

Se trata de un proceso al negativo. Tanto Gautama el Buda como López el Pancho nos enseñan a buscar la verdad usando un proceso a la inversa.

Buda, para indicarnos la respuesta última a este largo viaje, da el ejemplo de la cebolla. A Pancho López le gustan más las alcachofas, aunque para este propósito una verdura vale igual que la otra... (Si lo piensas bien, si unimos las dos podríamos echarnos unas comidas riquísimas).

Buda dice que la búsqueda de uno mismo es como pelar una cebolla: cada capa que quitas corresponde a algo con lo cual estás identificado, corresponde a algo que no eres.

Por ejemplo, tú eres del América y tu equipo pierde cuatro a cero como local contra Chivas. Regresas a casa y te tomas dos tranquilizantes para evitar descargar tu frustración contra la familia. Ahora, a través del rezo del mantra ¡No Es Mi Pedo!, tarde o temprano te darás cuenta de que toda esta historia del América, Pumas, Toluca y Pachuca es un mamada colosal, y ¡ahí está!: una capa de la cebolla se cayó y tú ya te liberaste de una identificación. Después te das cuenta de que también esta cosa de ser católicos, hindúes o judíos es otra mamada cósmica. ¡Y ahí está! ¡Otra capa que se va! Después te das cuenta de que no eres mexicano, italiano, griego ni tailandés, y allí otra capa que cae. Después te das cuenta de que no eres el esposo ni la esposa de nadie, porque aun si tu esposa huye con el famoso africano o tu esposo con la pendeja de la puerta de al lado, tú te quedas: sin pareja, pero tú. Otra capa que se fue. Después te das cuenta de que tampoco eres dueño de la casa que piensas poseer, porque si tu casa se derrumba, tú te quedas lo mismo tú: sin casa, pero tú. Otra capa. Y también tus hijos no son tus hijos, porque ellos también se van y tú te quedas tú: otra capa… Y tampoco puedes decir que eres hombre o mujer, porque la cirugía ha demostrado que puedes cambiar de sexo, aunque tú te quedas siempre tú: con un cuerpo diferente, pero tú…

Y quita una capa por aquí y quita una capa por allá… Cuando has pelado toda la cebolla, ¿qué cosa queda? ¡¡¡Nadaaa!!!

"¡Oh, que la chingada!", pensarán ustedes. "¡¿Todo este desmadre para descubrir que no soy nada?!" Desde el punto de vista del ego, me doy cuenta de que no es una gran satisfacción, pero tienes que considerar con atención esta palabra: "nada".

La "nada" que encuentras al final de este camino no es una negación. Pancho y Buda no nos están diciendo que tú no seas nada. Nos están diciendo que tú no eres "algo" que puedas indicar.

La palabra inglesa *nothing*, que en español se traduce como "nada", da mejor la idea de lo que Pancho y Buda quieren comunicarnos... a pesar de que ninguno de los dos sabe hablar inglés. La palabra *nothing* se compone de dos palabras: *no*, que significa "no", y *thing*, que significa "cosa". Cuando decimos que al final de este camino encuentras una incontaminada "nada", *nothing*, no queremos decir que seas nada, sino que eres un *no-thing*, eres una "no-cosa". Eres, sin ser "algo". ERES y basta. Simplemente ERES, en tu inconcebible pureza.

Y si tú ERES, a pesar de no ser ninguna cosa por la que puedas decir: "Esto soy yo", por paradójico que suene significa que tú eres todas las cosas. Significa que no hay distinción entre tú y el todo, que eres partícipe de la omnicomprensión de Dios, que eres el "Todo". Y en esta vivencia en la cual la "Nada" se vuelve el "Todo", en la cual el objeto de la experiencia y el sujeto que la tiene se funden para volverse uno, está la estremecedora realización de Dios.

—Relájate —nos invita Pancho López, caminando en equilibrio sobre el borde de la jardinera—, no puedes entenderlo, sólo puedes intuirlo. Es como un chiste: si no lo entiendes, no se te puede explicar.

Cómo se reza el mantra

El mantra ¡No Es Mi Pedo! se reza con una actitud de desapego absoluto. No hay ningún logro. Tú sólo tienes que estar consciente de lo que pasa en tu mente, y ante cualquier pendejada que te propongan, reza: ¡No Es Mi Pedo! ¡No Es Mi Pedo! ¡No Es Mi Pedo!, y continúa con tu andar. Esto es todo.

Pero, atención: no hay logro. No empieces a pensar que practicando el mantra ¡No Es Mi Pedo! lograrás la paz interior. Porque cualquier logro es parte de la mente, y todo lo que estamos tratando de hacer es desidentificarnos con ella. Si rezas el santo mantra con la idea de obtener algo, otra vez estarás siendo manejado por tu ego.

Recuerda que la mente funciona siempre en términos de resultados. Está hecha con este propósito. Por lo tanto, te puedes encontrar pensando: "¡Chido! Ahora me pongo a rezar ¡No Es Mi Pedo! a toda madre. Así más pronto me voy a iluminar y más pronto me voy a quitar este olímpico rompimiento de huevos. Si en lugar de rezar una hora al día lo hago dos horas al día, me voy a iluminar en la mitad del tiempo… ¡Y me voy a chingar a todos los demás!" Y así te encuentras rezando: ¡No Es Mi Pedo! ¡No Es Mi Pedo! ¡No Es Mi Pedo!, gritándolo con el fanatismo de un loco y espantando a los niños.

Si tu mente ávida toma las riendas de ti mismo como está acostumbrada a hacer en todas las áreas de tu vida, induciéndote a rezar el mantra para alcanzar la iluminación y volverte más chingón que los demás… ¿qué estás haciendo? ¿Empiezas a criticarte, maldiciéndote por no evitar ser siempre el mismo miserable en busca de algo que te falta? Noooo… Simplemente respira profundamente y, como si nada, reza: ¡No Es Mi Pedo! ¡No Es Mi Pedo! ¡No Es Mi Pedo!, y que te valga madres.

La cuestión no es rezar bien, sino darte cuenta de cuando rezas mal. Eso es todo. Si la mente te critica porque lo estás haciendo mal o te felicita porque lo estás haciendo bien, ¡No Es Tu Pedo! ¡Que nunca se te olvide el mantra! Si la mente te dice que nunca te iluminarás o te dice que la iluminación está a la vuelta, no la peles, ignórala, ni la mires y continúa rezando: ¡No Es Mi Pedo! ¡No Es Mi Pedo! ¡No Es Mi Pedo! Ya dijimos que cualquier cosa que te proponga la mente es absolutamente irrelevante, porque pertenece a una idea que viene de tu pasado; por lo tanto, está muerta. ¿Y por qué vivir rodeado de fantasmas cuando puedes flotar en la pacífica laguna de la beatitud? Reza: ¡No Es Mi Pedo! ¡No Es Mi Pedo! ¡No Es Mi Pedo!, y todos los fantasmas se pondrán fofos, derrotados ante el poder exorcizante del mantra de la desidentificación.

Reza por el gusto de rezar, sin objetivo, con la actitud con que un niño juega y no con la que un adulto trabaja; con la actitud de quien canta una canción bajo la regadera y no como quien canta en un restaurante para ganarse cuatro pesos; con la actitud de quien ofrece con júbilo su cuerpo al amado y no con el de una mercenaria. Recuerda que no hay nada que realizar: todo está ya presente en ti desde siempre; sólo tienes que llevarlo a la luz. No es la realización de algo, sino una revelación pura y sencilla.

Si no te das cuenta de este solapado mecanismo de la mente, caerás de nuevo, y de forma más peligrosa, en las garras de tu ego. Antes, como perro famélico, buscabas dinero, poder, sexo, éxito, reconocimiento… y ahora, con la misma bravata en la boca, escondida por una sonrisa angelical, buscas paz, amor, relajación, liberación, iluminación, nirvana, Dios, verdad… Antes querías ser el *más* poderoso, y ahora quieres ser el *más* humilde. ¿Te das cuenta de la estupidez?

El mantra mexicano ¡No Es Mi Pedo! es para inteligencias muy refinadas. Es un arte tan sutil que incluso rozándolo puedes destruirlo. Imagínate qué pasa si lo aferras con los dientes voraces de tus deseos o con las garras afiladas de tus ambiciones.

Éste es el primer gran peligro con que todos los iniciados en los mantras mexicanos deben tener cuidado, porque lo que puede pasar es que, mientras piensas que procedes por el camino de la verdad, en realidad estás nutriendo tu vieja mente con un nuevo resultado en mente y tu viejo ego con una nueva máscara. Antes eras el licenciado García y ahora eres el meditador. Antes eras un devoto de Jesús y Moisés y ahora te disfrazas de hindú, te sientas en posición de loto y te parece que estás haciendo algo espiritual.

La cuestión no es cambiar ideas pinches por ideas menos pinches… o más pinches. La cuestión es no dejarse condicionar por ninguna idea, por fea o bonita que sea. De esta forma te quedas finalmente inocente, listo para ver las cosas con tus propios ojos, respondiendo a la realidad de manera original.

Inteligencia no es saber muchas cosas, sino actuar libre de tus condicionamientos, tus ideas, tus patrones y tus costumbres, respondiendo a la realidad como si la vieras por primera vez, con creatividad.

Por eso el mantra mexicano ¡No Es Mi Pedo! es también llamado el "mantra de la divina inteligencia", porque gracias a él Diosito tiene la oportunidad de manifestarse una y otra vez en ti.

La segunda cosa muy importante con la que debes ser cuidadoso está muy conectada con la primera. Dado que quieres lograr la paz interior, en este espacio donde tú eres completamente limpio, pacífico y estás más allá del bien y del mal, puedes caer en la tentación de pelear contra tu mente, tratando de acallar los pensamientos que atentan continuamente contra esta tan codiciada paz. Por favor, no hagas esta tontería, porque es absurdo. ¿Cómo puedes crear silencio gritando: "¡Silencio!"?

No puedes pedirle a tu mente que se calle. No puedes pedirle a tu mente no pensar.

Hay otra historia de otro güey, en la India, que estaba obsesionado con la idea de aprender a hacer milagros. Por eso descargaba su obsesión encima de un pobre maestro que, según él, le podría enseñar este noble arte. Un día el maestro, para quitárselo de encima, le dijo:

—Mira, Ponchito, hacer los milagros es una cosa bastante sencilla: sólo tienes que conocer una maña.

—¿Cuál maña, cuál maña? —preguntó Ponchito, babeando de avidez.

—Para hacer milagros, la única cosa que necesitas es: "No pensar en los monos".

—¿Monos?

—Monos.

—¡¿Eso es todo?! —dijo el aprendiz con incredulidad.

—Eso es todo.

—¿¿¿Los monos??? Mira, en esta cabeza ha pasado de todo, pero de monos nunca se vio ni siquiera la sombra.

—Si así es —dijo el maestro, riéndose para sus adentros— no hay problema: felicidades. Regresa a tu casa y empezarás enseguida a hacer milagros.

Ponchito se despidió con lágrimas de gratitud en los ojos y, lleno de esperanzas, se fue hacia su casa.

Sin embargo, mientras caminaba, para su enorme sorpresa, empezó a pensar en los monos. ¡No podía creerlo! Nunca le había ocurrido pensar en monos, y ¡¿justamente ahora, que estaba listo para hacer milagros, se presentaban estos pinches monos?! Entonces intentó sacarlos de su cabeza, pero cuanto más trataba, más monos llegaban. ¡No era posible! Empezó a sacudirse la cabeza, se paró en una fuente para mojarse la cara, se agarró a cachetadas suscitando la lástima de los marchantes... Pero ¡nada! Entre más intentos hacía, más monos llegaban: en grupos, en fila, en formación de diamante, en cuadrados, en triángulos, a horcajadas, caminando al revés, de cabeza, a gatas, sobre una mano, en filas de dos, de cuatros, de seis, en fila india...

Cuando llegó a casa y la esposa lo vio en este evidente estado de agitación, preocupada le preguntó:

—¿Qué pasó, Ponchito? ¿Te chingaron otra vez en el videopóquer?

—No, no... ¡cuál videopóquer!

—¡¿Te chingaron en el mercado?!

—Pero ¡cuál mercado!

—¡¿Se burlaron otra vez de ti en la oficina?!

—No... no...

—¿Olvidaste otra vez el paraguas en el camión?

—No... no... ¡no!

—¡¿Te sentaste otra vez en mierda?!

—¡No! ¡No! ¡¡¡No!!! ¿Quieres callarte o no?

—Y tú, ¿quieres decirme qué pendejada hiciste hoy o no?

—Escúchame bien: no tengo ganas de hablar. ¡Déjame en paz! Ahora me voy a meditar y no quiero que nadie me moleste.

Así que se encerró en su salita de meditación. Se sentó en su cojín dorado, en el cual había bordado la imagen de Ganesh, el dios elefante (que en verdad no estaba muy contento de que se le sentara en la cara), y empezó a meditar con el propósito de no pensar en los monos... y tratando también de no pensar en la esposa. Cerró los ojos y... monos, monos, monos por todas partes: monos que reían... con la esposa; monos que bailaban... con la esposa; monos que cantaban canciones obscenas... con la esposa; monos que jugaban al escondite... con la esposa... ¡¡¡Cosa de volverse loco!!!

Entonces, para calmarse un poco, decidió echarse un baño ritual de purificación.

Y mientras la esposa le preparaba la tina, seguía preguntándole:

—¿Te fregaron al darte el cambio? ¿Te comiste otra vez un chile relleno con todo y palillo? ¿Te cagaste encima? —un par de monos blancos se divertían en quitarle la camisa, los zapatos y los pantalones... hasta cuando finalmente logró sumergirse en el agua caliente.

Para su sorpresa, allí también había monos. Grupos de monos en traje de baño, con máscara y aletas, que nadaban tirando agua por todas partes; monitos chiquitos que hacían castillos de arena. Otros jugaban haciendo bolas de jabón; otros que se restregaban la espalda mutuamente con su esponja, hacían espuma con el champú, se metían acondicionador para la caída del pelo que había pagado al doble de lo que costaba (por favor, no se lo digan a la esposa).

—¡Malditos pinches monos! ¡¿Me quieren dejar en paz?! —empezó a gritar.

Y la esposa, desde fuera:

—¿Qué pasó? ¿Qué pasó? ¿Te entró jabón en los ojos? ¿Abriste por equivocación la llave del agua fría? ¿Bebiste el agua sucia? ¿Te lavaste otra vez los dientes con mi crema depiladora?

—¡No, no, noooo! ¡Déjame en paz, por favor!

Ponchito estaba en definitiva a merced de los monos... y de la esposa. Salió del agua con resignación, ayudado por dos elegantísimos monos perfumados con su Agua de Gio de Giorgio Armani, que había comprado en un tianguis a buen precio, sin darse cuenta de que atrás de la caja estaba escrito MADE IN TEPITO (por favor, tampoco esto se lo digan a la esposa)... y mientras un monote totalmente negro le masajeaba la cabeza con los enérgicos movimientos que había aprendido mirando el programa de tele *El perro, el mejor amigo del hombre*, otro grupito de monos de menores dimensiones, mirándose en el espejo, se peinaban, se rasuraban, se depilaban las piernas unos a los otros, se secaban el pelo con su secadora...

Al final, todo limpiecito y peinadito, regresó sin mucha convicción a su salita de meditación. Lo que vio fue demasiado: monos que brincaban de una parte a la otra, monos que se perseguían, monos colgados en las cortinas que hacían acrobacias al estilo del Cirque du Soleil, monos que se peleaban con sus plumas de pavo real, monos que jugaban al póquer, que fumaban cigarros, monos que cogían, otro que se masturbaba en un rincón... y en su lugar, sentado en la cara del dios elefante, un monote negro, el mismo del masaje de perro, en posición de flor de loto que, con una sonrisa encantadora, lo miraba y rezaba: ¡No Es Mi Pedo! ¡No Es Mi Pedo! ¡No Es Mi Pedo!

No puedes pedirle a tu mente que haga lo que tú quieres. No puedes pedirle a tus pensamientos que se detengan. El sagrado mantra ¡No Es Mi Pedo! no trabaja a través del conflicto, sino a través de la toma de conciencia.

¿Los pensamientos están allí? No es tu pedo. ¿Mientras estás rezando te da cuenta de que estás pensando en el coche nuevo de tu prima? No es tu pedo. ¿Sientes que estás hasta la madre de ti mismo? No es tu pedo... No te dejes involucrar y continúa rezando: ¡No Es Mi Pedo! ¡No Es Mi Pedo! ¡No Es Mi Pedo!

Ignorando con infinita paciencia tus pensamientos, poco a poco serás invadido por una paz que nunca has conocido jamás.

Cuando reces: ¡No Es Mi Pedo! ¡No Es Mi Pedo! ¡No Es Mi Pedo!, simplemente ignora los pensamientos. Por muy seductores que sean, simplemente ignóralos; por muy molestos que sean, no te enganches, ignóralos. Sé como un elefante pasando por un pueblo hindú.

Pancho López, que conoce la India como sus bolsillos a pesar que nunca fue allí, nos dice que cuando un elefante pasa por un pueblo, cosa que todavía en la India ocurre con frecuencia, los perros del pueblo se ponen completamente locos: ladran, ladran... le ladran por un lado... se dan la vuelta y le ladran por el otro... y le ladran por atrás y le ladran por delante, y le ladran desde los techos de las casas... Entre todo este desmadre, el elefante, como si estuviera solo en el desierto, tranquilo e impasible, continúa su andar sin dignarse a prestarles la mínima atención, como si no existieran, creando entre los perros una frustración desesperante que termina con un patético desinflarse de su orgullo canino.

Rezando el mantra ¡No Es Mi Pedo! sé como un elefante pasando por un pueblo hindú. Ignora los pensamientos insidiosos. ¡No Son Tu pedo! Los pensamientos son simplemente perros ladrando: ¿cuál es el pedo? ¡Tú eres un elefante! ¿Qué pueden hacer cuatro pinches perros en tu contra? Si los ignoras, tus pensamientos tarde o temprano se desinflarán como los endemoniados perros del pueblo hindú, y como éstos, se mirarán avergonzados el uno al otro y se regresarán desanimados a sus casas, mientras el elefante continúa sin problemas su camino. Si, al contrario, empiezas a pelear con ellos, estás destinado a perder. Sería como si el elefante empezara a reaccionar contra los perros, agarrando a uno con la trompa y arrojándolo contra una pared; pateando a otro, aplastando a otro, y volteándose una y otra vez para tratar de agarrar a uno y otro… ¿Piensas que resolvería algo? ¡Ni madres! El relajo aumentaría. Se correría la voz en el mundo canino:

—¡Eh, hermanos, hay un pendejo elefante que trata de callarnos, vengan a divertirse; está a toda madre! —y un chingo de perros llegarían hasta de los pueblos vecinos para divertirse a costa del pobre elefante, todo sudado, que se voltea de un lado y del otro tratando de agarrarlos.

El inevitable final de esta triste historia sería la mortificante imagen de un elefante que, perdida toda su imponencia y todo su carisma, acelera el paso para salir de ese maldito pueblo antes de que la mancha de la humillación se vuelva el estigma de la deshonra.

No pelees contra tu mente. Quédate majestuoso, como un elefante.

Tus pensamientos son parásitos que se nutren de tu energía, y existen dos formas para darle energía a tus pensamientos. Una consiste en colaborar con ellos, creyendo las cosas que te dice y siguiéndolos de una parte a la otra hasta que te tomes un somnífero y te vayas a dormir. La otra es pelearse con ellos, tratando de correrlos de tu mente o doblegarlos a tu voluntad, hasta que termines en el psiquiatra.

El refinadísimo mantra mexicano ¡No Es Mi Pedo! nos enseña la tercera vía, la vía del elefante: ignorarlos. Ignora tu mente. Cualquier intento de jalarte y empujarte, de levantarte y bajarte, de llevarte al paraíso o al infierno. Reza: ¡No Es Mi Pedo! ¡No Es Mi Pedo! ¡No Es Mi Pedo! y verás que tus pensamientos, como perros hindúes, sin recibir atención de tu parte, regresarán a sus escondites esperando que le des permiso de salir.

Obviamente, al principio te olvidarás del místico mantra, seducido por los encantos fantasiosos de tu mente, o dejándote espantar por sus cuentos de miedo. Y por eso, rezando, mil y una veces te encontrarás siguiendo una inconsistente cadena de pensamientos.

Pasa exactamente como vimos que pasa en un sueño.

Mientras estás raptado en tu entusiasmo religioso, rezando ¡No Es Mi Pedo! ¡No Es Mi Pedo! ¡No Es Mi Pedo!, empiezas a pensar: "¡Qué chido este mantra! ¡Me gustaría conocer a Pancho López! Pero, ¡quién sabe si verdaderamente existe o es una invención como Santa Claus! Yo, cuando era niña, creí en Santa Claus hasta los nueve años. Era muy ingenua… ¡¿Qué ingenua?! ¡Era una pendeja! ¡Y todavía soy una pendeja! ¡Hasta los 20 años creí que el sexo oral era el que se hace por teléfono! ¡Es culpa de mis padres, que siempre me escondieron la realidad, haciéndome creer que los niños salen por el trasero, como los pedos! ¡Está claro que al final se te confunden las ideas! Pero cuando tenga un hijo no le contaré esta clase de estupideces. Cuando tenga un hijo… Pero ¿cuándo voy a tener un hijo? Ya tengo 34 años y aún soy virgen. Si no lo hago ahora, ¿cuándo lo haré? ¡Necesito hacer algo! ¡Lo haré con el cartero! No: ¡con el lechero! ¡Con el plomero! No, no… Éstas son cosas que sólo salen bien en las películas. ¿Con quién lo hago? ¿Lo adopto? No, no… ningún niño merece tener una madre virgen. Ya pasó una vez y al pobre niño le trajo una suerte de la chingada. Una cosa es cierta: no voy a esperar a cumplir 45 años, como mi cuñada, que con tal de tener un hijo se casó con aquel pendejo de mi hermano". Y de improviso te despiertas de este sueño a ojos abiertos, toda angustiada, y te acuerdas de que estabas rezando el mantra ¡No Es Mi Pedo!

¡Atención! Éste es un momento muy importante. Tienes tres posibilidades. La primera es salir de casa buscando al del puesto de periódicos para resolver el asunto de una vez, pensando: "No será difícil convencerlo. Sé que es uno que se mata a chaquetas mirando el *Playboy*… ¿O será mejor ir con el carnicero? No, de seguro es un maniaco sexual: se le nota por cómo manosea las salchichas… ¡Voy con el verdulero! No, él también tiene algo raro cuando toca los pepinos… ¡Oh, madre de Dios, pero qué mundo de mierda es éste!", continuando sin fin ese sueño a ojos abiertos.

La segunda es decirte: "¡Putísima madre; no puedo dejar de pensar en tonterías ni puedo rezar ni tres segundos sin distraerme! ¡De esta forma nunca voy a conquistar el reino de los cielos que Pancho López promete! Pero desde niña soy distraída. La maestra… ¿Cómo se llamaba? ¡Ah! ¿Beatriz Brea?… BB, como Brigitte Bardot… sólo que ella era fea como para pegarle a Dios y, de hecho, era solterona como yo…", y así empiezas otro sueño sin fin a ojos abiertos.

La tercera es simplemente rezar: ¡No Es Mi Pedo! ¡No Es Mi Pedo! ¡No Es Mi Pedo! y dejar que Santa Claus, Pancho López, el cartero, el plomero, las salchichas y Brigitte Bardot se desvanezcan, y disolver las ilusiones de pasado y el futuro, para ahondar en la mística dimensión del presente, permitiendo a la luz de la conciencia despertarte de las sombras del sueño.

¡No Es Mi Pedo!: la clave última
de acceso al Nirvana

Para concluir, podemos decir que rezando con devoción religiosa ¡No Es Mi Pedo! ¡No Es Mi Pedo! ¡No Es Mi Pedo! todas las identificaciones empezarán a caer, todas las mentiras se revelarán y tú empezarás a percibir la aparición de tu verdadero ser.

A estas alturas le ruego a Diosito que no haya ninguno de ustedes que cultive todavía la inocente ilusión de que un día llegará el momento en que puedas decir: "Esto soy yo", porque, de ser así, pensaría seriamente en dejar a Pancho López, pintando de amarillo el barandal del balcón de la casa de su cuñada, y cambiaría de trabajo. Espero que al menos sobre este asunto no queden más dudas.

Como ya dijimos más de una vez, rezando el mantra ¡No es Mi Pedo! no verás directamente quién eres, pero sentirás qué ERES. Eres algo que, a pesar de que no puede ser definido, ES.

Es como caminar sobre una cuerda floja. Al caminar por una cuerda floja, aun si estás en equilibrio, nunca puedes decir que lo encontraste, porque el equilibrio no es un fenómeno estático del que se pueda decir: "Esto es". El equilibrio es un proceso dinámico que se verifica en un continuo balanceo entre la derecha y la izquierda. No existe el equilibrio como tal ni se puede decir: éste es el equilibrio. Lo único que puedes decir del equilibrio es que no es derecha ni izquierda. Exactamente de la misma forma, la única cosa que puedes decir de ti mismo es que no eres esto ni lo otro. En un eterno balanceo entre esto y lo otro, encuentras tu misteriosa e indefinible presencia. Ésta es la famosa "vía de medio" de los budistas. El "punto medio" no es un fenómeno estático, es un balance entre los extremos. Tú no eres un fenómeno estático: tú, como el equilibrio, eres un proceso dinámico. Así como puedes estar en equilibrio sobre una cuerda floja sin nunca decir: "Esto es el equilibrio", de la misma forma puedes ser quien eres sin nunca decir: "Esto soy yo". *Panta rei:* "todo fluye".

Con el mantra mexicano ¡No Es Mi Pedo!, Pancho López nos indica el mismo camino indicado por Buda. Como en el ejemplo de la cebolla de Buda, al retirar todas las identificaciones, cuando el sujeto y el objeto desaparecen uno en el otro y lo que se queda es el todo, realizas finalmente el nirvana, la liberación, el *Moksha...* De la misma forma, deshojando la alcachofa de Pancho López, con absoluta certeza llegará el día glorioso en que todas las identificaciones desaparezcan, y rezando con devoción ¡No Es Mi Pedo! ¡No Es Mi Pedo! ¡No Es Mi Pedo!, en el horizonte de un nuevo amanecer resplandecerá, en su deslumbrante contundencia, la realización de la Ley Universal: No Hay Pedo.

EPÍLOGO

Llegamos al final de nuestro viaje, donde el *alpha* y el *omega* se encuentran, donde el todo desaparece en el uno y el uno en el todo, donde el objeto se vuelve el sujeto y el sujeto se vuelve el objeto, donde la meta se convierte en el camino y el camino, en la meta, donde las palabras se vuelven silencio y el silencio, en palabras... Y es mejor que me detenga aquí para no correr el riesgo de confundirme solito o, aún peor, confundir las pocas ideas claras que conseguimos gracias a la inconmensurable sabiduría de nuestro Pancho López.

Por lo tanto, pongámonos cómodos y dejémonos guiar por él en los últimos pasos hacia la comprensión suprema.

No Hay Pedo: la ley universal

Antes de que llegaras a este planeta, la existencia fluía tranquila. Todo era armonía, todo era paz... Aunque había huracanes e inundaciones, éstos también eran pacíficos en su tremenda potencia. Todo era relajado y no había ningún problema: el Sol giraba alrededor de la Tierra, la Luna alrededor de la Tierra, los ríos escurrían hacia el mar, los árboles ofrecían amigablemente sus ramas a los pájaros, los pájaros construían sus nidos, las flores florecían, los frutos maduraban... Todo fluía tranquilo y relajado.

¡Después llegaste tú! y creaste todo este desmadre, empezando a empujar la vida de un lado, a jalarla por el otro, a quejarte, a pelearte, alejarte, arrepentirte, regresar, desear, ganar, ahorrar, guardar, proyectar, organizar, hacer, deshacer, comparar, vender, transar, juzgar, romper, juntar, arreglar, separar, controlar, cambiar, preferir, condenar, aceptar, destruir, desterrar...

Un día te irás de este planeta... y la existencia continuará tranquila, relajada, pacífica: los ríos escurriendo, los pájaros cantando, las flores floreciendo y los frutos madurando.

Ahora, ¿cómo es posible que ninguno de nosotros sea capaz de quedarse un poquito tranquilo y relajado, fluyendo en paz con la existencia?

—¡¿Cómo chingados es posible que un pinche pajarito o un pinche chabacano sean más inteligentes y sabios que tú?! —continúa nuestro Pancho López, esperando que abra el barbero.

La existencia funciona de acuerdo con la Ley Universal. Basta mirar la naturaleza en su eterna rutina para darse cuenta de que No Hay Pedo.

Pero ¿por qué precisamente los humanos viven fuera de la Ley Universal? ¿Cuál es el pedo?

El pedo es que el ser humano, por su característica de ser consciente, es capaz de crear la ilusión de estar separado del *todo*. ¡Es obvio que nadie puede estar separado del *todo*! Tu vida está indisolublemente interconectada con todos los elementos que componen la existencia: el Sol, la tierra, el agua, las plantas, los animales... Todo es funcional para la vida de este planeta, y en consecuencia para la tuya. Pensar en estar aislado, pensar en que tú estás de un lado y los demás del otro es una ilusión.

El ego es una ilusión. Una peligrosísima ilusión que te lleva a vivir atrincherado detrás de sus barricadas, creando la incómoda sensación de estar constantemente rodeado de enemigos potenciales. A raíz de esto vivimos siempre a la defensiva: nunca puedes relajarte, ni con tu pareja ni con tus hijos.

¿Tienes miedo de terminar en el infierno? ¡¡¡Tú ya vives en el infierno!!! O mejor dicho: tú creaste este infierno. Lo creaste con el poder de tu imaginación. Es un infierno ilusorio, como era ilusoria la pesadilla del delfín con las plumas, como era ilusorio el sueño a ojos abiertos del rancho en Chiapas, como es ilusoria la realidad que creas con tu mente a través de las interpretaciones que haces de la realidad.

De ahí la importancia de estos mantras mexicanos. México tendría que sentirse orgulloso por la contribución que está dando al desarrollo de la conciencia en el mundo. El Tíbet se queda corto comparado con México.

De hecho, yo estoy enseñando los mantras mexicanos a los tibetanos.

El otro día estaba caminando por la Condesa y encontré a tres monjes tibetanos amigos míos, que moviendo en sus manos estas cositas de cobre que usan para rezar, balanceando ligeramente sus cabecitas, rezaban: ¡No Es Mi Pedo! ¡No Es Mi Pedo! ¡No Es Mi Pedo!

Los detuve, curioso, para preguntarles a dónde iban:

—Aeroméxico —contestaron a coro.

—¿Aeroméxico? ¿Para qué?

—Vamos al Tíbet —continuaron a coro.

—¿Por qué, se cansaron de estar aquí?

—No, aquí nos encontrarnos muy bien, pero sentimos el deber moral de ir a ayudar a nuestros hermanos tibetanos.

—Ah, entiendo: la situación económica…

—No, no, no…

—¿La situación política?

—No, no, no… Vamos a enseñar los mantras mexicanos.

—¿Los mantras mexicanos? Pero ¿cómo? Con todos estos bellísimos mantras que tienen ustedes…

—¡Me Vale Madres! —rezaron a coro.

—Pero ¡¿cómo?! Om Mani Padme Hum…

—¡A La Chingada!

—Om Tare Tuttare Ture Soha…

—¡A La Chingada!

—Om Gate Gate Paragate Parasamgate…

—¡A La Chingada!

—¿De verdad quieren enseñar los mantras mexicanos en el Tíbet?

—¡A Huevoooooo!

—¿Y si el dalái lama se enoja?

—¡Me Vale Madres! ¡A La Chingada! ¡No Es Mi Pedo! Y sobre todo: ¡No Es Tu Pedo!

—¿Seguros que no hay problema?

—No Hay Pedo… No Hay Pedo… No Hay Pedo… No Hay Pedo —empezaron a cantar y bailar.

Se veían tan felices que no pude más que sentirme feliz yo también.

—Me da gusto, amigos… me da mucho gusto que lleven a su país estas perlas de sabiduría mexicana…

—A nosotros también. Estamos muy felices de esta novedad. ¡Estábamos hasta la madre de esos viejos mantras que nadie sabe qué significan!

—¿Cómo que "nadie sabe qué significan"?

—¡Nadie, nadie! ¡Tampoco el dalái lama!

—¡No es cierto!

—¡Es cierto! ¡Tampoco él! Ya le escribimos y está contento como enano. Se le queman las habas para aprender los mantras mexicanos.

—¿Lo dicen en serio?

—¡A Huevo! Ya lo imaginamos todo feliz, mandando ¡A La Chingada! a todos.

—¡Pero no! ¡No! —dije, preocupado—. ¡Los mantras mexicanos sirven para liberarse de las ataduras del mundo interior, no de las del mundo exterior!

—¡¡¡MEVALEMADRES!!! —gritaron a coro—. ¡Ya basta! ¡Desde hace siglos todos se aprovechan de nosotros por culpa de esta maldita compasión que no sirve de nada! ¡Se acabó! ¡Ahora, con estos mantras, nos vamos a chingar a todos! A los rusos, a los chinos, a los hindúes... Y a ti también, si no te quitas de allí y nos dejas pasar.

—*Okay, okay*... pero quítenme una última duda —dije, notando que el más chiquito de los tres arrastraba una maletota con evidente fatiga—. ¿Qué llevan allí dentro?

—*Souvenirs.*

—¿Artesanías?

—¡No, no, no! ¡Cerveza Corona y pan Bimbo!

Y, sin despedirse, se fueron todos felices, agitando sus cositas de cobre y rezando: ¡A La Chingada! ¡A La Chingada! ¡A La Chingada!

Lo que los chinos no pudieron hacer con las armas y las persecuciones, lo están haciendo los mexicanos, sin tampoco saberlo. México está colonizando el Tíbet con la cerveza Corona, el pan Bimbo y los mantras mexicanos.

Cuando vives en la ilusión de estar separado de los demás, has sembrado la semilla de la discordia. Cuando piensas que tu interés está separado del interés de los demás, estás condenado a manipular, mentir, engañar, agredir... y a sufrir la manipulación, las mentiras, los engaños y las agresiones de los demás. Es obvio que tienes un chingo de problemas, pero todos son el resultado de la gran ilusión que es el ego.

Una vez escuché a Osho decir que miles y miles de personas lo habían visitado a lo largo de su vida para hablarle de sus problemas, y él nunca, en toda su vida, había visto a nadie que tuviera un problema. De modo que también Osho realizó la Ley Universal. Y un histórico día (que todavía no se encuentra mencionado en la Wikipedia), Osho llamó por teléfono a Pancho López y le dijo:

—Tenías razón, compadre: No Hay Pedo.

Los problemas son el resultado de una mente en tensión. Y la mente es tensa por definición. Es tensa porque siempre está ocupada en la realización de todo lo que nuestro ego necesita para ser fuerte, grande y seguro. No importa si el precio que debemos pagar es nuestra propia vida. El sueño de nuestra mente crea una historia que no existe, y el ego es el protagonista imaginario de esta historia que sólo existe en tu mente. Nuestra forma de vivir no es tan distinta de la del loco que, a pesar de ser güerito, cree ser el presidente Obama, y cada dos semanas va a la Casa Blanca a exigir la quincena.

Si tu vida es el resultado de lo que tu mente te dice, la consecuencia natural es vivir en una fantasía llena de problemas. Pero es obvio que son problemas tan ilusorios como los que encuentras cuando en la noche te atascas de frijoles y te vas a dormir. Está claro que tendrás muchos pedos… y no culpes a los inocentes frijolitos. La culpa es de tu inconsciencia; la culpa es del estado de sonambulismo en que vivimos.

La realidad es que: No Hay Pedo. Relájate.

El rezo de estos preciosísimos mantras mexicanos te llevará despacito a relajarte en el presente, y es en el presente donde la Ley Universal se impone con toda su prepotencia. Es obvio que en el momento presente No Hay Pedo.

Los problemas están siempre coligados a un pasado o a un futuro que, como vimos, no existen sino en nuestra mente. Y nos dañamos el alma por cosas que suceden en dos dimensiones de la vida que no son parte de la realidad, sino que son como fantasmas: el pasado ha pasado (entonces está muerto), y el futuro es sólo una hipótesis, una proyección que nunca se presenta como la habías pensado.

Por lo tanto, si vives creyendo en estas ilusiones que crea la mente, estás inevitablemente condenado a arruinarte la vida por cosas que no están en el cielo ni en la tierra, sino en tu mente fantasiosa.

Cuando te enganchas con el pasado, te torturas quejándote porque naciste en una familia que no tiene bastante dinero (cosa que no puedes cambiar), añorando los tiempos bonitos de tu juventud (que no pueden regresar), reprochándote por haber estudiado administración en lugar de artes figurativas (cosa que no tiene remedio)… Y cuando te enganchas con el futuro, haces algo incluso más peligroso: sacrificas el presente y te prepararas para un mañana que nunca llegará. Porque el mañana se presenta siempre como hoy. Ayer renunciaste a vivir para prepararte para hoy, y hoy te sacrificas para prepararte para el mañana. Y un bonito día llega la muerte y te das cuenta de que no hay mañana, de que no hay más tiempo para hacer nada, y te vas al otro mundo con la triste expresión de estupor de quien se da cuenta demasiado tarde de que tiró su vida.

Los mantras mexicanos tienen el poder de arrojarte al presente, y en el presente quedarás deslumbrado por la luz de la Ley Universal: No Hay Pedo. En el presente nunca hay pedo.

Si tienes un mínimo de madurez, sabrás que la vida es lo que es. También ante la muerte No Hay Pedo. Sólo hay pedo si te preocupas por lo que pasará después (viviendo en la dimensión ilusoria del futuro), o si te arrepientes de haber perdido las ocasiones de vivir y de amar (viviendo en la ilusoria dimensión del pasado).

Pero, si estás relajado en este momento, ¿cuál es el pedo? La muerte está allí y tú estás aquí. ¿Y? ¿Cuál es el pedo? La muerte te rozará la cara con una voluptuosidad inexorable. ¿Y? ¿Cuál es el pedo? Al final la muerte te besará y tú te volverás uno con ella. ¿Y? Sabemos que un día sucederá. ¿Cuál es el pedo?

El problema surge cuando caes en la ilusión de poseer algo. La idea de que posees algo es ilusoria como cualquier sueño. Tú no posees nada; sólo puedes tener la *ilusión* de que algo es tuyo. ¡Tampoco tu cuerpo es tuyo! De hecho, puede decidir detenerse en cualquier momento sin siquiera enviarte una notificación. Lo único que puedes hacer es protegerlo, tratarlo bien, respetarlo, seducirlo para no traicionarte y agradecerlo… justo como podrías hacer con alguien de quien no tiene ningún control. ¿Cómo puedes pensar que tu cuerpo sea tuyo? Tu cuerpo es de Dios, de la existencia. Él te lo presta para que tú lo uses. Eso es todo. Todo no es de nadie, todo es de Dios.

¿Piensas que tu esposo es tu esposo? Deja que llegue una pinche escuincla con minifalda que le chupe el cerebro y verás si no se vuelve el esposo de alguien más. Si en verdad crees que las cosas que posees son tuyas, estás en un pedo, porque obviamente siempre vives en el miedo de perderlas. "Tu" negocio fracasa y tú estas al borde del suicidio; "tu" casa se derrumba y la vida acaba…

Llegaste a este mundo sin nada y de la misma forma te irás. Exactamente como Alejandro Magno. Todo lo que posees en la vida es un préstamo gentil con el que te favorece la existencia. Entonces, si un día "tu" esposa huye con un africano (Abdul, siempre él), en lugar de tirarte al piso arrancándote los pelos o contratar a un sicario para matarla con su amante de color, arrodíllate con los brazos al cielo y, con lágrimas de gratitud, agradece a la existencia por haberte dado el honor de gozar por tanto tiempo de sus sonrisas, sus caricias, de su pecho suave donde descansar y de sus palabras de amor… ¡Y agradece también al africano que te la quitó de los huevos! Un poco de silencio en casa, un poco de paz, ¿no es maravilloso? El pinche Abdul, al llevarse a tu esposa, abrió la posibilidad en tu vida de sorprenderte con nuevos regalos… ya sean en forma de una deliciosa soledad o una nueva compañía, ya sea otra mujer que tengas caliente para el próximo africano, o un amigo con el cual vivir un pedazo de la adolescencia que dejaste pendiente, ya sea una dama de compañía para ancianos o un instituto donde esperar la muerte junto a otros simpáticos viejitos. ¡No tengas dudas! La idea de la vejez es triste, pero todo depende de ti: está claro que si fuiste miserable de joven, cuando tenías fuerza y salud, ¿cómo puedes pretender que la vejez será mejor? Pero si de joven viviste con pasión, aprovechando cada ocasión, tomándote tus riesgos, aceptando los retos de Dios… ¡A huevo!, probablemente también serás capaz de enfrentar con dignidad la vejez, la enfermedad y la muerte.

Si crees que tus hijos son tus hijos, estás en un pedo, igual que cuando crees ser mexicano, católico o judío. Es inevitable tener problemas con los hijos, pero sólo porque caes en la ilusión de que son "tuyos". Los hijos no son tuyos: vienen a través de ti y tú eres sólo un canal con la tarea de criarlos y enseñarlos a volar por su cuenta, como cualquier ignorante pajarito es capaz de hacer. Pero si crees que tus hijos son tuyos y empiezas a considerarlos como una inversión para tu futuro o un instrumento de rescate o de desahogo para tus frustraciones, allí sí estás verdaderamente en un pedo: te desilusionarás fuertemente, pues tus hijos harán justamente lo que ellos quieran y no lo que quieras tú, o, si logras doblegarlos a tus expectativas o necesidades, tus hijos te odiarán hasta su lecho de muerte. Los hijos no tienen propiedad: ellos también son de Dios. Tú sólo tienes el honor de recibir su purísimo amor y sus tiernas caricias. Eso es todo.

Sin embargo, estamos obsesionados con la idea de que esto es mío y esto es tuyo. Y en esta visión miope e ilusoria vivimos una vida miserable, donde el protagonista de esta ficción creada por nuestra mente se encierra en la dorada prisión de sus arbitrarias fantasías y sus frágiles propiedades. El ego es un héroe infantil que siempre vive en vilo entre la "gloria" de luchar, defender, engañar, lograr, robar o hasta matar por sus intereses privados, y el deshonor de llorar como niño, golpear el piso con los pies, jalarse el pelo o hasta suicidarse cuando fracasa. El ego no conoce la Ley Universal. El ego sólo conoce problemas: es un creador de problemas. Y estos problemas son sólo parte de una pesadilla, de la misma pesadilla de la cual nuestro ego es parte y protagonista.

El ego tiene que ser ignorado, no combatido. Pelear con el ego es estúpido como aquel elefante que se olvida de ser un elefante y empieza a atacar a los perros. El ego y la mente son las dos ilusiones que crean todas las separaciones y que nos condenan a vivir en un mundo irreal... este "valle de lágrimas" del que hablan los cristianos.

Es por culpa de estos sueños que el ser humano vive en conflicto con la Ley Universal. Es por culpa del ego que tienes muchos pedos.

Cuando sientes que estás separado del todo, empiezas a tener metas privadas, objetivos, deseos, expectativas. Y cualquier meta que tengas que no esté en armonía con el resto de la existencia se encuentra destinada a crearte problemas a ti y a los demás, porque en lugar de fluir relajado y consciente de la divina corriente de la existencia, empiezas a jalar y empujar, para forzar a Dios a ir a donde tú quieres. Y la cosa más ridícula es que piensas que lo conseguirás. Verdaderamente piensas que ganarás contra Dios, que ganarás contra el todo.

¿Cómo puedes imaginar que la vida responda a tus expectativas? ¿Cómo puedes pretender que la existencia se doblegue a tus deseos?

Obviamente está el vecino con deseos y expectativas diferentes a las tuyas, y por lo tanto intentará convencer a Diosito de contentarlo a él y no a ti. Y está el vecino del vecino que jala a Dios por la chamarra por el otro lado, porque él quiere cosas diferentes que tú y que tu vecino.... Y unos lo jalan para la derecha, y otros lo jalan para la izquierda, y unos quieren ir abajo, y unos arriba, y otros no se quieren mover... Al final Diosito manda a todos a la chingada, se echa una chelita y nos deja en la tierra para atormentarnos con nuestros problemas, peleándonos entre nosotros... en este "valle de lágrimas".

Cualquier ser humano maduro sabe que la vida es lo que es. No puedes pretender que la vida sea como te gustaría a ti.

Y, ¡cuidado!, Pancho López, mientras se despide dejándose caer exhausto en su cama, no nos está invitando a ser fatalistas ni a dejarse llevar como peso muerto, a merced de las olas del destino: simplemente nos dice que no tiene sentido pelear. Cuando tú te rindes ante la corriente de la vida, te vuelves uno con ella. Entonces también tu inteligencia se vuelve parte de ella. Sin embargo, como eres parte de ella, ya no es más una inteligencia egoísta y conflictiva, sino una inteligencia armónica y colaborativa. Ya no es más una inteligencia infantil, dedicada a la satisfacción egoísta de tus necesidades en perjuicio de los demás, sino una inteligencia madura que colabora con la vida y el bienestar de este gran organismo que es el planeta Tierra, con toda su humanidad. Esto significa volverse religioso.

Fiat voluntas tue (que, recordemos otra vez, nada tiene que ver con un coche italiano) no significa humillarse sufriendo la voluntad de un Dios caprichoso que hace contigo lo que quiere. "Hágase tu voluntad" significa volverse parte de la inteligencia de Dios. O sea: Dios te usa para expresar su inteligencia.

Para volverte un instrumento en las manos de Dios, necesitas vaciarte, volverte inocente, puro. Sólo entonces terminarás este eterno conflicto con la vida y, en lugar de luchar inútilmente, empezarás a bailar con ella. Y exactamente como pasa cuando bailas con alguien, no eres tú que baila con el otro o el otro que baila contigo, sino que cada uno se funde en el baile del otro. Lo mismo ocurre cuando aprendes a bailar con la existencia: en la fusión de ésta contigo nace algo único e irrepetible, una creación perfecta e incomparable: tu vida. Una creación que se revela momento a momento frente a tus ojos, una aventura que te deja lleno de emoción en espera del siguiente paso, cuando tu inteligencia y tu corazón, fundidos con la inteligencia y el corazón de Dios, regalarán sus frutos.

Es así como rezando los sagrados mantras mexicanos llegará el glorioso momento en que la oscuridad del ego quede disuelta para siempre; allí verás al fin tu rostro originario, el rostro de Dios, que con su deslumbrante esplendor iluminará el universo entero. Los ángeles y los arcángeles tocarán sus trompas y sus violines, mientras que tú te relajarás más y más en los brazos del todo. Tu corazón se expandirá más allá de cualquier imaginación. Todo lo que mires y toques se transformará en amor sin limitaciones, por tu simple presencia. Y toda la riqueza, todos los regalos y todas las bendiciones de la existencia llegarán a ti como cálidos rayos de sol en el frío de un día invernal, o como ráfagas de viento fresco en el ardor de un día de verano. Y lágrimas de conmoción mojarán tus mejillas, mientras que lentamente sentirás la deliciosa sensación de desaparecer en el todo, acompañado de un coro celestial: ¡No Hay Pedo! ¡No Hay Pedo! ¡No Hay Pedo! ¡No Hay Pedo! ¡No Hay Pedo…!

¡Me vale madres! de Prem Dayal
se terminó de imprimir en agosto de 2022
en los talleres de
Impresora Tauro, S.A. de C.V.
Av. Año de Juárez 343, col. Granjas San Antonio,
Ciudad de México